IV CONGRESSO
DO CENTRO DE ARBITRAGEM
DA CÂMARA DE COMÉRCIO
E INDÚSTRIA PORTUGUESA
(CENTRO DE ARBITRAGEM COMERCIAL)

CENTRO DE ARBITRAGEM COMERCIAL

IV CONGRESSO
DO CENTRO DE ARBITRAGEM
DA CÂMARA DE COMÉRCIO
E INDÚSTRIA PORTUGUESA
(CENTRO DE ARBITRAGEM COMERCIAL)

INTERVENÇÕES

IV CONGRESSO DO CENTRO DE ARBITRAGEM
DA CÂMARA DE COMÉRCIO E INDÚSTRIA PORTUGUESA

COORDENADOR
ANTÓNIO VIEIRA DA SILVA

EDITOR
EDIÇÕES ALMEDINA, SA
Rua Fernandes Tomás, n°s 76, 78, 80
3000-167 Coimbra
Tel.: 239 851 904 · Fax: 239 851 901
www.almedina.net · editora@almedina.net

DESIGN DE CAPA
FBA.

PRÉ-IMPRESSÃO | IMPRESSÃO | ACABAMENTO
G.C. GRÁFICA DE COIMBRA, LDA.
Palheira – Assafarge
3001-453 Coimbra
producao@graficadecoimbra.pt

Julho, 2011

DEPÓSITO LEGAL
331011/11

Os dados e as opiniões inseridos na presente publicação
são da exclusiva responsabilidade do(s) seu(s) autor(es).

Toda a reprodução desta obra, por fotocópia ou outro qualquer
processo, sem prévia autorização escrita do Editor, é ilícita
e passível de procedimento judicial contra o infractor.

Biblioteca Nacional de Portugal – Catalogação na Publicação

CONGRESSO DO CENTRO DE ARBITRAGEM DA CÂMARA
DE COMÉRCIO E INDÚSTRIA PORTUGUESA, 4, Lisboa, 2010

IV Congresso do Centro de Arbitragem da Câmara de Comércio
e Indústria Portuguesa (Centro de Arbitragem Comercial) : intervenções / org. Centro de Arbitragem Comercial da Associação
Comercial de Lisboa
ISBN 978-972-40-4606-8

I – ASSOCIAÇÃO COMERCIAL DE LISBOA. Centro de Arbitragem
Comercial
CDU 346
     061

IV CONGRESSO DO CENTRO DE ARBITRAGEM DA CÂMARA DE COMÉRCIO E INDÚSTRIA PORTUGUESA
(CENTRO DE ARBITRAGEM COMERCIAL)
Lisboa, 15 e 16 de Julho de 2010 – Salão Nobre

1º Dia – 15 de Julho

09,00 – 09,30h: Recepção e entrega de documentação

9,30 – 9,45h: Boas-vindas e abertura do Congresso

José Miguel Júdice
Vice-Presidente da Associação Comercial de Lisboa

Rui Chancerelle de Machete
Presidente do Centro de Arbitragem Comercial

9,45 – 13,00 – **1º PAINEL: ARBITRABILIDADE**

Moderador: *Rui Chancerelle de Machete*

- **Critérios de arbitrabilidade de litígios – Revisitando o tema**
  António Sampaio Caramelo
  Advogado, Morais Leitão, Galvão Teles, Soares da Silva & associados

- **Arbitrabilidade de litígios em sede de direito da concorrência**
  Mário Marques Mendes
  Advogado, Marques Mendes & Associados

10,45 – 11,15 – Pausa

IV Congresso do Centro de Arbitragem da Câmara de Comércio e Indústria

- **Arbitrabilidade de litígios em sede de direito do trabalho**
  Inês Pinheiro
  Advogada, Serra Lopes, Cortes Martins & Associados

- **Debate**

13,00 – 14,30 – Almoço

14, 30 – 16,30 – **2º PAINEL: PODERES DO TRIBUNAL ARBITRAL**

Moderador: *Frederico José Straube*
Presidente do Centro de Arbitragem da Câmara de Comércio Brasil--Canadá

- **Poderes do tribunal arbitral na apreciação da própria competência**
  Lino Diamvutu
  Director do Gabinete de Assessoria Jurídica da ENSA – Seguros de Angola, SA

- **Poderes do tribunal arbitral em decretar medidas cautelares**
  Marina Mendes Costa
  Advogada, Chenut Oliveira Santiago (Paris, São Paulo, Belo Horizonte)

- **Intervenção e apreciação da prova pelo tribunal arbitral**
  Manuel Pereira Barrocas
  Advogado, Barrocas Advogados

- **Debate**

16,30 – 17,00 – Pausa

17,00 – 19,00 – **3º PAINEL: A DECISÃO ARBITRAL**

Moderador: *Abdul Carimo Issá*
Presidente do Centro de Arbitragem, Conciliação e Mediação de Moçambique

- **Decisão arbitral: direito e equidade; a importância da *lex mercatoria***
  Manuel Carneiro da Frada
  Professor da Faculdade de Direito da Universidade do Porto

IV Congresso do Centro de Arbitragem da Câmara de Comércio e Indústria 9

- **Prolação da decisão final: seus efeitos na instância arbitral**
  Miguel Esperança Pina
  Advogado, Cuatrecasas, Gonçalves Pereira

- **Decisão Arbitral e ordem pública**
  Adriana Braghetta
  Advogada, L. O. Batista Advogados (São Paulo)
  Presidente do Comité Brasileiro de Arbitragem

- **Debate**

2º dia – 16 de Julho

9,30 – 11,30 – **4º PAINEL: ARBITRAGEM INTERNACIONAL**

Moderador: *José Robin de Andrade*
             Presidente da Associação Portuguesa de Arbitragem

- **A arbitragem internacional no direito brasileiro**
  Arnoldo Wald
  Professor da Faculdade de Direito da Universidade do Estado do Rio de Janeiro
  Membro do Tribunal Internacional de Arbitragem da Câmara de Comércio Internacional
  Advogado, Wald Associados (São Paulo, Rio de Janeiro e Brasília)

- **A arbitragem internacional no direito espanhol**
  Juan Fernández-Armesto
  Professor da Universidade Pontifícia Comillas – ICADE (Madrid)
  Advogado, Armesto & Asociados (Madrid)

- **A arbitragem internacional no direito português**
  António Menezes Cordeiro
  Professor Catedrático de Direito

- **Debate**

- **Encerramento do Congresso**
  João Calvão da Silva
  Vice-Presidente do Centro de Arbitragem Comercial

NOTA INTRODUTÓRIA

A presente obra contém os textos dos temas que foram abordados no IV Congresso do Centro de Arbitragem da Câmara de Comércio e Indústria Portuguesa (Centro de Arbitragem Comercial), que teve lugar nos dias 15 e 16 de Julho de 2010.

Prosseguindo uma linha de orientação já traçada e cumprida em Congressos anteriores, deu-se continuidade à abordagem de temas de arbitragem dos países da lusofonia, a que acresceu, neste Congresso, uma abordagem da arbitragem internacional no direito espanhol.

Prosseguiu, também, a cooperação com instituições de arbitragem de países do mundo lusófono, que se concretizou com a celebração de um protocolo de cooperação com o Centro de Arbitragem, Conciliação e Mediação de Moçambique.

Os Congressos que, anualmente, o Centro tem vindo a organizar desde 2007, são já reconhecidos pela "comunidade arbitral" como um importante *forum* em Portugal de discussão e análise da arbitragem, muito em especial a arbitragem de natureza económica.

Acresce – o que não é menos importante –, que a abordagem dos temas não se fica pelo que é dito em cada um dos Congressos: ficam, também, a fazer parte de uma publicação editada e comercializada pela Editora Almedina, a quem fica, aqui, uma palavra de reconhecimento, que constitui já uma colecção importante na bibliografia portuguesa sobre arbitragem de natureza económica.

RUI CHANCERELLE DE MACHETE

CRITÉRIOS DE ARBITRABILIDADE DOS LITÍGIOS. REVISITANDO O TEMA

ANTÓNIO SAMPAIO CARAMELO

SUMÁRIO: I) Notas introdutórias. II) O critério da ligação à ordem pública. III) O critério da disponibilidade do direito: A) Em que consiste a disponibilidade de um direito? B) Dificuldades que a aplicação deste critério suscita. IV) O critério da patrimonialidade do interesse controvertido. V) Inarbitrabilidade de litígios em virtude dos limites contratuais da arbitragem: A) Litígios atinentes a direitos de propriedade intelectual sujeitos a registo; B) Litígios respeitantes a falência ou insolvência; C) Litígios regidos pelo direito das sociedades.

I. Notas introdutórias

1. O termo "arbitrabilidade" é habitualmente usado para designar a susceptibilidade de uma controvérsia (ou litígio) ser submetida a arbitragem.

A grande maioria das referências à arbitrabilidade que se encontra na doutrina da especialidade tem em vista a natureza do objecto do litígio. Mas, por vezes, recorre-se também ao termo "arbitrabilidade" (ou ao seu oposto, inarbitrabilidade) para designar a susceptibilidade (insusceptibilidade) de resolução do litígio por árbitros em atenção à qualidade das partes e, mais particularmente, a susceptibilidade de resolução por essa via de controvérsias em que sejam partes o Estado ou entes públicos autónomos.

14 IV Congresso do Centro de Arbitragem da Câmara de Comércio e Indústria

Fala-se então de "arbitrabilidade subjectiva" para distinguir esta vertente da arbitrabilidade, da qual não me ocuparei nesta exposição não só por falta de tempo mas também por ela suscitar problemas muito específicos, a começar pelo da sua real autonomia face ao conceito de "capacidade jurídica" do Estado e entes públicos autónomos para celebrarem convenções de arbitragem pelas quais se obriguem a fazerem dirimir por árbitros os litígios de que sejam partes[1].

2. Como escreveram Redfern and Hunter, "é precisamente porque a arbitragem é um processo privado com consequências públicas que alguns tipos de litígios são reservados para os tribunais nacionais, cujos processos são geralmente do domínio público. É neste sentido que eles não são 'capazes de resolução por arbitragem'. As leis nacionais estabelecem o domínio da arbitragem, por oposição ao dos tribunais locais. Cada Estado decide que matérias podem ou não ser resolvidas por arbitragem de acordo com as suas concepções políticas sociais e económicas"[2].

Nas palavras de outro autor[3], "o carácter inarbitrável de certas matérias dá conta da ligação estreita que existe entre estas e os fundamentos da organização económica e social do Estado que o juiz tem precisamente por missão fazer respeitar".

Mas se é certo que a definição das matérias que podem ser submetidas a arbitragem resulta de razões de carácter político, económico, social[4]

---

[1] Esta é uma questão controvertida na literatura sobre arbitragem, interna e internacional. A favor da autonomia conceitual e de regime da "arbitrabilidade subjectiva", v., entre muitos outros, Fouchard, Gaillard, Goldman – *On International Commercial Arbitration* – 1999 – Kluwer Law International, pp. 313 e segs; Bernard Hanotiau – *L'arbitrabilité* – Recueil des Cours de l'Académie de Droit International – The Hague – T. 296 (2003), pp. 43-61; Luís de Lima Pinheiro – *Arbitragem Transnacional – A Determinação do Estatuto da Arbitragem* – 2005 – Coimbra, Almedina, pp. 103, 116-119; Ana Perestrelo de Oliveira – *Arbitragem de Litígios com Entes Públicos* – 2007 – Coimbra, Almedina, pp. 29-21. Pronunciaram-se contra a autonomia conceitual e de regime da "arbitrabilidade subjectiva", entre outros, Jean-François Poudret et Sébastien Besson – *Comparative Law of International Arbitration* – 2007 – London, Thomson/Sweet & Maxwell, pp. 182-186, e, aparentemente, Alan Redfern and Martin Hunter with Nigel Blackaby and Constantine Partasides – *Redfern and Hunter on International Arbitration* – 5th ed. – 2009 – Oxford, Oxford University Press, pp. 95-99.

[2] *Ob cit,* p. 123-124.

[3] Dominique Hascher, citado por Bernard Hanotiau – *ob. cit.*, p. 40.

[4] São razões desta índole, nomeadamente, o propósito de defender o consumidor ou, mais genericamente, quem se considera ser a "parte mais fraca", vista como não

ou moral[5] – que são, aliás, diferentemente valoradas pelas diversas ordens jurídicas – ela depende também da intrínseca dificuldade da arbitragem em afectar outras pessoas que não as vinculadas pela respectiva convenção, como se porá em relevo adiante nesta exposição.

Assim, compete aos órgãos legislativos e/ou aos tribunais de cada Estado sopesar, por um lado, a importância das razões de interesse público que justifiquem que certas matérias sejam reservadas para os tribunais estaduais[6] e, por outro lado, o interesse geral de se favorecer o recurso à arbitragem enquanto meio de resolução de litígios que melhor serve o eficiente exercício das actividades económicas.

À luz do que fica dito não deve surpreender que essa ponderação conduza a que, frequentemente, as matérias consideradas como inarbitráveis no âmbito das relações internas sejam mais numerosas do que as como tal consideradas no plano das relações internacionais.

3. Uma análise de direito comparado mostra que o âmbito das matérias arbitráveis pode ser definido por uma de duas formas ou métodos[7]: (i) ou através de critérios de natureza conceitual (ii) ou mediante a

---

podendo obter adequada protecção no processo arbitral, que estão na origem do projecto de lei (*bill*) denominado *Fairness Arbitration Act*, que está pendente, desde 2007, no Congresso dos EUA e que visa invalidar as cláusulas compromissórias relativas a litígios emergentes de contratos individuais de trabalho, de consumo, de franquia e a litígios resultantes da aplicação de leis dirigidas a proteger direitos civis ou a regular contratos ou transacções entre partes com desigual poder negocial, projecto este que, se for aprovado, implicará uma significativa restrição do universo das controvérsias arbitráveis, neste país.

[5] São manifestamente razões de ordem moral (acolhidas pelas ordens jurídicas) que, por exemplo, determinam a inarbitrabilidade de matérias como o casamento ou o divórcio.

[6] Ideia que está bem expressa no seguinte excerto de um acórdão proferido, em 2006, pelo Tribunal Federal da Austrália: "the common element to the notion of non--arbitrability was that there was a sufficient element of legitimate public interest in these subject matters making the enforceable private resolution of disputes concerning them outside the national court system inappropriate" [v. *Comandate Marine Corp.* v. *Pan Australia Shipping Pty Ltd* (2006) 157 FCR 45 at 97-98].

[7] Existe ainda outro possível método para identificar as matérias que podem ser submetidas à arbitragem e aquelas em que isso é vedado, o qual consiste em enumerar umas e outras na lei reguladora da arbitragem voluntária num dado Estado, complementada por legislação especial para que aquela remete. Foi este o método seguido pela lei sobre a arbitragem da República Popular da China, adoptada em 1994 e alterada em 2004. Dada a extrema raridade da sua utilização, este método será ignorado nesta exposição.

16 *IV Congresso do Centro de Arbitragem da Câmara de Comércio e Indústria*

formulação de excepções à regra geral da livre arbitrabilidade do litígios, por lei ou pela jurisprudência dos tribunais estaduais.

Apesar da sua maior rigidez (contrabalançada pela maior previsibilidade que oferecem), é a critérios de natureza conceitual que, na maioria dos ordenamentos jurídicos (sobretudo nos de *civil law*), se recorre para se identificarem as matérias arbitráveis.

Importa advertir, contudo, que a delimitação do campo da arbitrabilidade não se esgota na utilização do critério adoptado pela lei para esse efeito, visto que o resultado da aplicação deste é, muitas vezes, objecto de alargamentos ou restrições por força de normas legais específicas ou da jurisprudência dos tribunais estaduais, em função da supra-referida ponderação de interesses[8].

Quaisquer que sejam os métodos utilizados para determinar os litígios que podem ser submetidos a arbitragem e aqueles em que tal é vedado, o que na generalidade do Estados se verifica é que essa linha divisória tem vindo a deslocar-se, com grande nitidez, no sentido do alargamento das categorias de controvérsias que podem ser resolvidas por árbitros. Na verdade, o princípio do *favor arbitrandum* domina, cada vez mais, a nível mundial, a determinação da arbitrabilidade dos litígios, o que não impede que, aqui ou ali, se registem recuos relativamente a essa tendência geral, do que constitui exemplo o supramencionado projecto do *Fairness Arbitration Act* pendente no Congresso norte-americano.

4. Passo, de seguida, a examinar os vários critérios de carácter conceitual que são adoptados pelas ordens jurídicas nacionais para determinar os litígios que podem ser submetidos a arbitragem.

---

[8] Um exemplo do que se refere no texto encontra-se no direito alemão, cujo Código do Processo Civil (*ZPO*), após consagrar, no §1030 (1), um critério conceitual (misto) de determinação das controvérsias arbitráveis, exceptua da sua aplicação, no §1031 (2), os litígios sobre a existência de uma relação de arrendamento habitacional, ferindo de nulidade as convenções de arbitragem que os tenham por objecto, sendo ainda de notar que os litígios emergentes de contratos individuais de trabalho são também excluídos da aplicação das disposições do *ZPO* sobre arbitragem, ficando sujeitas à arbitragem especial regulada na lei sobre os tribunais de trabalho. Na Áustria, a lei que, em 2006, reformou o regime da arbitragem (sendo incorporada no Código Processo Civil), não obstante acolher o critério conceitual (misto) da lei alemã, considera inarbitráveis os litígios emergentes de relações de arrendamento urbano bem como os relativos a matérias de direito da família, ainda que de natureza patrimonial.

Excluo, porém, do objecto desta exposição a análise das problemáticas da arbitrabilidade no âmbito do direito administrativo e no do direito fiscal, não só por serem áreas do direito que me são menos familiares, mas também por me parecer que não foi o recurso a critérios conceituais de arbitrabilidade que determinou o legislador português a elencar como litígios de direito administrativo susceptíveis de submissão a arbitragem aqueles que constam do art. 180º do actual Código de Processo do Tribunais Administrativos[9] e muito menos será com base num critério desta natureza que poderá vir a admitir-se (quando o vier a ser) a arbitrabilidade da controvérsias pertencentes ao do direito fiscal.

II. O critério da ligação à ordem pública

5. Durante quase um século e meio, o critério da ligação (ou não ligação) do litígio com a ordem pública dominou o tratamento da questão da arbitrabilidade objectiva na jurisprudência e na doutrina francesas[10].

---

[9] Não obstante o apreço que merece a profundidade e argúcia da análise realizada pela Drª Ana Perestrelo de Oliveira no seu livro citado na nota 1 *supra*, em defesa da tese de que o critério da "disponibilidade do direito" é perfeitamente adequado para explicar que as matérias mencionadas no art. 180º do C.P.T.A. sejam passíveis de submissão a arbitragem, parece-me, contra o sustentado por esta autora, que a permissão da sujeição à arbitragem de cada uma dessas matérias deveu-se, não tanto à obediência àquele ou a outro critério de natureza conceitual, mas mais a factores de ordem histórica (nomeadamente, o precedente constituído pelo art. 2º, nº 2, do E.T.A.F. de 1984) e a opções de política legislativa que o Governo e a Assembleia da República tomaram, de caso pensado, quanto à arbitrabilidade de cada uma dessas matérias enumeradas naquela disposição legal. Com efeito, a meu ver, a rigorosa congruência com o critério da "disponibilidade do direito" conduziria, por um lado, a incluir, entre as matérias qualificadas como arbitráveis pelo citado artigo do C.P.T.A., a apreciação dos actos destacáveis dos procedimentos pré--contratuais atinentes a contratos celebrados pela Administração Pública e, por outro lado, a deixar de fora as "questões de responsabilidade civil extra-contratual (da Administração), incluindo a efectivação do direito de regresso", relativamente às quais me parece não existir "livre disponibilidade" da Administração relativamente ao direito que, em tais litígios, contra aquela o particular invoca.

[10] Fiz uma descrição desta evolução doutrinal e jurisprudencial no meu artigo "A disponibilidade do direito como critério de arbitrabilidade do litígio – reflexões *de jure condendo"*, publicado na Revista da Ordem do Advogados – Ano 66, II (Dezembro 2006), pp. 1233-1265, que é aqui substancialmente reproduzida. Para o estudo deste tema têm especial interesse a obra de Bernard Hanotiau citada na nota 1 *supra* (pp. 101 e 106)

18   *IV Congresso do Centro de Arbitragem da Câmara de Comércio e Indústria*

Dispõem do seguinte modo os artigos 2059, 2060 e 2061 do Código Civil Francês (na redacção que lhe foi dada em 1972[11]):

Art. 2059. "Toutes personnes peuvent compromettre sur les droits dont elles ont la libre disposition."

Art. 2060. "On ne peut compromettre sur les questions d'état et de capacité des personnes, sur celles relatives au divorce et à la séparation de corps ou sur les contestations intéressant les collectivités publiques et les établissements publics et plus généralement dans toutes les matières qui intéressent l'ordre public".

Art. 2061. (redacção actual) "Sous réserves des dispositions législatives particulières, la clause compromissoire est valable dans les contrats conclus à raison d'une activité professionnelle".

Perante uma formulação tão categórica como a contida na parte final do *art. 2060*, as relações entre a arbitragem e a ordem pública foram pautadas inicialmente pela rejeição da primeira pela segunda. Neste período inicial, entendia a jurisprudência francesa que nenhuma controvérsia respeitante à interpretação e aplicação de normas de ordem pública podia ser decidida por árbitros. Por conseguinte, na presença de uma norma de ordem pública ficava excluída qualquer possibilidade de submissão do litígio a arbitragem[12].

Como é bom de ver, esta concepção do espaço consentido à arbitragem era extremamente restritiva: a simples invocação por uma das partes de uma norma de ordem pública, fosse ou não bem fundada essa invocação, bastava para excluir a sujeição do litígio à jurisdição privada[13]. Por essa razão, a jurisprudência francesa teve de evoluir nesta matéria.

Numa primeira fase, os tribunais franceses passaram a considerar que a ordem pública não suprimia sempre a possibilidade de se recorrer à arbitragem, a menos que essa ordem pública tivesse sido violada pelo

---

e os livros de Jean-Baptiste Racine – *L'Arbitrage Commercial International et l' Ordre Public* – 1999 – Paris, L.G.D.J., pp. 27-149, e de Olivier Caprasse – *Les Sociétés et L'Arbitrage* – *2002* – Bruxelles/Paris, Bruylant/L.G.D.J., pp. 33-140.

[11] Antes da reforma de 1972, a matéria regulada pelos artigos do Código Civil francês acima citados constava dos artigos 83, 1003 e 1004 do antigo *Code de Procédure Civile* deste país, cujo conteúdo, para efeito da análise realizada no presente texto, equivale ao dos artigos neste transcritos.

[12] V. Olivier Caprasse – *ob. cit.,* p. 46.

[13] V. Olivier Caprasse – *ob. cit.,* pp. 48-49.

contrato ou operação em causa; neste caso, a arbitragem era excluída automaticamente (*"d'office"*).

Posteriormente, esses tribunais, acompanhados pela maioria da doutrina, vieram a admitir que a violação de uma norma de ordem pública não tornava necessariamente o litígio inarbitrável.

Vale pena descrever brevemente como se processou esta evolução, seguindo, de perto, a exposição feita por Olivier Caprasse[14].

6. A partir de meados do século XX, a doutrina francesa começou a fazer distinções entre as matérias referidas no *art. 2060* do *Code civil*.

Assim, para esta doutrina, por um lado, havia matérias que, pelo seu próprio objecto, tocavam no cerne da ordem pública: era o caso do estado das pessoas e da falência. Quanto a estas matérias, estar-se-ia perante disposições (de ordem pública) que assumiam uma tamanha relevância, atendendo à importância dos valores a tutelar, que o interesse geral seria violado pelo simples facto de nesses domínios se recorrer à arbitragem, qualquer que fosse o modo como o árbitro viesse a decidir o litígio.

Diferente seria, porém, o caso de o litígio dizer respeito a um acto fundado no exercício da liberdade contratual, a que leis imperativas apenas impõem certos limites. Nesse caso, a ordem pública só seria atingida se tais regras legais imperativas fossem efectivamente infringidas. Por isso, o árbitro seria autorizado a examinar o litígio, mas não poderia na sua sentença pronunciar-se sobre a violação de tais regras imperativas, donde resultava que deveria declarar-se incompetente, se constatasse que a operação que constituía o objecto do litígio era contrária a uma disposição de ordem pública.

Segundo um dos defensores deste entendimento (P. Hébraud)[15], "a convenção arbitral não é nula pelo simples facto de a operação litigiosa estar submetida a um quadro imperativo e colocar eventualmente questões que tocam a ordem pública, pois que a verificação da manifestação concreta da ordem pública requer um exame prévio do fundo de litígio: é só depois de haverem examinado o fundo da causa, e consoante o sentido em que decidiriam esta, que os árbitros serão obrigados a declarar-se incompetentes ou, ao invés, a estatuir normalmente".

---

[14] Na sua obra citada, pp. 42-76; descrição semelhante à feita por este autor encontra-se em Bernard Hanotiau – *ob. cit.*, pp. 101-106.

[15] Citado por Olivier Caprasse – *ob. cit.*, pp. 52-53.

IV Congresso do Centro de Arbitragem da Câmara de Comércio e Indústria

Por outro lado, para os partidários desta tese, seria vedado submeter a árbitros, a título principal, a questão da validade de uma operação perante a ordem pública, qualquer que fosse a resposta que entendessem dar a tal questão.

O entendimento segundo o qual a necessidade de aplicar uma norma de ordem pública não determina automaticamente a inarbitrabilidade do litígio, foi consagrado, primeiro, quanto à arbitragem interna, pelo acórdão da *Cour de cassation* proferido, em 1950, no caso *Tissot*, vindo depois os tribunais franceses a acolher o mesmo entendimento relativamente à arbitragem internacional[16].

7. A evolução da jurisprudência francesa que acima se descreveu não pareceu, contudo, satisfatória para uma importante parte da doutrina, havendo quem qualificasse tal jurisprudência como *paradoxal*.

Na verdade, como observaram vários autores, o árbitro deveria realizar todo o trabalho, isto é, examinar se o contrato era ou não válido e, após isso feito, se chegasse à conclusão que não o era, não poderia decretar a sanção correspondente a tal inviabilidade, porque se tornava então incompetente para esse efeito. Realçando este paradoxo, observou Pierre Mayer: "é francamente curioso que após ter feito o que era mais difícil: constatar a ilicitude, o árbitro não possa ir até ao fim e pronunciar a nulidade; afinal de contas, isso iria no bom sentido: o de lutar contra a ilicitude, sem nenhum perigo"[17].

Por outro lado, apontava-se a incoerência da jurisprudência iniciada pelo acórdão *Tissot*, segundo o qual "a competência do árbitro é confirmada ou infirmada depois de o fundo da causa ter sido abordado"[18]. Ora, como observou Charles Jarrosson, "a determinação da competência do árbitro é uma questão prévia, situada a montante da resolução do fundo de litígio, não podendo resultar desta"[19].

Também a distinção que, de acordo com a jurisprudência *Tissot*, deveria fazer-se entre a apreciação da licitude do contrato a título incidental e a título principal, foi apodada de incongruente. Na verdade, conforme

---

[16] V. Olivier Caprasse – *ob. cit.*, p. 53-54; J. B. Racine – *ob. cit.*, p. 31.

[17] Em *"Le contrat illicite"* – Revue de l'Arbitrage – 1984, p. 213, citado por Olivier Caprasse – *ob. cit.*, p. 57.

[18] V. Olivier Caprasse – *ob. cit.*, pp. p. 57.

[19] Citado por Olivier Caprasse – *ob. cit.*, p. 58.

notou Pierre Mayer, "se o árbitro constata, a título preliminar, que o contrato é ilícito, quando, na realidade, o não é, ele ordenará a execução de tal contrato; ora não é isso tão grave quanto declarar pura e simplesmente o contrato como válido?".

Estas críticas à jurisprudência *Tissot* determinaram a passagem a uma nova etapa (actualmente em vigor) na evolução do entendimento dos tribunais franceses quanto ao âmbito da arbitrabilidade. Impera agora a ideia de que nada há de chocante no facto de um árbitro poder constatar e sancionar uma nulidade de ordem pública. Fora daquelas matérias relativamente às quais a ordem pública impede que sejam apreciadas por um juiz privado (por exemplo, as questões relativas ao estado civil das pessoas), o carácter de ordem pública das normas aplicáveis não pode ser causa de inarbitrabilidade do litígio. O árbitro disporá assim do poder de sancionar qualquer violação dessas regras, quer como questão incidental quer a título principal[20].

Isso não significa dar ao árbitro carta branca quanto às matérias de ordem pública, pois que ele deve aplicar as regras inerentes àquela, vindo essa aplicação a ser objecto de um controlo ao nível da sentença arbitral, a efectuar pela jurisdição estadual. É, com efeito, a possibilidade de controlo da decisão arbitral pelos tribunais estaduais que permite aos partidários da concepção alargada da arbitrabilidade justificar a adopção da mesma, fazendo ver que esta concepção não acarreta perigo para o Estado, uma vez que este conserva, de todo o modo, a possibilidade de controlo *ex post* da sentença arbitral[21].

Esta nova orientação da jurisprudência francesa firmou-se, no campo da arbitragem internacional, através dos acórdãos da *Cour de cassation* proferidos nos casos *Ganz* (1991) e *Labinal* (1993), que foram posteriormente confirmados por numerosos acórdãos de *Cour d'appel* de Paris e por ulteriores acórdãos da *Cour de cassation*, proferidos com o aplauso da grande maioria da doutrina[22].

Hoje, no direito francês, no domínio da arbitragem internacional, pode afirmar-se que os limites decorrentes de concepção francesa de ordem pública internacional do Estado francês (nomeadamente, as questões

---

[20] V. Olivier Caprasse – ob. cit., p. 59.
[21] V. Olivier Caprasse – ob. cit., pp. 59-60.
[22] V. Olivier Caprasse – *ob. cit.,* pp. 61-64.

22   *IV Congresso do Centro de Arbitragem da Câmara de Comércio e Indústria*

relativas ao estado civil e à capacidade dos indivíduos e as atinentes ao direito penal) constituem a única restrição à arbitrabilidade dos litígios.

Esta orientação da jurisprudência francesa foi, posteriormente, estendida à arbitragem interna (mas, quanto a esta, como se explica adiante, a inarbitrabilidade pode também ser imposta pela ordem pública interna do direito francês).

8. No entender da maioria da doutrina francesa, o outro critério da arbitrabilidade enunciado no art. 2060 do C.C. Francês – a *disponibilidade do direito* – perdeu autonomia, pois que se fundiu com o critério da ordem pública.

Esta conclusão pode ser ilustrada com as seguintes citações de autores que abordaram este tema: "um direito torna-se indisponível por razões de ordem pública"[23]; "não se pode, nesta matéria, evitar a passagem pela ordem pública; a razão disso é certamente o facto de a noção de disponibilidade dos direitos não ser autónoma, mas dependente da de ordem pública"[24].

Assim entendida, a ordem pública mantém ainda utilidade para definir a arbitrabilidade, mas só intervém mediante exclusões pontuais desta, segundo a natureza dos direitos (indisponíveis por razões de ordem pública) atribuídos às partes[25].

9. Como já referi, no actual direito francês e no que concerne às arbitragens internas, a ordem pública (associada, como se explicou, à noção de indisponibilidade do direito) continua a ser invocada pela doutrina e pela jurisprudência para justificar a proibição ou a restrição da submissão de alguns litígios a árbitros, nomeadamente, para proteger uma parte considerada mais fraca ou para acautelar os interesses de um círculo de pessoas que ultrapassa as que estão vinculadas pela convenção de arbitragem[26].

Com efeito, é com esses fundamentos que, por um lado, se proíbem as cláusulas compromissórias (mas se permitem os compromissos arbitrais)

---

[23] V. Jean-Baptiste Racine – *ob. cit..*, p. 43.

[24] V. Charles Jarrosson, citado por J. B. Racine – *ob. cit.*, p. 43.

[25] V. Jean-Baptiste Racine – *ob. cit..*, p. 43.

[26] V., neste sentido, Jean-Louis Devolvé, Gerald Pointon and Jean Rouche – *French Arbitration Law and Practice* – 2nd ed., 2009 – The Netherlands, Wolters Kluwer, pp. 45 e segs.

Critérios de Arbitralidade dos Litígios. Revisitando o Tema 23

sobre litígios emergentes de contratos individuais de trabalho ou de contratos de arrendamento e, por outro lado, se veda totalmente a submissão à arbitragem dos litígios relativos à validade de títulos atributivos de direitos de propriedade industrial bem como de uma parte significativa dos litígios relativos a processos falimentares[27].

10. O que mais importa realçar na evolução da jurisprudência francesa que se deixa descrita, é que a sua anterior orientação restritiva era fruto da confusão entre a questão da arbitrabilidade e a dos limites dos poderes decisórios dos árbitros, mais precisamente, dos seus poderes relativos à aplicação das normas de ordem pública.

O árbitro a quem é cometida a função (jurisdicional) de dirimir um litígio de acordo com o direito aplicável, tem o dever de aplicar as regras imperativas e, em especial, as que sejam expressão da ordem pública, pelo que a circunstância de o litígio ser regido por normas dessa natureza não deve constituir impedimento a que ele seja resolvido por arbitragem.

É de notar, contudo, acompanhando Bernard Hanotiau, que a lógica subjacente a esta evolução da jurisprudência francesa implica que "se a ordem pública deixa de intervir *a priori* – a não ser excepcionalmente – para interditar o recurso à arbitragem, ela não desaparece completamente, visto que reaparece aquando do controlo *a posteriori* da sentença arbitral pelos tribunais estaduais"[28].

Com efeito, como salienta este autor (assim como a grande maioria da doutrina), é precisamente a existência de um controlo da conformidade da sentença arbitral com a ordem pública que fundamentalmente justifica a liberalização das condições da arbitrabilidade, donde resulta que, se os árbitros não respeitarem a ordem pública, a sua sentença pode ser anulada ou o seu reconhecimento e execução desta podem ser recusados pelos tribunais estaduais.

---

[27] Sobre a inarbitrabilidade dos litígios relativos a estas matérias, v. Jean-Louis Devolvé, Gerald Pointon and Jean Rouche – *ob cit.,,* pp. 45-53.

[28] *Ob. cit.*, p. 105.

24   *IV Congresso do Centro de Arbitragem da Câmara de Comércio e Indústria*

III. O critério da disponibilidade do direito

A. *Em que consiste a disponibilidade de um direito?*

11. Um grande número de ordenamentos jurídicos adopta, como critério de arbitrabilidade das controvérsias, o da "disponibilidade do direito controvertido".

Nas legislações de alguns países (por ex. o direito belga e o direito italiano antes da reforma de 2003), o critério de arbitrabilidade adoptado é o da "transigibilidade do direito controvertido", que substancialmente equivale ao anteriormente referido, visto que a possibilidade de as partes celebrarem transacção sobre o direito controvertido depende de elas poderem dele dispor (v. art. 1249º do Código Civil Português).

Para a doutrina portuguesa e estrangeira, um direito é considerado como "disponível" quando pode ser constituído e extinto por acto de vontade do seu titular[29], ou seja, quando está sob o controlo total do seu titular, de tal maneira que este pode fazer tudo a seu respeito, nomeadamente, aliená-lo e a ele renunciar[30].

Os autores que abordam este tema costumam assinalar vários graus de indisponibilidade. Por exemplo, o Professor João de Castro Mendes distinguiu entre a "indisponibilidade absoluta" e a "indisponibilidade relativa" (correspondendo esta aos casos em que uma pessoa pode dispor do direito *só por certa forma* ou *só em certas circunstâncias* ou *só a favor de certas outras pessoas*)[31]. Um outro autor, Patrice Level, caracterizou do seguinte modo os vários graus de indisponibilidade dos direitos, tendo especialmente em vista a sua tradução no domínio da arbitrabilidade: direitos *totalmente e definitivamente indisponíveis* (em matéria de estado e capacidade); direitos *parcialmente* disponíveis (por ex. os direitos nascidos do direito patrimonial da família) e direitos *que se tornaram* disponíveis, isto é, que são *indisponíveis no estado de direito eventual e disponíveis no estado de direito constituído e actual* (como é o caso de alguns

---

[29] V, entre outros, Castro Mendes – *Direito Processual Civil* – Lições – I volume – 1986-1987 – Ed. AAFDL, pp. 206-211; Luís de Lima Pinheiro – *ob. cit.*, p. 105.

[30] V. Patrice Level – *L' arbitrabilité* – Revue de l'Arbitrage – 1992, Paris, p. 218.

[31] V. *ob. cit.*, pp. 210-211.

direitos em matéria de direito do trabalho ou de arrendamentos regulamentados)[32].

Num artigo que publiquei em 2006[33], distingui entre o que apelidei de *disponibilidade forte* do direito (que consiste na possibilidade de se renunciar ao direito, não só quando este já se constituiu na esfera jurídica do seu titular, mas também antes de tal ocorrer, ou seja, a sua renunciabilidade antecipada) e a *disponibilidade fraca* do direito (que se basta com possibilidade de este só vir a ser renunciável após a sua radicação na esfera jurídica do seu titular). O que refiro nos parágrafos seguintes tem em conta esta distinção.

12. Determinar a arbitrabilidade com base no critério da "disponibilidade do direito controvertido" implica que se assimile a celebração da convenção de arbitragem a um acto de disposição. Aqui reside, a meu ver, o principal vício deste critério.

Sobre os critérios da *disponibilidade* e da *transigibilidade do direito* (que, como se explicou atrás, não é mais do uma especificação do primeiro), apesar de reconhecer que corresponde à solução adoptada num grande número de ordenamentos jurídicos, escreveu o Professor Raúl Ventura: "pessoalmente nutro dúvidas sobre este requisito de arbitrabilidade, porque não descubro ligação necessária entre a influência da vontade das partes sobre as vicissitudes de uma relação jurídica e a influência da vontade das partes para a determinação dos juízes dos seus litígios"[34].

Reservas semelhantes sobre este critério exprimiram a Professora Paula Costa e Silva[35] e o Professor Sérvulo Correia[36].

A meu ver, a escolha deste critério para definir as matérias que podem ser submetidas a arbitragem assenta no equívoco da assimilação da convenção de arbitragem aos negócios autocompositivos (renúncia,

---

[32] V. *ob. cit.*, p. 221. Relativamente à última categoria de indisponibilidade por ele referida, salienta este autor: "On notera, à cet égard, que la condition de disponibilité qu'éclaire la distinction entre droit éventuel et droit acquis, peut rendre nulle la clause compromissoire, et valider au contraire le compromis, conclu alors que le droit éventuel est né et, devenu disponible, est désormais arbitrable" – *ob. cit*, p. 221.

[33] V. "A disponibilidade do direito como critério de arbitrabilidade do litigio" – *loc. cit.*, p. 1248-1249.

[34] V. *"Convenção de Arbitragem"* – Revista da Ordem dos Advogados – ano 46 (1986) – T. II, p. 321.

26   *IV Congresso do Centro de Arbitragem da Câmara de Comércio e Indústria*

desistência, confissão e transacção). Ora, não há qualquer similitude entre aquele e estes.

Não há, com efeito, qualquer analogia entre o contrato de transacção, em que as partes põem termo a um litígio mediante abandonos ou concessões recíprocas (o que implica que possam dispor dos direitos que daquela são objecto), e a convenção de arbitragem, mediante a qual as partes confiam a um decisor independente e imparcial, por elas directa ou indirectamente escolhido, a resolução de um litígio existente entre elas, de acordo com o direito ou com a equidade.

Igualmente nenhuma analogia se pode estabelecer entre a renúncia a um direito (ou a desistência dele em juízo) e a submissão a decisão por árbitros das controvérsias, actuais ou futuras, àquele respeitantes.

De acordo com o fundamento lógico deste critério, só faz sentido erigir a "disponibilidade do direito" em requisito de validade da convenção de arbitragem que sobre aquele verse, se ela significar o que apelidei de *disponibilidade em sentido forte*, pois que a ideia rectora deste critério – a assimilação da convenção de arbitragem a um acto de disposição – exige que para este fim se considere o direito em causa tal como se configura no momento da celebração da convenção de arbitragem.

Com efeito, o que tem de ser relevante para este efeito não é a disponibilidade que o direito em causa assumirá porventura no futuro (numa sua configuração *eventual*), mas sim o facto de essa disponibilidade existir no momento em que se trata de celebrar a convenção de arbitragem (considerando-o enquanto situação jurídica *constituída e actual*).

Quanto àqueles direitos que não são licitamente renunciáveis (e transigíveis) na data em que se indague se as partes podem obrigar-se a submetê-los a arbitragem, embora possam vir a ser renunciados em momento futuro[37], não deve, em coerência com a *ratio* deste critério,

---

[35] V. *"Anulação e Recursos da Decisão Arbitral"*- Revista da Ordem dos Advogados – 1992 – T. I, p. 922, nota 79.

[36]V. "A arbitragem voluntária no domínio dos cõntratos administrativos" – Estudos em Memória do Professor Doutor João de Castro Mendes – 1995 – Lisboa, Lex, pp. 234-235, nota 10.

[37] Como é o caso dos direitos a indemnizações diversas que o agente comercial adquire após a cessação do seu contrato, os quais, por expressa proibição legal (v. art. 19º da Directiva do Conselho 86/635/CEE, de 18 de Dezembro de 1986, em conformidade com a qual têm de interpretar-se os arts. 24º a 36º da lei portuguesa sobre o contrato de agência), não podem ser renunciados antes de essa cessação ocorrer e, portanto, antes de tais direitos

Critérios de Arbitralidade dos Litígios. Revisitando o Tema   27

admitir-se a estipulação de uma cláusula compromissória, embora seja admissível a celebração de um compromisso arbitral quando tais direitos *se tornarem* efectivamente disponíveis[38].

13. Não consigo descobrir uma justificação lógica para a adopção do critério da disponibilidade em *sentido fraco*, a não ser talvez a de, por essa via, se visar excluir a possibilidade de conferir a árbitros competência para "validarem" actos que atinjam direitos que a ordem jurídica não pode tolerar que sejam lesados, em virtude do acentuado interesse público ou da superior importância axiológica de que estão imbuídos, implicando isso que se interdite totalmente (em quaisquer circunstâncias, actuais ou futuras) que sobre tais direitos pratiquem os seus titulares actos de disposição ou profiram árbitros decisão que os possa ofender. De acordo com esta acepção da indisponibilidade, inarbitráveis seriam apenas os direitos absolutamente "intocáveis" *hoc sensu*.

Contudo, se essa for a justificação do critério da disponibilidade do direito na acepção acima criticada, não estaremos então perante um verdadeiro critério de arbitrabilidade, visto que a disponibilidade/indisponibilidade do direito já não é apreciada em função da natureza que esse tem no momento em que se averigua se as partes podem vincular-se a fazer dirimir por árbitros os litígios a ele atinentes, dado que é referida a uma circunstância eventual, posterior à assunção dessa vinculação e dela desligada. Daí resulta que a indisponibilidade do direito, enquanto sinónimo da sua absoluta intocabilidade, passa a ser um mero indicador da elevada importância axiológica deste. Bem vistas as coisas, entendido neste sentido,

---

se radicarem na esfera jurídica do seu titular; v. a abordagem desta tema, com comentário a decisões de tribunais judiciais, no meu artigo, publicado em 1996, "A disponibilidade do direito como critério de arbitrabilidade do litígio", citado na nota 9 *supra*. É esse também o caso dos direitos a indemnização e a outros créditos pecuniários que o trabalhador adquire quando o seu contrato de trabalho cessa, os quais também não podem ser antecipadamente renunciados (v. art. 339°, n° 1, do Código do Trabalho). Daí que devam considerar-se nulas (pelo menos, parcialmente) as cláusulas compromissórias que sejam inseridas nos contratos supra-referidos e que abranjam tais direitos (por estes serem indisponíveis, na altura da celebração daqueles), sendo, em contrapartida, válidos os compromissos arbitrais celebrados depois de o respectivo sujeito se tornar *actualmente* titular desses direitos, dado que os mesmos passaram então a ser disponíveis.

[38] Como salientou Patrice Level no excerto transcrito na nota 31 *supra*.

28 IV Congresso do Centro de Arbitragem da Câmara de Comércio e Indústria

o recurso ao critério da disponibilidade do direito não é mais do que um véu que encobre o regresso ao critério da ligação com a ordem pública.

Haverá ainda que salientar, caso a ideia ou preocupação subjacente à adopção da acepção *fraca* do critério da disponibilidade do direito seja a que acima se admite como hipótese, que a adopção de um critério que consagre uma tendencial regra geral de livre arbitrabilidade dos litígios que só admita muito limitadas excepções (como é o caso do critério alternativo que adiante advogo), não implica que essa preocupação fique desacautelada. Bastará para tanto que as decisões dos árbitros que infrinjam valores, princípios e regras de ordem pública que a lei que preside à arbitragem (*lex arbitri*) não tolera que sejam ofendidos, possam ser anuladas, com esse fundamento, pelos tribunais estaduais competentes.

É, com efeito, por via da intervenção da ordem pública, em sede de acção ou recurso de anulação da sentença arbitral, e não através da restrição do âmbito da arbitrabilidade resultante de um critério destituído de fundamento congruente, que mais adequada e eficazmente poderá impedir-se que seja conferida tutela jurídica a actos que violem princípios e valores fundamentais da ordem jurídica em causa.

B. *Dificuldades que a aplicação deste critério suscita*

14. Se se fizer, como parece forçoso, uma opção clara pela *acepção forte* do critério da disponibilidade, é inevitável reconhecer-se que ela tem por consequência um muito significativo e insatisfatório estreitamento do âmbito da arbitrabilidade[39].

---

[39] Merece referência, a este propósito, o Acórdão do Tribunal Superior Laboral do Brasil, de 18/03/2010 (mencionado na edição de 31-05-2010 da newsletter electrónica *International Law Office*), que anulou uma sentença arbitral proferida ao abrigo de cláusula compromissória inserida num contrato de trabalho, por serem indisponíveis e, portanto, inarbitráveis os litígios relativos aos efeitos da cessação do contrato de trabalho para o trabalhador (no caso vertente, ex-director de uma sucursal de uma empresa multinacional), dado que, segundo a lei de arbitragem brasileira, só podem ser submetidos a arbitragem os "direitos patrimoniais disponíveis". Por muito insatisfatória que se considere esta decisão, na óptica de uma desejável extensão da arbitrabilidade a todos os litígios individuais de trabalho, sobretudo quando o trabalhador, pelo seu elevado estatuto socioeconómico, dispensa bem o amparo de disposições jurídicas que visem tutelar a "parte mais fraca" na relação jurídica laboral, parece-me que este acórdão decidiu correctamente face ao critério

Critérios de Arbitralidade dos Litígios. Revisitando o Tema 29

Em contrapartida, o alargamento do âmbito das matérias arbitráveis que se baseie apenas na consideração da "disponibilidade eventual/futura" do direito *(disponibilidade fraca)*, colide com o fundamento lógico deste critério.

Dado que o critério da disponibilidade do direito, se for entendido na acepção de *disponibilidade em sentido forte* (como parece logicamente forçoso) e se for aplicado com rigor, origina uma muito insatisfatória restrição do âmbito dos litígios arbitráveis, ele tende a ser frequentemente aplicado com algum laxismo[40], o que põe a descoberto as incongruências de que este critério enferma.

A verdade é que os problemas criados pelo critério da disponibilidade do direito controvertido não podem deixar de ser directamente enfrentados com vista à sua resolução ou, no caso de isso não ser possível, à substituição deste critério de arbitrabilidade por outro cuja aplicação não suscite tantas dificuldades quantas as que passo a referir seguidamente.

15. Quando estejam em jogo normas jurídicas que visam proteger interesses de importância superior aos das partes da convenção de arbitragem, como é que pode sustentar-se que estas têm "poder de disposição" sobre os direitos criados ou os interesses protegidos por tais normas[41]?

---

de arbitrabilidade consagrado no direito brasileiro, o qual conduz logicamente à inadmissibilidade das cláusulas compromissórias relativamente a alguns dos direitos emergentes de contrato individuais de trabalho (embora permita a celebração de compromissos arbitrais, aquando da cessação dos mesmos contratos). Por outras palavras, o que julgo merecedor de crítica não é decisão do Tribunal Superior Laboral do Brasil, mas antes o critério de arbitrabilidade acolhido na lei de arbitragem brasileira.

[40] Exemplo disso é o raciocínio facilitista que se encontra nas obras de numerosos autores espanhóis que, para evitarem enfrentar as dificuldades inerentes à utilização rigorosa do critério da "disponibilidade do direito controvertido", optam por se refugiar numa afirmada *presunção de disponibilidade das matérias de direito privado patrimonial* que, além de não ter fundamento consistente, vem, na prática, a traduzir-se na substituição do critério da "disponibilidade do direito" pelo da "patrimonialidade do direito "que será examinado adiante. V., neste sentido, por exemplo, Vicent Chuliá – *Introductión al Derecho Mercantil – 2004 – Valencia – Tirant lo Blanch, pp. 187-188;* Pilar Perales Viscasillas – *Arbitrabilidade y Convenio Arbitral* – 2005 – Navarra – Thomson/Aranzadi, pp. 139-140; José F. Merino Merchán e José M.ª Chillón Medina – Tratado de Derecho Arbitral – 3º ed. – 2006 – Navarrra – Thomson/Aranzadi/Civitas, pp. 274-276.

[41] É de referir a este respeito que, tendo em vista a aplicação do critério da disponibilidade do direito à determinação da arbitrabilidade, diversos autores (nomeadamente, J.

30 *IV Congresso do Centro de Arbitragem da Câmara de Comércio e Indústria*

E quando a lei declara nulo um acto, contrato ou deliberação social, para proteger interesses de valor superior ou alcance mais vasto do que o de quem peça ao tribunal que declare essa nulidade, qual é o "direito disponível" que essa pessoa vem exercer?

A meu ver, quem requer a um tribunal estadual que declare a nulidade do acto, está apenas a exercer o seu *direito de acção judicial*, a que não pode previamente renunciar, tal como sobre ele não pode celebrar transacção (por não ser admissível, na nossa ordem jurídica, o pacto *de non petendo*[42]).

Por isso é que, em diversas ordens jurídicas que delimitam o campo da arbitrabilidade com base no "critério da disponibilidade do direito", as acções tendentes a obter a declaração da nulidade de contratos de sociedade ou de deliberações de órgãos sociais têm sido consideradas como inarbitráveis.

É o que acontece, nomeadamente, nas ordens jurídicas francesa, italiana (antes da reforma que, em 2003, criou neste país um regime especial para a arbitragem de litígios societários), espanhola e holandesa, sendo também, a meu ver, o que deve entender-se face ao art. 1º da actual Lei da Arbitragem Voluntária portuguesa.

15.1. Em França, entende-se, de modo praticamente unânime, que as acções tendentes a fazer declarar a nulidade de um contrato de sociedade não podem ser decididas por um tribunal arbitral, dado que a nulidade aí invocada tem carácter de ordem pública[43].

B. Racine – *ob. cit.*, pp. 52-91 e P. Jolidon, citado por Bernard Hanotiau – *ob. cit.*, p. 108) salientam que (i) os direitos atribuídos ao contratante mais fraco (por exemplo, o consumidor, o trabalhador, o agente comercial ou o distribuidor) devem considerar-se como indisponíveis e, portanto, como inarbitráveis enquanto não tiverem cessado as razões que ditaram tal protecção – expressão da chamada "ordem pública de protecção" – e que (ii) certos direitos que são indisponíveis por servirem finalidades de interesse geral (*e.g.,* no âmbito do direito da propriedade industrial, do direito das sociedades ou do direito da concorrência) têm, por isso mesmo, de considerar-se como inarbitráveis. Como escreveu P. Jolidon (*loc cit.*), as partes não têm livre disposição sobre a protecção criada por disposição legal dirigida à defesa de um interesse público mais vasto do que os interesses daquelas.

[42] Parece ser este o entendimento da maioria da doutrina processualista portuguesa.

[43] V. Daniel Cohen – *Arbitrage et Societé* – 1993 – Paris, L.G.D.J., p. 143; Bernard Hanotiau – *ob. cit.*, pp. 163-164.

Critérios de Arbitralidade dos Litígios. Revisitando o Tema 31

Igualmente, a jurisprudência francesa tem firmemente decidido que os litígios sobre a repartição das competências entre órgãos sociais não podem ser dirimidas por árbitros, uma vez que as partes não podem, por convenção que celebrem ou deliberação que tomem num órgão social, modificar as competências dos órgãos da sociedade e pôr em causa a hierarquia entre estes, por se tratar de matérias regidas por normas de ordem pública. Com efeito, a organização das sociedades comerciais não é, em boa medida, deixada à livre disposição dos seus sócios, pelo que os litígios atinentes àquela organização não podem ser arbitráveis, de acordo com o critério em apreciação[44].

15.2. Em Itália, antes da lei de 2003 que criou um regime especial de arbitragem para os litígios de natureza societária, entendia parte da doutrina e a maioria da jurisprudência que não eram arbitráveis "as controvérsias relativas à impugnação de deliberações da assembleia que respeitem a direitos de terceiros ou ao interesse geral da sociedade no regular desenvolvimento das actividades sociais em conformidade com as previsões normativas ou estatutárias"[45].

15.3. Em Espanha, a doutrina e a jurisprudência estão muito divididas sobre a possibilidade de sujeição a árbitros de acções de declaração de nulidade do contrato de sociedade.

Numerosos autores e decisões judiciais recusam igualmente (a despeito da sentença do Tribunal Supremo de 18.04.1998, frequentemente citada a favor da arbitrabilidade desta matéria) que possam ser decididas por árbitros acções de declaração de nulidade de deliberações sociais que

---

[44] V. Bernard Hanotiau – *ob. cit.*, p. 165.

[45] A descrição da orientação da jurisprudência da *Corte di Cassazione* inserida no texto, entre comas, é extraída do citado estudo do Prof. Raúl Ventura (*loc. cit.,* p. 342-343) que com essa jurisprudência manifestava a sua concordância. Também Francesco Gennari (no seu livro *L'Arbitrato Societario* – Padova, Cedam, pp. 24 e 33) confirma que, nesse período, a orientação da jurisprudência italiana era contrária à arbitrabilidade de litígios em que fossem violadas normas tidas por imperativas, tais como as respeitantes à elaboração e aprovação do balanço social ou à formação da vontade social, as destinadas a assegurar o bom funcionamento da sociedade ou sua liquidação, bem como, genericamente, as que visassem a impugnação das deliberações sociais fundadas na violação de normas imperativas apontadas à protecção de outros interesses, que não apenas os dos actuais sócios.

32 *IV Congresso do Centro de Arbitragem da Câmara de Comércio e Indústria*

violem normas imperativas ou disposições de ordem pública (pelo menos, quando essa nulidade pode ser arguida a todo tempo e não pode ser sanada pelos sócios)[46].

Não são raros os autores (como o Prof. Manuel Olivencia Ruiz, um dos autores da lei de arbitragem espanhola de 2003) que afirmam categoricamente que não existe *livre disposição* (nem, portanto, arbitrabilidade) em matéria de deliberações sociais nulas por serem contrárias à lei[47].

15.4. Na Holanda (cujo Código do Processo Civil também define a arbitrabilidade do litígios através do critério da "disponibilidade do direito"), o Supremo Tribunal decidiu igualmente que não podem ser decididas por árbitros as acções tendentes a fazer declarar a nulidade de deliberações de órgãos sociais[48].

15.5. A meu ver, face ao art. 1º da L.A.V. portuguesa, devem também considerar-se inarbitráveis as acções que visem a declaração da nulidade de deliberações sociais por violação de normas que regem imperativamente a organização societária e as que protegem interesses de credores e outros terceiros ou de futuros sócios da sociedade, dado que dessas normas não emergem direitos que sejam disponíveis pelos actuais sócios da sociedade.

16. Nenhuma das supra-referidas dificuldades se suscita nas ordens jurídicas (como as da Inglaterra, Suíça, Alemanha e Áustria) que não recorrem ao critério de "disponibilidade do direito" para delimitar as matérias que podem ser submetidas a arbitragem.

Parece-me, por isso, que o critério da disponibilidade do direito é patentemente inadequado para identificar os litígios regidos pelo direito das sociedades que podem ser submetidos a arbitragem, pelo que se faz sentir, especialmente nesta matéria, a necessidade de o substituir por outro critério que não crie tantos entraves à arbitrabilidade da generalidade desses litígios.

---

[46] Sobre esta temática, v., entre outros autores, Maria José Carazo Liébana – *El arbitraje societario* – 2005 – Madrid, Marcial Pons, pp. 143-155.

[47] V. Manuel Olivencia Ruiz – *Sub art. 2,* en González Soria, J. (Coord.) – *Comentarios a la Nueva Ley de Arbitraje*, pp. 45 e segs.

[48] V. a edição de 06-09-2007 da newsletter electrónica *Internacional Law Office*.

Com este entendimento, não se ignora que a submissão à arbitragem da impugnação das deliberações sociais suscita outras questões que não a da mera arbitrabilidade, nomeadamente, a da possibilidade de intervenção de terceiros no processo arbitral e a da sentença arbitral poder ou não produzir efeitos em relação a quem não haja intervindo nesse processo, questões essas a que me referirei adiante.

Mas, se é verdade que a arbitrabilidade destes litígios é favorecida pela regulamentação – nas convenções de arbitragem, nos regulamentos ou na *lex arbitri* – da intervenção de terceiros no processo arbitral, certo é que ela continua ser restringida pelo critério da "disponibilidade do direito".

17. Passando a outra área do direito, se se tiver em conta que grande parte das normas nacionais e europeias de direito de concorrência são dotadas de reforçada imperatividade, assumindo uma vincada natureza de ordem pública (interna e/ou comunitária), não se vê como, ao abrigo do critério da disponibilidade do direito, pode submeter-se a arbitragem um considerável número de litígios emergentes dessas normas.

É de referir, a este propósito, que só a total desconsideração do critério da "disponibilidade do direito" pela jurisprudência francesa (cujo direito formalmente o acolhe) permitiu que importantes sentenças da *Cour de cassation* sobre matérias de direito de concorrência validassem a sua resolução por árbitros (*cfr.*, em França, os acórdãos preferidos nos casos *Ganz*, de 1991, *Labinal*, de 1993 e *Aplix*, de 1993)[49].

Mas a "indisponibilidade" das matérias nucleares do direito da concorrência ficou ainda mais acentuada por força do Acórdão proferido pelo Tribunal de Justiça da União Europeia no caso *Eco Suisse/Benetton* (1999)[50], na sequência do qual parece dever entender-se (embora este Acórdão não seja explícito quanto a isto) que os árbitros têm a obrigação de aplicar *ex officio* o direito europeu, mesmo que as partes hajam querido excluir a sua aplicação.

Cumpre notar a este respeito que, mesmo que se admita a arbitrabilidade das questões de direito da concorrência, ela tem sempre de entender-se com respeito pelas competências exclusivas da Comissão Europeia

---

[49] V. Bernard Hanotiau – *ob. cit.*, pp. 126-128; J .F. Poudret et S. Besson – *ob. cit.*, p. 299.

[50] V. Case C-126/97, (1999) ECR-I 3055.

34   *IV Congresso do Centro de Arbitragem da Câmara de Comércio e Indústria*

e das autoridades nacionais da concorrência, que são por isso excluídas do poder de decisão dos árbitros, como é o caso da concessão de isenções de categoria para actos restritivos da concorrência (ao abrigo do art.º 101º, nº 3, do Tratado da U.E.), da aplicação de multas e da emissão de injunções dirigidas aos operadores económicos[51].

IV. O critério da patrimonialidade do interesse controvertido

18. A meu ver, o critério que, com maior facilidade e congruência, permite determinar as controvérsias arbitráveis, é o da *natureza patrimonial do interesse controvertido*[52] que foi acolhido, em primeiro lugar, pela Lei Suíça de Direito Internacional Privado de 18.12.1987, para as arbitragens internacionais[53].

Na verdade, só deve, em princípio, ser vedada a submissão a árbitros de controvérsias relativas a direitos ou interesses de carácter não-patrimonial (nomeadamente, os direitos da personalidade, salvo as excepções referidas adiante, o estado civil das pessoas e, em regra[54], as controvérsias atinentes às relações familiares de natureza pessoal), nas quais, em regra, estão em causa valores cuja tutela deve, à luz dos conceitos fun-

---

[51] V. Bernard Hanotiau – *ob. cit.*, pp. 131.132; J. F. Poudret et S. Besson – *ob. cit.*, pp. 299-300.

[52] Esta é também a opinião de Bernard Hanotiau que, depois de o analisar aprofundamento o seu fundamento e as dificuldades que a sua aplicação suscita, considera insatisfatório o critério da disponibilidade do direito, pelo que advoga a sua substituação pelo da natureza patrimonial do litígio – *ob. cit.*, p. 109.

[53] Dispõe o art 177 (1) da L.D.I.P. Suíça, na sua versão francesa: "Toute cause de nature patrimoniale peut faire object d'un arbitrage" (na sua tradução para inglês feita pela *Association suisse de l'arbitrage*, este artigo reza assim: "Any dispute involving property may be the subject matter of an arbitration"). Num acórdão proferido em 1992 (caso *Fincantieri*), o Tribunal Federal Suíço precisou esta noção, decidindo que ela compreende "todas as pretensões que têm um valor pecuniário para as partes, a título de activo ou de passivo ou, dito de outro modo, os direitos que representam para, pelo menos, uma delas, um interesse susceptível de ser avaliado em dinheiro" – citado por Bernard Hanotiau, *ob. cit.*, p. 109.

[54] Como refere Bernard Hanotiau, a exclusão da intervenção de árbitros relativamente a controvérsias não-patrimoniais emergentes de relações familiares não é universal, sendo disso o exemplo o facto de, em Inglaterra e no EUA, a decisão sobre a guarda dos filhos poder ser proferida por árbitros (*ob. cit.*, pp. 231-232).

damentais que enformam o nosso sistema jurídico (e outros sistemas jurídicos pertencentes à mesma família jurídica[55]), ser reservada aos tribunais do Estado.

Parece-me também que a combinação do critério da *patrimonialidade do direito* controvertido com o da sua *transigibilidade* do direito feita pela Lei Alemã sobre a arbitragem, de 1998[56] – que foi adoptada também pela Lei Austríaca de 2006 – é ainda mais de louvar. Com efeito, considerando que o exercício de alguns direitos da personalidade pode ser limitado mediante negócios jurídicos (os chamados "negócios de personalidade"[57]) celebrados pelo seu titular, sendo assim objecto de um "downgrading" por iniciativa deste (como acontece com o direito à imagem ou o direito à privacidade da vida privada), deixam de existir, em tais casos, as razões fundadas na importância axiológica desses direitos que justificariam a subtracção à arbitragem dos litígios a eles atinentes.

Importa recordar que o que se deixa dito acima respeita apenas à delimitação da arbitrabilidade em função de critérios de natureza conceitual. Para além do recurso a este tipo de critérios, os legisladores nacionais (ou os tribunais estaduais, nos sistemas jurídicos em que são órgãos de produção de Direito) podem ainda, por razões de carácter político, económico, social ou moral (como realcei em 3. *supra*), reservar aos tribunais do Estado a apreciação e decisão de outras matérias que não são determi-

---

[55] Sobre o conceito de "família de sistemas jurídicos", v., entre outros, Dário Moura Vicente – Direito Comparado – Vol. I – Introdução e Parte Geral – 2008, Coimbra, Almedina, pp. 64 e segs.

[56] Traduzido para inglês, é o seguinte o teor do § 1030 do Zivilprozessordnung (*ZPO*):

Section 1030- Arbitrability

(1) Any claim involving an economic interest ("vermögensrechtlicher Anspruch") can be the subject of an arbitration agreement. An arbitration agreement concerning claims not involving an economic interest shall have legal effect to the extent that the parties are entitled to conclude a settlement on the issue in dispute.

(2) An arbitration agreement relating to disputes on the existence of a lease of residential accommodation within Germany shall be null and void. This does not apply to residential accommodation as specified in section 549 subs. 1 to 3 of the Civil Code.

(3) Statutory provisions outside this Book by virtue of which certain disputes may not be submitted to arbitration, or may be submitted to arbitration only under certain conditions, remain unaffected.

[57] V. Pedro Pais de Vasconcelos – *Teoria Geral do Direito Civil* – 2005 – Coimbra, Almedina, pp. 52-56, 63-70.

nadas através de critérios de natureza conceitual[58]. São considerações dessa ordem que explicam que, em todos os sistemas jurídicos, as matérias de direito penal sejam consideradas como inarbitráveis[59] e que o mesmo aconteça, na grande maioria deles, relativamente aos litígios de natureza fiscal[60], sendo também elas que justificam que, nalguns ordenamentos jurídicos, se vede a sujeição a árbitros de boa parte das controvérsias respeitantes a relações de arrendamento urbano[61] ou que, quanto aos litígios emergentes de contratos individuais de trabalho, só se permita a sua sujeição a arbitragem após a cessação do contrato[62] ou se preveja, para essa categoria de litígios, um regime especial de arbitragem que proporciona maior protecção ao trabalhador[63].

19. Por se ter reconhecido procedência ao conjunto das razões acima enunciadas, no Projecto de Lei de Arbitragem Voluntária que a Direcção da Associação Portuguesa de Arbitragem apresentou ao Ministério da Justiça e à comunidade da arbitragem portuguesa, em 2009 e, em segunda versão revista, em 2010, adoptou-se como critério de arbitrabilidade das controvérsias uma solução idêntica à das leis alemã e austríaca.

---

[58] Por isso é que, no início desta exposição (v. 3. *supra*), adverti que a delimitação do campo da arbitrabilidade não é habitualmente feita apenas mediante critérios de natureza conceitual.

[59] Como salienta Bernard Hanotiau (*ob. cit.*, p. 235), as matérias de direito penal são inarbitráveis, por "este ser um dos pilares da organização da sociedade. Há poucas matérias em que o interesse público esteja mais em jogo".

[60] "A fiscalidade é um atributo da soberania", como sublinha Ibrahim Fadlallah (citado por Bernard Hanotiau. *ob. cit.*, p. 171). Apesar disso, nos EUA, numerosas categorias de litígios de natureza tributária (algumas há, porém, que são consideradas inarbitráveis) podem ser submetidas a arbitragem; sobre este tema, *cfr.* Bernard Hanotiau, *ob. cit.*, pp. 178-180.

[61] É o que acontece nos direitos alemão (ZPO, § 1030), austríaco (ÖZPO, § 582) e francês (*v.*. Jean-Louis Devolvé, Gerald Pointon and Jean Rouche – *ob cit.*, p. 48).

[62] Por se entender que, nessa altura, o trabalhador já não está economicamente dependente do empregador; adoptam esta solução o direito francês (v. Jean-Louis Devolvé, Gerald Pointon and Jean Rouche – *ob cit.*, p. 48) e o direito austríaco (v. Andreas Reiner – *"La Réforme du Droit Autrichien de L'Arbitrage"* – Revue de l'Arbitrage – 2006, n° 2, p. 408).

[63] É o caso dos direitos alemão e italiano; solução semelhante foi adoptada, para esta categoria de litígios, no Projecto de Nova LAV (ar. 61°) apresentado pela Direcção da APA.

Critérios de Arbitralidade dos Litígios. Revisitando o Tema　　37

Dispõe-se no artigo 1º, nºs 1 e 2, deste Projecto:

Artigo 1º
(Convenção de arbitragem)

1. Desde que por lei especial não esteja submetido exclusivamente aos tribunais do Estado ou a arbitragem necessária, qualquer litígio respeitante a interesses de natureza patrimonial pode ser cometido pelas partes, mediante convenção de arbitragem, à decisão de árbitros.

2. É também válida uma convenção de arbitragem relativa a litígios que não envolvam interesses de natureza patrimonial, desde que as partes possam celebrar transacção sobre o direito controvertido.

V. Inarbitrabilidade de litígios em virtude dos limites contratuais da arbitragem

20. A insusceptibilidade de resolução de alguns litígios por árbitros pode resultar não da natureza do direito controvertido (*indisponibilidade* ou *não-patrimonialidade*) mas antes das características intrínsecas da arbitragem.

Dada a sua base contratual (uma convenção celebrada entre duas ou mais partes), a arbitragem tem uma intrínseca dificuldade em afectar um círculo de pessoas que ultrapasse as que são partes na convenção de arbitragem[64].

Relativamente àquelas categorias de litígios que, pela sua natureza, exijam soluções centralizadas, capazes de serem impostas a todos os que por elas sejam afectados (independentemente de estarem vinculados à mesma convenção de arbitragem), a arbitragem não tem aptidão para ser um eficaz meio de resolução de litígios[65].

---

[64] Esta ideia encontra-se insistentemente sublinhada e ilustrada em diversos estudos incluídos na obra colectiva editada por Loukas Mistelis e Stavros Brekoulakis – *Arbitrability – International and Comparative Perspectives* – 2009 – The Netherlands, Wölters Kluwer. De entre esses estudos, merecem destaque, quanto ao ponto aqui mencionado, os de Loukas Mistelis, de Stavros Brekoulakis e de Pilar Perales Viscasillas.

[65] Loukas Mistelis – *Is Arbitrability a National or an International Law Issue?*, p. 8; e Stavros Brekoulakis – *On Arbitrability – Persisting Misconceptions and New Areas of Concern*, pp. 32, 33, 34 e 44, ambos estes estudos constantes da obra colectiva citada na nota anterior.

38 IV Congresso do Centro de Arbitragem da Câmara de Comércio e Indústria

Naqueles casos em que só algumas das pessoas afectadas pelas decisões a proferir estão vinculadas por uma convenção de arbitragem, a tutela que é necessário conferir ao conjunto dos interesses em causa não é compatível com a possibilidade de algumas vertentes dos litígios que os envolvam serem dirimidas por arbitragem e de outras vertentes desses litígios serem resolvidas pelos tribunais estaduais, dando azo a decisões entre si inconciliáveis. Com efeito, quando o conjunto dos interesses que importa tutelar reclame soluções proferidas por um único julgador e entre si compatíveis, só um tribunal estadual, porque dotado de jurisdição universal, tem capacidade para as fornecer.

Esta limitação inerente à natureza da arbitragem manifesta-se em diversas áreas da ordem jurídica, originando a inarbitrabilidade de certas categorias de litígios, como, por exemplo, algumas das atinentes à propriedade intelectual, aos processos falimentares ou ao direito das sociedades.

Mesmo considerando apenas as áreas referidas, verifica-se, contudo, que as diversas ordens jurídicas adoptam soluções divergentes quanto à arbitrabilidade de algumas categorias de litígios pertencentes a essas áreas. As causas dessa divergência são, por um lado, o facto de a referida limitação, inerente à natureza convencional da arbitragem, ser percepcionada de forma diferente pelas várias ordens jurídicas que, por isso, respondem também diferenciadamente a tal limitação e, por outro lado, a circunstância de não serem coincidentes as "visões nacionais" do que exigem os princípios de ordem pública que são relevantes na determinação das soluções que as diversas ordens jurídica dão para essas limitações[66].

A. *Litígios atinentes a direitos de propriedade intelectual sujeitos a registo*

21. Em numerosos países, como a França, Alemanha, Holanda, Itália e Portugal, os litígios relativos à validade dos títulos de propriedade intelectual sujeitos a registo (*e.g.*, patentes e marcas) não podem ser decididos

---

[66] Chamando atenção para estes pontos, especificamente quanto à relação entre as arbitragens e os processos de falência, v. Stefan M. Kröll – *Arbitration and Insolvency Proceedings* – em *Pervasive Problems in International Arbitration* – edited by Loukas Mistelis and Julian Lew – The Netherlands, Kluwer Law International – 2006, pp. 362-367 e 375-376.

por árbitros, pelo menos, quando a validade desses títulos seja apreciada a título principal.

A justificação desta solução reside no facto de a decisão do tribunal dever, em princípio, produzir efeitos *erga omnes*, quer tal decisão conclua pela validade do título previamente inscrito no respectivo registo público (mantendo a eficácia inerente à inclusão nesse registo) quer conclua pela invalidade de tal título (excluindo-o desse registo).

Os litígios inerentes à validade de patentes ou de marcas podem, em Inglaterra e nos EUA (neste país, só a validade das patentes, mas já não a das marcas) ser submetidas a árbitros, mas a decisão por estes desses litígios só tem efeitos *inter partes* (sendo de notar que, em Inglaterra, a sentença que reconheça a validade de patente é passível de recurso, se esta vier subsequentemente a ser declarada nula por um tribunal estadual).

Na Suíça, ao contrário do acontece na generalidade dos países, um tribunal arbitral pode decidir sobre a validade de uma patente ou de uma marca e a sua sentença será reconhecida pela entidade pública que administra o respectivo registo (produzindo efeitos *erga omnes*), desde que tenha sido reconhecida e declarada executória por um tribunal estadual suíço[67].

Os litígios respeitantes à concessão ou recusa da patente ou do registo de marcas pela entidade competente, são inarbitráveis na Alemanha e em França[68], mas são, em princípio, arbitráveis em Portugal. Com efeito, o art. 48º do Código da Propriedade Industrial [por remissão para o seu art. 39º, a)] admite a sujeição a arbitragem de tais controvérsias, sob condição, porém, da "aceitação do compromisso arbitral pelos contra-interessados, quando existam", o que mostra bem que a existência de mais pessoas do que as vinculadas à convenção de arbitragem, que sejam afectadas pela sentença arbitral, pode impedir a arbitrabilidade do litígio.

Em contrapartida, os litígios relativos a direitos contratuais, como são os atinentes à propriedade, alcance, contrafacção e exploração das patentes ou marcas (*e.g.*, os relativos a sua transmissão e a licenças de utilização), que não põem em causa a validade desses títulos de propriedade industrial, são considerados como arbitráveis na generalidade dos ordenamentos jurídicos[69].

---

[67] Para uma análise de direito comparado sobre esta temática, pode consultar-se, entre outros, Bernard Hanotiau – *ob. cit.*, pp. 199-212; e Poudret et Besson – *ob. cit.*, pp. 302-305.

[68] *Ibidem.*

[69] *Ibidem.*

B. Litígios respeitantes à falência ou insolvência

22. A doutrina tem abundantemente salientado a tensão existente entre o carácter colectivo dos processos falimentares e a relatividade (*privity*) da convenção de arbitragem, tensão essa que tem o efeito, em certos casos, de subordinar a lógica de um destes institutos (a arbitragem) à do outro (a insolvência)[70].

Na verdade, enquanto os interesses primordiais tutelados pelo regime do processo de insolvência (que consistem essencialmente na tutela do universo dos credores comuns e privilegiados, visando a satisfação dos seus créditos, consoante a respectiva graduação) reclamam uma decisão centralizada das questões atinentes a falência (funcionando aqui a chamada *vis atractiva concursus*), a arbitragem favorece uma abordagem descentralizada na resolução dos litígios[71].

Não surpreende, por isso, que praticamente todos os sistemas jurídicos vedem a intervenção dos árbitros nas "questões nucleares" dos regimes da falência ou insolvência (os chamados *core claims* ou *pure bankruptcy issues*), incluindo o decretamento da insolvência, que tem como efeitos imediatos a suspensão das execuções em curso contra o insolvente (ou até, em numerosas ordens jurídicas, de todas as acções judiciais de natureza patrimonial em que aquele seja réu ou autor), a retirada da administração da massa insolvente ao devedor e sua entrega a um administrador nomeado pelo tribunal a quem é conferida a missão de maximizar o valor líquido dessa massa, com o poder de, em função desse objectivo, recusar o cumprimento de negócios anteriormente celebrados pelo insolvente e que estejam pendentes, passando a imperar rigorosamente o princípio do tratamento igualitário dos credores pertencentes a cada classe, que é considerado, na generalidade dos ordenamentos jurídicos, como integrando a respectiva ordem pública, interna e internacional[72].

É também largamente predominante, no direito comparado, a reserva aos tribunais estaduais das acções revogatórias de actos prejudiciais à massa insolvente, praticados durante o chamado "período suspeito" assim

---

[70] Um exame de direito comparado sobre esta matéria pode encontrar-se nas referidas obras de Bernard Hanotiau – *ob. cit.*, pp. 181-188, de Poudret et Besson – *ob. cit.*, pp. 305-309, e de Stefan M. Kröll – *ob. cit.*, pp. 357-376.

[71] V. Poudret et Besson – *ob. cit.*, p. 305; Bernard Hanotiau – *ob. cit.*, pp. 181-182; Stefan M. Kröll – *ob. cit.*, pp. 359-367.

[72] V. os autores citados nas duas notas anteriores.

Critérios de Arbitralidade dos Litígios. Revisitando o Tema
41

como das decisões sobre a graduação dos créditos a satisfazer[73], por se tratar de matérias intimamente ligadas às referidas questões nucleares do regime da insolvência.

Ao invés, na maioria das ordens jurídicas, admite-se a decisão por árbitros de litígios meramente contratuais existentes entre o devedor e terceiros, tal como o pedido de pagamento de uma soma de dinheiro (com a possível restrição[74] de o tribunal arbitral poder declarar existente o crédito sobre a massa insolvente, mas não poder condenar esta no respectivo pagamento, que depende do processo colectivo a cargo do tribunal estadual competente) ou o pedido de separação de bens não pertencentes à massa insolvente[75].

Para os efeitos supra-referidos, é maioritária, no plano do direito comparado, a solução de considerar que uma cláusula compromissória celebrada pelo devedor, antes da declaração de insolvência, continua a vincular a massa insolvente (e o seu administrador). Em sentido contrário dispõem, porém, os direitos holandês, italiano, espanhol e português[76].

No direito espanhol e no direito português (v. art. 87°, n° 1 do C.I.R.E.), uma vez decretada a falência, fica suspensa a eficácia das convenções arbitrais anteriormente celebradas pelo insolvente, respeitantes a litígios cujo resultado possa influenciar o valor da massa. Alguma doutrina espanhola defende que esta solução vale para as arbitragens internas, mas já não para as internacionais[77]; é muito duvidoso que o mesmo se possa defender-se, no âmbito do direito português.

Relativamente às arbitragens em curso, a solução predominante no direito comparado é a de se admitir, com algumas condições, que possam prosseguir. Assim, no direito francês[78], os processos arbitrais pendentes

---

[73] V. Bernard Hanotiau – *ob. cit.*, p. 182, Poudret et Besson – *ob. cit.*, pp. 306-308; Stefan M. Kröll – *ob. cit.*, pp. 367-372.

[74] Esta restrição existe no direito francês, mas não nos direitos alemão e suíço: *cfr.*, Stefan M. Kröll – *ob. cit.*, p. 369.

[75] V. Bernard Hanotiau – *ob. cit.*, p. 182; Poudret et Besson – *ob. cit.*, pp. 306-308; Stefan M. Kröll – *ob. cit.*, p. 371-372.

[76] V. Bernard Hanotiau – *ob. cit.*, p. 186, Poudret et Besson – *ob. cit.*, p. 308; v. quanto ao direito português, o art. 87°, n° 2, do C.I.R.E.

[77] V. Miguel Virgós – *Arbitration in times of insolvency* – Chambers Client Report, n° 28, October 2008, p. 71.

[78] Segundo os artigos 1465 e 369 do NCPC francês, o processo arbitral interrompe--se até que o credor haja reclamado o seu crédito perante o tribunal estadual competente

42 IV Congresso do Centro de Arbitragem da Câmara de Comércio e Indústria

não se extinguem, mas são automaticamente suspensos por determinação da lei, até que o credor haja reclamado o seu crédito junto do tribunal estadual competente, após o que a arbitragem pode continuar. Na Suíça e em Portugal (v. art 85º, nº 3 do C.I.R.E), os processos arbitrais em curso só se suspendem por curto período, para que o devedor insolvente passe a ser neles representado pelo administrador da insolvência (o que sucede também em França e na Itália). Na Alemanha, porém, o tribunal arbitral deverá (em obediência ao princípio fundamental de *due process* aplicável no processo arbitral) proporcionar ao administrador de insolvência tempo suficiente para estudar o processo e preparar a sua defesa, o que pode implicar uma suspensão do processo arbitral em causa por tempo considerável[79].

O que fica dito mostra bem que, mesmo quando a arbitragem não é sacrificada pelos imperativos do regime da insolvência, é por estes condicionada em maior ou menor grau.

C. Litígios regidos pelo direito das sociedades

23. A "relatividade" da convenção de arbitragem e o facto de a sentença só poder produzir efeitos sobre quem esteja vinculado a tal convenção, criam limites insuperáveis à utilização da arbitragem para dirimir alguns litígios regidos pelo direito das sociedades, tais como os litígios entre a sociedade (ou os titulares dos seus órgãos) e terceiros, nomeadamente, os credores sociais, que não são obviamente abrangidos por uma cláusula compromissória inserida nos estatutos, por muito amplos que sejam os termos em que aquela haja sido redigida.

Razões que podem também reconduzir-se à fonte consensual da arbitragem e à sua inadequação para resolver litígios que afectem mais pessoas do que as que devam considerar-se vinculadas pela convenção de arbitragem, originam a exclusão da arbitragem quanto a todos ou alguns dos

---

para a falência (considerando a jurisprudência que esse requisito integra a ordem pública internacional do Estado francês, só podendo o processo arbitral continuar após tal requisito ser cumprido); *cfr.,* Stefan M. Kröll – *ob. cit.,* pp. 368-369.

[79] V. Bernard Hanotiau – *ob. cit.,* p. 186, Poudret et Besson – *ob. cit.,* p. 308; Stefan M. Kröll – *ob. cit.,* p. 369; e Chistoph Liebscher – *Insolvency and Arbitrability* , p. 175 da obra colectiva editada por Loukas Mistelis e Stavros Brekoulakis – *Arbitrability – International and Comparative Perspective*s, acima citada.

litígios intra-societários respeitantes a sociedades cotadas em bolsa, nomeadamente, no direito italiano[80], no direito alemão[81], e, relativamente aos *"derivative claims"*, nos direitos dos estados federados norte-americanos[82]. A exclusão, nos E.U.A., da arbitragem para decidir sobre os *derivative claims* é justificada pela não admissão de que uma convenção de arbitragem inserida nos estatutos de uma sociedade cotada possa vincular a totalidade dispersa dos seus accionistas, pelo simples facto de estes terem feito um pagamento para adquirir acções dessa sociedade, em bolsa[83].

Como antes referi, a submissão a arbitragem de algumas categorias de litígios pertencentes ao direito das sociedades, suscita outras difíceis questões que importa distinguir das da mera arbitrabilidade das controvérsias. Limitar-me-ei aqui a enunciar algumas dessas questões:

– Admitindo que as acções de anulação e declarativas da nulidade de deliberações sociais possam ser decididas por um tribunal arbitral, será uma disposição como a do art. 61º, nº 1, do Código das Sociedades Português[84] aplicável (directamente ou por analogia) às arbitragens que versem sobre aquelas acções?

---

[80] Decreto Legislativo 17 gennaio 2003 n. 5. art. 34 (1)

[81] Segundo a opinião da doutrina largamente predominante; *cfr.* as regras suplementares para a arbitragem dos litígios societários recomendadas pela *Deutsche Institution für Schiedsgerichtsbarkeit*

[82] V. Bernard Hanotiau – *ob. cit.*, pp. 158-159

[83] V. Bernard Hanotiau – *ob. cit.*, pp. 158-159. Uma análise aprofundada dos argumentos contra e a favor da arbitrabilidade dos "derivative actions" e de matérias afins, como as "securities class actions", pode ler-se em Perry Herzfeld-*"Prudent Anticipation? The Arbitration of Public Company Shareholder Disputes"* – *Arbitration International* – London, Kluwer Law International – 2008, Issue 2, pp. 297-329; Estas figuras de direito processual são assim definidas por este autor: "derivative actions' are actions whereby, in certain circumstances, shareholders sue in the name of the company to enforce a right held by the company. 'Class actions' are actions in which issues that arise in a number of sufficiently similar claims are determined together in a single proceeding brought by a representative plaintiff." – *ob. cit.*, p. 298.

[84] Que dispõe: "a sentença (de um tribunal judicial) que declarar nula ou anular uma deliberação (social) é eficaz contra e a favor de todos os sócios e órgãos da sociedade, mesmo que não tenham sido parte ou não tenham intervindo na acção". Esta disposição legal opera assim uma extensão dos limites subjectivos do caso julgado produzido por tais sentenças judiciais, conferindo-lhe uma eficácia geral no seio da sociedade. O tratamento desenvolvido desta temática pode ver-se em Jorge Pinto Furtado – *Deliberações de Sociedades Comerciais* – 2005 – Coimbra, Almedina, pp. 805-815 e 825-835.

IV Congresso do Centro de Arbitragem da Câmara de Comércio e Indústria

- Se não puder aplicar-se esta disposição legal a tais arbitragens, de que forma ou sob que condições poderá conseguir-se que a decisão arbitral que anule ou declare a nulidade de uma deliberação social tenha eficácia de caso julgado não só em relação ao(s) sócio(s) proponente(s) da acção e à sociedade que nesta figura como demandada, mas também em relação aos demais sócios e aos titulares dos órgãos sociais?
- Caso deva concluir-se que essa decisão arbitral nunca poderá ter uma "eficácia geral no seio da sociedade" idêntica à que o art. 61°, n° 1, do C.S.C confere às sentenças judiciais homólogas, que efeito terá ela perante aqueles actores da vida interna da sociedade que não participaram na arbitragem em causa?
- Será, ao menos, essa sentença "oponível" a quem não haja sido parte no processo arbitral[85]? E em que consistirá essa "oponibilidade"?

Em minha opinião, a resposta a estas questões não depende só da possibilidade de outros sócios, além dos proponentes daquelas acções arbitrais, terem a faculdade de nelas intervirem (mesmo que não exerçam tal faculdade) ao abrigo da figura da "intervenção de terceiros" que esteja prevista e regulada na convenção de arbitragem, no regulamento de arbitragem aplicável ou na *lex arbitri*, sem embargo de a inclusão desta figura na regulamentação legal ou convencional das arbitragens poder contribuir, em grande medida, para minorar os problemas criados pelos supra--referidos limites intrínsecos de qualquer arbitragem.

Estas são, no entanto, questões que ultrapassam claramente a da mera arbitrabilidade de litígio e que deverão ser apreciadas noutra sede.

---

[85] Chamando a atenção para necessidade de se distinguir entre a "eficácia de caso julgado" e a simples "oponibilidade" da sentença arbitral, v. Pierre Mayer, em anotações de *Jurisprudence Française* – Revue de l'Arbitrage – 2007, n° 4, pp. 771-774, e 2009, n° 2, pp. 330-331.

ARBITRABILIDADE DE LITÍGIOS EM SEDE DE DIREITO DA CONCORRÊNCIA[1]

MÁRIO MARQUES MENDES[2]

Antes de mais, quero agradecer ao Centro de Arbitragem Comercial, na pessoa do seu Presidente, Senhor Doutor Rui Machete – que preside a esta sessão e a quem também nessa qualidade saúdo –, e à Associação Comercial de Lisboa, o convite que me dirigiram. É uma honra e um prazer estar aqui hoje.

Cumprimento, também, muito cordialmente os restantes ilustres membros deste painel e todos os presentes.

1. Da Arbitrabilidade de Litígios em Sede de Direito da Concorrência

Confrontados com o tema, a primeira resposta que nos ocorre é: claro que os litígios de concorrência podem ser – e são, de há longo tempo – sujeitos a arbitragem. A minha intervenção começaria e acabaria aqui.

O tema é, no entanto, bem mais complexo. Tanto ou tão pouco que, agora, tenho de me limitar a enunciar alguns tópicos.

---

[1] Este texto reproduz, praticamente sem alterações, a intervenção do autor no IV Congresso do Centro de Arbitragem da Câmara de Comércio e Indústria Portuguesa (Centro de Arbitragem Comercial), em Lisboa, em 15 de Julho de 2010, revelando, na sua organização e no desenvolvimento dos diversos pontos tratados, os constrangimentos decorrentes de uma apresentação oral.

[2] Advogado Especialista em Direito Europeu e da Concorrência; sócio da Marques Mendes & Associados; Presidente da Direcção do Círculo dos Advogados Portugueses de Direito da Concorrência.

46   *IV Congresso do Centro de Arbitragem da Câmara de Comércio e Indústria*

Em qualquer caso, e terminado o tempo que me foi concedido, ficarei à disposição para debater qualquer questão que queiram, porventura, colocar.

1.1. *Da hostilidade... à complementaridade*

Internacionalmente, e desde há vários anos, tem sido admitida a arbitrabilidade de litígios que envolvam questões de direito da concorrência. Contudo, nem sempre foi assim.

Da hostilidade...

Pelo menos na Europa – deixemos, para já, de parte a realidade norte--americana –, a **aplicação das regras de concorrência esteve, historicamente,** a cargo, em larguíssima medida, de **entidades públicas** – destinadas a preservar condições adequadas de funcionamento dos mercados e de desenvolvimento da actividade económica, através da vigilância exercida sobre os comportamentos dos vários intervenientes, **no interesse público.** Pelo contrário, a **arbitragem** sempre correspondeu ao domínio da autonomia privada, nos seus vários aspectos.

Compreende-se, assim, o desconforto, senão mesmo a hostilidade, com que, neste contexto, se olhava do **mundo da concorrência** para o mundo da **arbitragem.**[3]

Esta – pelas suas próprias características de confidencialidade, informalidade, neutralidade e definitividade – era vista, em particular pela Comissão Europeia, como uma base privilegiada para as empresas contornarem a aplicação das regras de concorrência sem serem detectadas.[4]

---

[3] Sobre a tensão entre arbitragem e direito da concorrência ver, entre muitos, James Atwood, *The Arbitration of International Antitrust Disputes: A Status Report and Suggestions,* in 1994 Fordham Corp. L. Inst. 000 (B. Hawk ed. 1995), pp. 367-401, Laurence Idot, *La place de l'arbitrage dans la résolution des litiges en droit de la concurrence,* Recueil Dalloz 2007, n.º 38, Assimakis Komninos, *Arbitration and EU Competition Law in a Multi-jurisdictional Setting,* 2009, Van Bael & Bellis, *Competition Law of the European Community,* Kluwer (2005), pp. 1194-1198, Phillip Landolt, *Modernised EC Competition Law in International Arbitration,* Kluwer (2006), bem como a vasta bibliografia nessas obras indicada.

[4] *Cfr.,* em particular, Assimakis Komninos, *supra* nota 3, em cuja nota 12 revela um caso citado em Werner, *"Application of Competition Laws by Arbitrators: The Step Too*

Arbitrabilidade de Litígios em Sede de Direito da Concorrência 47

O **mundo da arbitragem**, pelo seu lado, receava lidar com normas consideradas de ordem pública, até há pouco tidas como insusceptíveis de ser invocadas e aplicadas em arbitragens, e relativamente às quais as autoridades de concorrência, em particular a Comissão Europeia, tinham uma atitude demasiado intervencionista.[5]

Far", 12(1) JInt'l Arb (1995), p. 23: "*Two EC companies had concluded an agreement infringing Art. 81 EC. The agreement was subject to Swiss law and arbitration took place in Switzerland: Only one copy of the agreement existed, and this was hidden in a Swiss bank. When the dispute started, the arbitrators were asked to examine the contract, but not to mention it in their decision.*"

[5] A Comissão chegou a impor, em certas isenções individuais, a obrigação de notificação de decisões arbitrais, assim como se opôs à execução de sentenças arbitrais relativamente às quais tinha objecções. Também em certas isenções por categoria a Comissão, no passado, reservou a possibilidade de vir a ser retirado o benefício conferido pela isenção no caso de decisões arbitrais contrárias ao então Artigo 85.º, n.º 3, do Tratado CEE. *Cfr.*, a este propósito, Assimakis Komninos, *supra* nota 3, nota 16 e texto correspondente, e Assimakis Komninos, *Arbitration and the Modernisation of European Competition Law Enforcement*, 24 World Competition 211 (2001), pp. 214 a 216. Ver também, sobre esta matéria, James Atwood, *supra* nota 3, pp. 371-374, o qual, para além de descrever as preocupações da Comissão já relatadas acima, refere uma idêntica reacção negativa por parte do U.S. Department of Justice, o qual, intervindo como *amicus curiae* no processo *Mitsubishi* (ver nota 6 *infra*), afirmou:

"The role that private antitrust actions play in vindicating important public interests in the preservation of competition renders them inappropriate for determination by arbitration. Such claims often involve firms that possess substantial market power, and the agreement to arbitrate itself may reflect an exercise of that market power by the stronger party. Arbitrators normally are drawn from the business community the antitrust laws are intended to regulate: in addition, they are likely to be less qualified than Article III judges to deal with complex issues that arise in antitrust cases and more inclined to substitute general notions of fairness between the parties for careful economic analysis and interpretation of statutory policy: Finally, although they may be useful in the resolution of many types of commercial disputes, arbitral procedures – including limitations on discovery, the absence of a written opinion in some cases, and the limited scope of judicial review – are not adequate to effectuate antitrust enforcement policies." Brief for the United States as Amicus Curiae in Support of Respondent, Mitsubishi Motors v. Soler Chrysler--Plymouth, Inc., 473 U.S. 614 (1985) (No. 83-1569), in James Atwood, *supra*, nota 3, p. 372, nota 15.

Para uma explicação sobre a posição inicialmente assumida pela Comissão Europeia sobre a arbitragem, *cfr.* John Temple Lang, *International Arbitration – Panel Discussion*, in 1994 Fordham Corp. L. Inst. 000 (B. Hawk ed. 1995), pp. 418-422.

48 IV Congresso do Centro de Arbitragem da Câmara de Comércio e Indústria

À complementaridade...

A verdade é que **arbitragem** e **direito da concorrência** podem até completar-se em certos aspectos.

O **direito da concorrência** visa abolir barreiras, abrir mercados, eliminar fronteiras. Na Comunidade, agora União, Europeia, por exemplo, o direito da concorrência foi um dos mais importantes meios para a integração dos mercados dos vários Estados-membros e a consecução do mercado interno.

A **arbitragem**, por seu lado, particularmente no contexto internacional, sempre foi considerada um meio privilegiado para o desenvolvimento da actividade económica.

1.2. A Evolução

1.2.1. Esta tensão começou, entretanto, a esbater-se...

O primeiro passo neste caminho foi considerar-se que a circunstância de as **normas de concorrência** serem **de interesse e ordem pública** – daí decorrendo a indisponibilidade dos direitos criados nesse âmbito – não constituía necessariamente um obstáculo a que as mesmas fossem invocadas e aplicadas em litígios sujeitos a arbitragem.

1.2.2. E o primeiro grande marco jurídico nesta evolução foi o Acórdão proferido pelo U.S. Supreme Court no processo *Mitsubishi* (1985):[6]

Até então, a jurisprudência de referência nos EUA habitualmente invocada constava do acórdão no processo *American Safety*, proferido pelo U.S. Court of Appeals Second Circuit em 1968,[7] onde se afirmou nomeadamente:

"19. *A claim under the antitrust laws is not merely a private matter. The Sherman Act is designed to promote the national interest in a competitive economy; thus, the plaintiff asserting his rights*

---

[6] Acórdão proferido pelo U.S. Supreme Court, em 2 de Julho de 1985, no processo Mitsubishi Motors v. Soler Chrysler-Plymouth, 473 U.S. 614 (1985).

[7] American Safety Equipment Corp. v. J. P. Maguire & Co., 391 F.2d 821(1968). Posição idêntica foi consagrada em vários outros acórdãos subsequentes até ao acórdão no processo *Mitsubishi*.

under the Act has been likened to a private attorney-general who protects the public's interest.(...) Antitrust violations can affect hundreds of thousands – perhaps millions – of people and inflict staggering economic damage. (...) **We do not believe that Congress intended such claims to be resolved elsewhere than in the courts.** *We do not suggest that all antitrust litigations attain these swollen proportions; the courts, no less than the public, are thankful that they do not. But in fashioning a rule to govern the arbitrability of antitrust claims, we must consider the rule's potential effect.*

20. On the other hand, the claim here is that the agreement itself was an instrument of illegality; in addition, the issues in antitrust cases are prone to be complicated, and the evidence extensive and diverse, far better suited to judicial than to arbitration procedures. **Moreover, it is the business community generally that is regulated by the antitrust laws. Since commercial arbitrators are frequently men drawn for their business expertise, it hardly seems proper for them to determine these issues of great public interest.(...).**

21. Adjudication by such arbitrators may, indeed, provide a business solution of the problem if that is the real desire; but it is surely not a way of assuring the customer that objective and sympathetic consideration of his claim which is envisaged by the Securities Act.".[8] (ênfase acrescentada)

E concluiu o tribunal:

23. "(...) the **pervasive public interest** *in enforcement of the antitrust laws, and the nature of the claims that arise in such cases, combine to make (...)* **antitrust claims** *(...)* **inappropriate for arbitration.".**[9] (ênfase acrescentada)

No acórdão proferido no processo *Mitsubishi* o Supremo Tribunal dos EUA revogou, em parte, *American Safety*. Peça notável de jurisprudência, que dividiu, quase ao meio, os membros do Tribunal,[10] nela se sustentou, com clarividência, a arbitrabilidade do litígio em causa:

---

[8] *Idem.*

[9] *Idem*, em 827-828.

[10] O acórdão teve como relator Justice Blackmun, com os votos a favor de Justices Burger, White, Rehnquist e O'Connor, e contra de Justice Stevens, que elaborou voto de

50   *IV Congresso do Centro de Arbitragem da Câmara de Comércio e Indústria*

"There is no reason to assume at the outset of the dispute that international arbitration will not provide an adequate mechanism. To be sure, the international arbitral tribunal owes no prior allegiance to the legal norms of particular states; hence, it has no direct obligation to vindicate their statutory dictates. The tribunal, however, is bound to effectuate the intentions of the parties. Where the parties have agreed that the arbitral body is to decide a defined set of claims which includes, as in these cases, those arising from the application of American antitrust law, the tribunal therefore should be bound to decide that dispute in accord with the national law giving rise to the claim.(...) And so long as the prospective litigant effectively may vindicate its statutory cause of action in the arbitral forum, the statute will continue to serve both its remedial and deterrent function.".[11]

E rejeitou com veemência a alegada incapacidade e parcialidade de árbitros, invocada em *American Safety*, para apreciar e julgar problemas jurídicos complexos:

"Next, potential complexity should not suffice to ward off arbitration. We might well have some doubt that even the courts following American Safety subscribe fully to the view that antitrust matters are inherently insusceptible to resolution by arbitration, as these same courts have agreed that an undertaking to arbitrate antitrust claims entered into after the dispute arises is acceptable.(...) In any event, adaptability and access to expertise are hallmarks of arbitration. The anticipated subject matter of the dispute may be taken into account when the arbitrators are appointed, and arbitral rules typically provide for the participation of experts either employed by the parties or appointed by the tribunal. Moreover, it is often a judgment that streamlined proceedings and expeditious results will best serve their needs that causes parties to agree to arbitrate their disputes; it is typically a desire to keep the effort and expense required to resolve a dispute within manageable bounds

---

vencido a que aderiram Justices Brennan (na totalidade) e Marshall (em parte). Justice Powell não participou na votação.

[11] Mitsubishi Motors v. Soler Chrysler-Plymouth, *supra* nota 6, *473 U.S. 614, 638.*

Arbitrabilidade de Litígios em Sede de Direito da Concorrência

*that prompts them mutually to forgo access to judicial remedies. In sum, the **factor of potential complexity alone does not persuade us that an arbitral tribunal could not properly handle an antitrust matter**. For similar reasons, **we also reject the proposition that an arbitration panel will pose too great a danger of innate hostility to the constraints on business conduct that antitrust law imposes**. International arbitrators frequently are drawn from the legal as well as the business community; where the dispute has an important legal component, the parties and the arbitral body with whose assistance they have agreed to settle their dispute can be expected to select arbitrators accordingly. We decline to indulge the presumption that the parties and arbitral body conducting a proceeding will be unable or unwilling to retain competent, conscientious, and impartial arbitrators.".*[12] (ênfase acrescentada)

Sublinhou, no entanto, o Supremo Tribunal norte-americano – no que ficou conhecido como a "**second look doctrine**" – que os tribunais dos Estados Unidos teriam a oportunidade, em fase de execução da sentença, de assegurar que o interesse legítimo na aplicação das regras *antitrust* foi tido em conta:

*"Having permitted the arbitration to go forward, **the national courts of the United States will have the opportunity at the award-enforcement stage to ensure that the legitimate interest in the enforcement of the antitrust laws has been addressed**. The Convention reserves to each signatory country the right to refuse enforcement of an award where the "recognition or enforcement of the award would be contrary to the public policy of that country." While the efficacy of the arbitral process requires that substantive review at the award-enforcement stage remain minimal, **it would not require intrusive inquiry to ascertain that the tribunal took cognizance of the antitrust claims and actually decided them**."*[13] (ênfase acrescentada)

Sublinhe-se esta passagem do acórdão, já que se é certo que o Supremo Tribunal estabeleceu a possibilidade de verificação pelos tribunais nacionais

---

[12] *Idem.*
[13] *Idem.*

dos EUA da salvaguarda da aplicação das regras de concorrência pelos árbitros, numa decisão arbitral, na fase de execução da mesma – a tal **"second look doctrine"** –, também advertiu para a necessidade de esta intervenção se limitar, quanto ao mérito, ao mínimo indispensável, de forma a dar plena eficácia ao processo arbitral. Isto é, tal análise parece dever reduzir-se a avaliar se as questões de concorrência foram efectivamente tidas em conta e tratadas, e não a verificar se as regras *antitrust* norte-americanas relevantes foram bem aplicadas no caso concreto.

E concluiu o Supremo Tribunal:

"As international trade has expanded in recent decades, so too has the use of international arbitration to resolve disputes arising in the course of that trade. The controversies that international arbitral institutions are called upon to resolve have increased in diversity as well as in complexity. Yet the potential of these tribunals for efficient disposition of legal disagreements arising from commercial relations has not yet been tested. If they are to take a central place in the international legal order, national courts will need to "shake off the old judicial hostility to arbitration", and also their customary and understandable unwillingness to cede jurisdiction of a claim arising under domestic law to a foreign or transnational tribunal. To this extent, at least, it will be necessary for national courts to subordinate domestic notions of arbitrability to the international policy favoring commercial arbitration.".[14]

Desde *Mitsubishi*, a questão da arbitrabilidade de litígios em que está em causa a aplicação do direito da concorrência ficou resolvida. Não assim no que respeita ao âmbito de que se deve revestir a revisão de uma decisão arbitral em que se suscitem tais matérias pelos tribunais estaduais, como se verá adiante.

1.2.3. No contexto europeu, e da UE em particular, o ponto decisivo de viragem aconteceu com o acórdão do Tribunal de Justiça, de 1 de Junho de 1999, no processo **Eco Swiss**.[15]

---

[14] *Idem.*

[15] Acórdão do Tribunal de Justiça de 1 de Junho de 1999, *Eco Swiss China Time Ltd. / Benetton International NV*, C-126/97, Colectânea, pág. I-03055.

A principal conclusão do Tribunal neste acórdão, para a matéria em questão, foi o ter considerado o direito da concorrência da União, em particular o artigo 85.º do Tratado CEE (ao tempo do acórdão já artigo 81.º TCE e actual 101.º TFUE) que estava em análise, pela sua natureza fundamental na concretização do mercado interno, como fazendo parte das normas de ordem pública de todos os Estados-Membros.[16-17]

Nestes termos, e depois de reconhecer, lembrando o acórdão proferido no processo *Nordsee*,[18] que

> "(…) *um tribunal arbitral voluntário não constitui um «órgão jurisdicional de um Estado-Membro», na acepção do artigo 177. do Tratado* [actual artigo 267.º TFUE] (…)",[19]

e que, consequentemente,

> "(…) *os árbitros, diferentemente de um órgão jurisdicional nacional, não estão em condições de pedir ao Tribunal de Justiça que decida a título prejudicial sobre questões atinentes à interpretação do direito comunitário.",[20]*

sendo que

> "(…) *existe para a ordem jurídica comunitária um interesse manifesto em que, para evitar futuras divergências de interpretação,*

---

[16] *Idem*, onde se afirma, no parágrafo 36, que "*o artigo 85. do Tratado constitui, em conformidade com o disposto no artigo 3., alínea g), do Tratado CE [que passou, após alteração, a artigo 3., n. 1, alínea g), CE], uma disposição fundamental indispensável para o cumprimento das missões confiadas à Comunidade e, em particular, para o funcionamento do mercado interno. A importância de tal disposição levou os autores do Tratado a estipular expressamente, no n. 2 do artigo 85. do Tratado, a nulidade dos acordos e decisões proibidos por este artigo.".* E, no parágrafo 39, o Tribunal concluiu: *"Com efeito, pelas razões mencionadas no n.º 36 do presente acórdão, o artigo 85.º do Tratado pode ser considerado uma disposição de ordem pública na acepção da referida convenção.".*

[17] O Tribunal de Justiça veio a confirmar mais tarde, num processo que não respeitava a arbitragem, que os artigos 81.º e 82.º TCE (actualmente artigos 101.º e 102.º TFUE) são normas de ordem pública. *Cfr.* Acórdão do Tribunal de Justiça de 13 de Julho de 2006, *Manfredi e o.*, C-295/2004 a C-298/2004, Colectânea, pág. I-06619, parágrafo 31.

[18] Acórdão do Tribunal de Justiça de 23 de Março de 1982, *Nordsee*, Proc. 102/81, Colectânea, pág. 01095.

[19] Acórdão *Eco Swiss*, *supra* nota 15, parágrafo 34.

[20] *Idem*, parágrafo 40.

qualquer disposição de direito comunitário seja objecto de uma inter-pretação uniforme, independentemente das condições em que deva aplicar-se (acórdão de 25 de Junho de 1992, Federconsorzi, C-88/91, Colect., p. I-4035, n. 7)",[21]

o Tribunal estabeleceu que

"(...) o direito comunitário exige que as questões atinentes à interpretação da proibição imposta pelo artigo 85., n. 1, do Tra-tado possam ser examinadas pelos órgãos jurisdicionais nacionais chamados a pronunciar-se sobre a validade de uma decisão arbi-tral e possam constituir objecto, tal sendo o caso, de um reenvio prejudicial para o Tribunal de Justiça.".[22] (ênfase acrescentada)

E concluiu, relativamente à questão que lhe havia sido colocada:

"(...) um órgão jurisdicional nacional chamado a conhecer de um pedido de anulação de uma decisão arbitral deve deferir tal pedido quando entenda que essa decisão é efectivamente contrária ao artigo 85. do Tratado, desde que deva, segundo as suas normas processuais internas, deferir um pedido de anulação baseado na violação de normas nacionais de ordem pública.".[23]

Mas se o Tribunal de Justiça, pelas razões acima apontadas, achou imprescindível sujeitar uma decisão arbitral a uma avaliação judicial – aparentemente como condição necessária para ser possível o recurso ao mecanismo do reenvio prejudicial – não deixou de expressar a sua posi-ção quanto aos possíveis limites dessa intervenção dos tribunais nacio-nais. A este propósito, convém, assim, recordar as palavras do Tribunal:

"(...) deve observar-se que as exigências ligadas à eficácia do processo arbitral justificam que o controlo das decisões arbitrais revista um carácter limitado e que a anulação de uma decisão só possa ser obtida, ou o seu reconhecimento recusado, em casos excepcionais.".[24] (ênfase acrescentada)

---

[21] *Idem.*

[22] *Idem.*

[23] *Idem*, parágrafo 41.

[24] *Idem*, parágrafo 35.

Arbitrabilidade de Litígios em Sede de Direito da Concorrência 55

Entretanto, a própria Comissão Europeia foi alterando, ao longo do tempo, a sua tradicional posição desfavorável relativamente à arbitragem, chegando mesmo, em certos casos, a incentivar a sua utilização.[25]

2. Direito da Concorrência e Arbitragem

2.1. Não se pode falar de direitos da concorrência nacionais dos Estados-membros da União Europeia sem falar do direito da concorrência da União, das íntimas relações entre eles, em termos quer substantivos, quer processuais. Voltaremos daqui a pouco a este ponto.

Importa agora, sobretudo, extrair as consequências possíveis da evolução verificada, e acima enunciada, em particular no quadro da jurisprudência *Eco Swiss*, no que à nossa Lei da Arbitragem Voluntária (LAV)[26] diz respeito e, sobretudo, talvez mais importante até, no que se refere à proposta da Associação Portuguesa de Arbitragem (APA) para um novo regime da arbitragem voluntária.

2.2. *A Lei da Arbitragem Voluntária (LAV)*

Comecemos pelo critério de arbitrabilidade estabelecido no artigo 1.º, n.º 1, da LAV, que estabelece que "(…) *qualquer litígio que não respeite a direitos indisponíveis pode ser cometido pelas partes, mediante convenção de arbitragem, à decisão de árbitros.*" (ênfase acrescentada)

Este **critério** – o da **disponibilidade do direito** – que pode levar a que **normas de interesse e ordem pública**, como as de concorrência, possam ser consideradas como **insusceptíveis de ser aplicadas relativamente a litígios submetidos a arbitragem**, já foi muito criticado na doutrina e é claramente abandonado, e creio que bem, no **projecto da APA**, que o substitui pelo **critério da patrimonialidade da pretensão** (art. 1.º, n.º 1). E ainda que o litígio não respeite a "*interesses de natureza*

---

[25] *Cfr.*, a este propósito, James Atwood, *supra* nota 3, p. 374, Assimakis Komninos, *supra* nota 4, pp. 216-218, e Michel Waelbroek, *International Arbitration – Panel Discussion*, in 1994 Fordham Corp. L. Inst. 000 (B. Hawk ed. 1995), pp. 423-424.

[26] Lei n.º 31/86, de 29 de Agosto (alterada pelo Decreto-Lei n.º 38/2003, de 28 de Março).

patrimonial", a convenção de arbitragem será válida "desde que as partes possam celebrar transacção sobre o direito controvertido" (art. 1.º, n.º 2).

Apesar de a <u>ligação do litígio com a</u> **ordem pública não** constituir um **critério de arbitrabilidade**, está a questão intimamente <u>ligada</u> à do **critério da indisponibilidade do direito**, cujo abandono é agora proposto, referindo a doutrina que devem antes ser vistas – "**indisponibilidade do direito**" e "**pertença à ordem pública**" – como limites ao poder de decisão dos árbitros.

Acontece que o artigo 27.º da LAV não contempla a **violação de princípios e normas de ordem pública** como fundamento de anulação da sentença arbitral. Apesar da aparentemente taxativa enumeração constante deste artigo, a doutrina tem vindo a sustentar a inclusão de outros fundamentos, nomeadamente o da **violação de ordem pública**. Quer identificando este conceito com o da "**ordem pública interna**",[27] quer com o da "**ordem pública internacional**", estabelecendo-se, neste último caso, o paralelo com o disposto na al. f) do art. 1096.º do CPC, que inclui nos requisitos necessários para a confirmação de sentença estrangeira a não violação dos princípios da ordem pública internacional do Estado Português.[28-29-30]

---

[27] *"Funcionando a ordem pública interna como limite à aplicação do Direito pelo tribunal judicial, tal limite não pode ser derrogado através do recurso ao processo arbitral. Assim, sempre que se verifique a violação de uma regra de ordem pública, concluir-se-à, necessariamente, pela nulidade directa ou derivada da sentença arbitral"*, Paula Costa e Silva, *Anulação e Recursos da Decisão Arbitral*, in ROA, Ano 52, Volume III, Dezembro de 1992, pág. 944 e nota 126.

[28] *Cfr.* **Convenção sobre o Reconhecimento e a Execução de Sentenças Arbitrais Estrangeiras, de 10 de Junho de 1958 (Início de vigência na ordem internacional:** 07/06/1959 / **Diplomas de aprovação:** Aprovada para ratificação pela Resolução da Assembleia da República n.º 37/94; ratificada pelo Decreto do Presidente da República n.º 52/94 / **Publicação:** Diário da República I-A, n.º 156, de 08/07/1994 / **Data de depósito de instrumento de ratificação:** 18/10/1994 / **Início de vigência relativamente a Portugal:** 16/01/1995).

[29] *"Se é sempre controlada a conformidade das sentenças arbitrais 'estrangeiras', bem como das sentenças arbitrais 'nacionais' proferidas em arbitragem transnacional, com a ordem pública internacional portuguesa, não faria sentido que não fosse sempre controlada a conformidade das decisões arbitrais proferidas em arbitragem interna com as mesmas normas e princípios fundamentais"*, Luís de Lima Pinheiro, Apontamentos sobre a impugnação da decisão arbitral, in ROA, Ano 67, Volume III, Dezembro de 2007, pág. 1034.

[30] Ver, também, Assunção Cristas e Mariana França Gouveia, *A violação da ordem pública como fundamento de anulação de sentenças arbitrais, anotação ao Acórdão do*

Pelo menos um Acórdão recente do STJ, de 10 de Julho de 2008, estipula que "(...) *a violação da ordem pública, não constando do elenco taxativo das causas de anulação das sentenças arbitrais, previstas no art. 27.º da citada lei n.º 31/86, tem de ser admitida como causa de anulação daquele tipo de decisões por aplicação dos princípios gerais de direito (...).*".[31]

O STJ, porém, não faz a análise da questão controvertida porque tal "(...) *implica a apreciação do mérito da decisão arbitral, o que é vedado nos presentes autos que apenas podem conhecer da verificação de causa de anulação do acórdão arbitral(...).*". [32]

Este acórdão, sendo de louvar, suscitou críticas, matéria a que voltaremos mais tarde.[33]

STJ de 10 de Julho de 2008, Cadernos de Direito Privado, n.º 29, Jan/Março 2010: "*É, portanto, essencial determinar o grau de controlo estadual da arbitragem. O conceito de ordem pública desempenha justamente esta função, porque tem sido utilizado para delimitar o último reduto de intervenção do Estado. O mesmo Estado que estipula normas que as partes não podem afastar, tolera a sua inaplicabilidade através de uma jurisdição por ele não escolhida e controlada apenas num limite mínimo.*" (...) "*Também na ordem jurídica interna, na arbitragem doméstica, tem de se reconhecer como fundamento de anulação a violação de ordem pública interna, na medida em que é impossível admitir a inexistência total de controlo estadual da aplicação do seu direito.*" (...) "*Falamos de ordem pública nacional e não internacional, seguindo a posição do acórdão em anotação e de Paula Costa e Silva. Parece-nos importante que um investimento grande em arbitragem, que um seu alargamento a litígios indisponíveis tenha como contraponto a possibilidade de um controlo estadual proporcional.*" *Idem*, páginas 51-52 (ênfase acrescentada).

[31] Acórdão do Supremo Tribunal de Justiça de 10 de Julho de 2008, Proc. 08A1698, Relator: Conselheiro João Camilo.

[32] *Idem.*

[33] "*É certo que a acção de anulação de sentença arbitral se limita a apreciar fundamentos formais de validade da sentença arbitral. Porém, não se vislumbra como é possível decidir se há ou não violação da ordem pública sem analisar o mérito da decisão. Só perante a decisão e os seus fundamentos se poderá determinar se houve ou não aplicação de normas fundamentais do nosso sistema jurídico. A análise deste fundamento implica, assim, a análise do mérito da decisão arbitral, mas, apenas e tão-só, para aferir se foram postergadas as mais importantes regras do nosso ordenamento jurídico.*". Assunção Cristas e Mariana França Gouveia, *supra* nota 30, página 56.

2.3. A Proposta da APA

Em qualquer caso, tal acórdão parece retirar força à razão apresentada para a opção – já de si criticável, como veremos – de não inclusão da violação de princípios e normas de ordem pública interna como fundamento de anulação da sentença arbitral, tal como consta do artigo 46.º da proposta apresentada pela APA.

Com efeito, a nota 156 relativa à alínea b) do n.º 3 do referido artigo, diz o seguinte:

"Manteve-se no projecto a opção, já tomada no projecto de 2009, de não incluir a violação dos princípios da ordem pública como fundamento de anulação da decisão arbitral.

Entendeu a maioria dos membros da Direcção da APA, com o voto discordante do Dr. António Sampaio Caramelo, dever seguir, neste aspecto, a opção que foi tomada pela actual LAV, que não permite pedir a anulação da decisão arbitral com este fundamento.

Que este é o regime da actual LAV, retira-se do seu próprio texto e da contraposição com o texto do projecto de LAV de 1984 que a antecedeu, embora alguns autores sustentem que, apesar de a actual LAV não prever um tal fundamento para a anulação da decisão arbitral, o mesmo deveria ser reconhecido.

Permitir semelhante fundamento de anulação criaria de facto o risco de se abrir a porta a um reexame do mérito pelos tribunais estaduais, aos quais competirá decidir sobre a impugnação da sentença arbitral, a pretexto da averiguação da conformidade com os princípios da ordem pública, o que poria em causa a eficácia e o sentido da própria arbitragem.

Acresce que, não prevendo a lei processual civil qualquer recurso extraordinário que possa ser interposto das sentenças dos tribunais estaduais que transitem em julgado (nomeadamente por as partes terem renunciado ao recurso) com fundamento na alegada violação de princípios da ordem pública, não se compreende porque razão há-de prever-se semelhante fundamento de anulação contra decisões arbitrais de que não caiba recurso. Semelhante diferença de tratamento não só envolveria uma discriminação injustificável contra os árbitros, como seria incompatível com a consagração dos tribunais arbitrais como verdadeiros tribunais pelo art. 209 n.º 2 da Constituição." (ênfase acrescentada)

Arbitrabilidade de Litígios em Sede de Direito da Concorrência 59

Independentemente de a <u>não inclusão</u> da **violação de normas de ordem pública** nos <u>fundamentos de anulação</u> da sentença arbitral merecer críticas idênticas às que foram acima enunciadas relativamente à mesma opção constante <u>da actual LAV</u>, **acresce**, agora, a **inconsistência** de, no caso **da proposta da APA**, se prever que sentenças proferidas em arbitragens internacionais (art. 54.º) podem ser anuladas "(...) *se o conteúdo das mesmas ofender os princípios da ordem pública internacional do Estado português* (...).". **E solução semelhante** se estabelece quanto ao reconhecimento ou a execução de sentença arbitral proferida no estrangeiro, se tal reconhecimento ou execução conduzir "(...) *a um resultado manifestamente incompatível com a ordem pública internacional do Estado português.*" [art. 56.º, 1., b), ii)].[34]

Assim, na iminência de termos uma <u>nova</u> Lei da Arbitragem que não reconhece como fundamento de anulação de sentença arbitral a violação de princípios e normas de ordem pública, como são, inegavelmente, os de concorrência, importa regressar ao Acórdão *Eco Swiss*.

3. Regressando a Eco Swiss...

3.1. A sua relevância só pode ser verdadeiramente entendida se se compreender a relação entre o ordenamento jurídico da União Europeia e os ordenamentos jurídicos nacionais, em particular no domínio da concorrência.

---

[34] Como é salientado pelo Dr. António Sampaio Caramelo: "*A solução que prevaleceu na versão final do Projecto é tanto mais merecedora de crítica, quanto é certo que, em virtude da substituição do critério de disponibilidade do direito pelo da patrimonialidade do interesse, o âmbito dos litígios que podem ser dirimidos por arbitragem resultou muito significativamente ampliado. Ora, muitos são os autores (...) que põem em realce a correlação que deve existir entre o alargamento do campo da arbitrabilidade dos litígios e o reforço da necessidade de um controlo estadual sobre o conteúdo da sentença final proferida pelos árbitros, particularmente no que toca à sua conformidade com os princípios fundamentais que os Estados não podem tolerar que sejam derrogados pelas partes e, consequentemente, também não podem permitir que sejam preteridos pelos árbitros. Essa correlação é particularmente nítida no que concerne à possibilidade de conhecimento por árbitros de questões que suscitem a aplicação de legislações sobre defesa da concorrência.*" (ênfase acrescentada). António Sampaio Caramelo, Revista Internacional de Arbitragem e Conciliação, Ano 2009, p. 7, 49.

60   *IV Congresso do Centro de Arbitragem da Câmara de Comércio e Indústria*

As **normas de concorrência aplicáveis às empresas** – de início, artigos 85.º e 86.º do Tratado CEE, depois artigos 81.º e 82.º do Tratado CE e, agora, artigos 101.º e 102.º do **Tratado sobre o Funcionamento da União Europeia (TFUE)** – são disposições fundamentais para a organização económica da União e a realização do mercado interno. Sempre foram um dos pilares da Comunidade, agora União, Europeia.

Aplicáveis directamente nos Estados-Membros, elas constituem, sem dúvida, **normas de interesse e ordem pública, quer interna, quer internacional dos Estados-Membros**. Como, de resto, também devem ser consideradas **de interesse e ordem pública** as normas **nacionais de concorrência**, pela sua essencialidade para a conformação e consecução de uma economia de mercado.

Na União Europeia, a aplicação do direito da concorrência tem sido promovida, quase exclusivamente, pelos poderes públicos: ao nível da União, pela Comissão Europeia ("Comissão"); nos Estados-Membros, pelas autoridades nacionais de concorrência.

Contudo, no que respeita às regras de concorrência da União, nomeadamente aos actuais artigos 101.º TFUE (proibição de acordos e práticas anticoncorrenciais) (ex artigo 85.º Tratado CEE e artigo 81.º TCE) e 102.º TFUE (proibição de abuso de posição dominante) (ex artigo 86.º Tratado CEE e artigo 82.º TCE), **a Comissão tem vindo a procurar incentivar a sua aplicação – no quadro permitido por essas disposições – não só pelas autoridades nacionais, como também pelos tribunais nacionais, em acções propostas por particulares.**

3.2. *Princípios fundamentais da ordem jurídica da União Europeia*

Esta possibilidade de fazer valer em justiça direitos decorrentes das regras da União, em particular das de concorrência – que ficou conhecida na terminologia de concorrência pela correspondente expressão inglesa *"private enforcement"*,[35] assenta, no que respeita aos, agora, artigos 101.º e 102.º TFUE, em três princípios fundamentais da ordem jurídica da

---

[35] Isto é, a promoção, por iniciativa dos particulares, da aplicação das regras de concorrência pelos tribunais nacionais.

União: o princípio da autonomia, o princípio do efeito directo e o princípio do primado.

(i) **O princípio da autonomia da ordem jurídica da União** repousa na transferência de competências para as instituições da União – em simultâneo com a limitação de competências nos Estados-Membros –, traduzida na criação de um corpo de normas próprio, distinto do direito dos Estados-Membros e que se impõe a este, e de um sistema de controlo judicial, também ele próprio.[36] Corolários dessa autonomia são o efeito directo e o primado.

(ii) **O princípio do efeito directo** – segundo o qual certas disposições de direito da União estão aptas, pela sua natureza, a regular as relações entre particulares (efeito directo horizontal) ou entre o Estado e particulares (efeito directo vertical), criando direitos na esfera destes últimos que os tribunais nacionais devem salvaguardar – foi, desde cedo, aplicado pela jurisprudência dos Tribunais da União relativamente aos artigos 85.º, n.ºs 1 e 2, e 86.º do Tratado CEE (depois, artigos 81.º e 82.º TCE e, hoje, artigos 101.º, n.ºs 1 e 2, e 102.º TFUE).[37]

(iii) A segunda vertente de afirmação do direito da União sobre o direito nacional – e que completa o do efeito directo – é o do **primado**: qualquer tribunal nacional deve aplicar o direito da União integralmente e proteger direitos que este confere aos particulares, devendo, em conformidade, afastar disposições contrárias de direito nacional, quer anteriores, quer posteriores à norma da União em questão.[38]

---

[36] *Cfr.*, por exemplo, o Acórdão do Tribunal de Justiça de 15 de Julho de 1964, *Costa / ENEL*, Proc. 6/64, Colectânea, Edição Especial Portuguesa, pág. 00549.

[37] *Cfr.*, por exemplo, os Acórdãos do Tribunal de Justiça de 5 de Fevereiro de 1963, *Van Gend & Loos*, Proc. 26/62, Colectânea, Edição Especial Portuguesa, pág. 00205, de 6 de Fevereiro de 1973, *Brasserie de Haecht / Wilkin-Janssen (Haecht II)*, Proc. 48/72, Colectânea, Edição Especial Portuguesa, pág. 00019, de 27 de Março de 1974, *BRT / SABAM*, Proc. 127/73 Colectânea, Edição Especial Portuguesa, pág. 00165, e de 28 de Fevereiro de 1991, *Delimitis (Stergios) / Henninger Brau AG*, C-234/89, Colectânea, pág. I-00935.

[38] *Cfr.*, por exemplo, o Acórdão do Tribunal de Justiça de 6 de Março de 1979, *Simmenthal SpA / Comissão (Simmenthal II)*, Proc. 92/78, Colectânea, Edição Especial Portuguesa, pág. 00407.

62   IV Congresso do Centro de Arbitragem da Câmara de Comércio e Indústria

Em Portugal, quer as autoridades nacionais de concorrência, quer os tribunais nacionais, têm reconhecido estes princípios no que respeita às regras de concorrência da União, nos termos acima enunciados.

3.3. *Sistema de autorização prévia v. sistema de excepção directamente aplicável*

3.3.1. Como referido, foi reconhecido, pela jurisprudência da União, **efeito directo** aos dois primeiros números do então artigo 85.° do Tratado CEE (hoje, artigo 101.° TFUE) – respectivamente, a proibição de acordos anticoncorrenciais e a cominação da correspondente nulidade. Porém, de início,[39] foi atribuída à Comissão competência exclusiva para declarar inaplicável o disposto no n.° 1, nos termos do n.° 3 do mesmo artigo.[40] O **sistema de autorização prévia** assim consagrado implicava uma necessária articulação entre a Comissão, as autoridades nacionais e os tribunais nacionais na aplicação dos artigos 85.° e 86.° do Tratado CEE (depois, artigos 81.° e 82.° TCE e, actualmente, artigos 101.° e 102.° TFUE).[41]

3.3.2. Todavia, este **sistema de autorização prévia**, para além de sobrecarregar os serviços da Comissão – inviabilizando uma adequada gestão e execução da política de concorrência – não permitiu que a pretendida descentralização na aplicação do direito da concorrência da União tivesse lugar. A alteração deste estado de coisas constituiu um dos objectivos fundamentais da adopção do chamado *"Pacote de Modernização das regras comunitárias de concorrência"*.[42]

---

[39] Relativamente ao período anterior à entrada em vigor do Regulamento (CE) n.° 1/2003 do Conselho, de 16 de Dezembro de 2002, relativo à execução das regras de concorrência estabelecidas nos artigos 81.° e 82.° do Tratado (JO L 1, de 4.1.2003, págs. 1-25), isto é, 1 de Maio de 2004, ver, em conjugação com as disposições substantivas relevantes, o Regulamento n.° 17 do Conselho, JO 13/204, 1962 ("Regulamento n.° 17").

[40] *Cfr.* Regulamento n.° 17, *supra* nota 39, artigo 9.°.

[41] *Cfr.* a Comunicação sobre a cooperação entre a Comissão e as autoridades de concorrência dos Estados-membros no que diz respeito ao tratamento dos processos no âmbito dos artigos 85.° e 86.° do Tratado CE (JO C 313/3, de 15.10.1997, págs. 3-11) e a Comunicação sobre a cooperação entre a Comissão e os tribunais nacionais no que diz respeito à aplicação dos artigos 85.° e 86.° do Tratado CEE (JO C 39, de 13.02.1993, pág. 6), n.ᵒˢ 15. e 16.

[42] *Cfr.* o Regulamento (CE) n.° 1/2003 do Conselho, *supra* nota 39, o Regulamento (CE) n.° 773/2004 da Comissão, de 7 de Abril de 2004, relativo à instrução de processos

Arbitrabilidade de Litígios em Sede de Direito da Concorrência   63

3.3.3. A característica essencial deste novo regime consiste na abolição do sistema de autorização prévia, substituído por um **sistema de excepção directamente aplicável** (ou de "excepção legal"), em que as **autoridades nacionais de concorrência** e os **tribunais nacionais** têm competência para aplicar não só o artigo 101.º, n.º 1 (ex artigo 85.º, n.º 1 Tratado CEE e artigo 81.º, n.º 1 TCE) e o artigo 102.º (ex artigo 86.º Tratado CEE e artigo 82.º TCE), mas também o artigo 101.º, n.º 3 (ex artigo 85.º, n.º 3 Tratado CEE e artigo 81.º, n.º 3 TCE), podendo, ainda, estes últimos, como sempre aconteceu, aplicar o n.º 2 do artigo 101.º (ex artigo 85.º, n.º 2 Tratado CEE e artigo 81.º, n.º 2 TCE).[43]

3.4. *Direitos decorrentes de normas da União directamente aplicáveis invocados perante tribunais nacionais*

3.4.1. Para além do reconhecimento do efeito directo às normas de concorrência da União, nos termos indicados, importa saber que consequências estão associadas à invocação dos direitos, assim conferidos, perante os tribunais nacionais.

3.4.2. Desde cedo o Tribunal de Justiça estabeleceu que os **tribunais nacionais** estão, por força do **princípio da cooperação**,[44] vinculados a assegurar os direitos atribuídos a nível da União, devendo tais direitos ser exercidos de acordo com as regras nacionais.

---

pela Comissão para efeitos dos artigos 81.º e 82.º do Tratado CE (JO L 123, de 27.4.2004, págs. 18-24), a Comunicação da Comissão sobre a cooperação no âmbito da rede de autoridades de concorrência, JO C 101, 27.04.2004, págs. 43-53 (que substituiu a Comunicação sobre a cooperação entre a Comissão e as autoridades de concorrência dos Estados-membros no que diz respeito ao tratamento dos processos no âmbito dos artigos 85.º e 86.º do Tratado CE, JO C 313/3, de 15.10.1997, págs. 3-11) e a Comunicação da Comissão sobre a cooperação entre a Comissão e os tribunais dos Estados-Membros da UE na aplicação dos artigos 81.º e 82.º do Tratado CE, JO C 101, de 27.04.2004, págs. 54-64 (que substituiu a Comunicação sobre a cooperação entre a Comissão e os tribunais nacionais no que diz respeito à aplicação dos artigos 85.º e 86.º do Tratado CEE, JO C 39, de 13.02.1993, pág. 6), n.ºs 15. e 16.

[43] *Cfr.* o Regulamento (CE) n.º 1/2003 do Conselho, *supra* nota 39.

[44] *Cfr.* Artigo 4.º, n.º 3 TUE.

64   IV Congresso do Centro de Arbitragem da Câmara de Comércio e Indústria

3.4.3. Entretanto, dois princípios foram sendo construídos no que veio a ser conhecido como jurisprudência *"remedies"*:

a. o **princípio da equivalência**, segundo o qual devem os particulares, para salvaguarda dos direitos decorrentes da aplicação do direito da União, beneficiar dos mesmos meios disponíveis para garantir o exercício dos direitos reconhecidos a nível nacional;[45] e

b. o **princípio da efectividade**, nos termos do qual aqueles meios não podem tornar impossível, na prática, ou exageradamente difícil o exercício dos direitos que os tribunais nacionais estão obrigados a proteger. Isto é: os meios nacionais disponíveis devem ser efectivos e adequados.[46]

3. 5. *Consagração do direito ao ressarcimento de prejuízos por violação de normas da União: aspectos gerais*

3.5.1. A aplicação destes princípios a actos do Estado foi feita pelo Tribunal de Justiça no Acórdão *Francovich*,[47] onde veio reconhecer-se o direito aos particulares de recuperar, do Estado, o prejuízo sofrido por força da não transposição de uma Directiva.

3.5.2. A relevância deste Acórdão para o desenvolvimento da promoção da aplicação do direito de concorrência da União por particulares através de acções intentadas nos tribunais nacionais (*"private enforcement"*) pode verificar-se em dois planos:

---

[45] *Cfr.*, por exemplo, o Acórdão do Tribunal de Justiça de 16 de Dezembro de 1976, *Rewe / Landwirtschaftskammer Saarland*, Proc. 33/76, Colectânea, Edição Especial Portuguesa, pág. 00813.

[46] *Cfr.* o Acórdão do Tribunal de Justiça de 19 de Junho de 1990, *The Queen. / Secretary of State for Transport, ex parte Factortame Ltd. e Outros (Factortame I)*, C-213/89, Colectânea, pág. I-02433. Quanto a desenvolvimentos na aplicação do princípio da efectividade, ver, entre outros, os Acórdãos do Tribunal de Justiça de 14 de Dezembro de 1995, *Van Schijndel & Van Veen / Stichting Pensioenfonds voor Fysiotherapeuten*, C-430/93 e C-431/93, Colectânea, pág. I-04705, e de 1 de Junho de 1999, *Eco Swiss China Time Ltd. / Benetton International NV*, *supra* nota 15.

[47] Acórdão do Tribunal de Justiça de 19 de Novembro de 1991, *Francovich & Bonifaci / Itália*, C-6/90 e C-9/90, Colectânea, pág. I-05357.

Arbitrabilidade de Litígios em Sede de Direito da Concorrência 65

a. Por um lado, confirma o reconhecimento de um direito ao ressarcimento de prejuízos sofridos por violação do direito da União.[48]

b. Por outro lado, permite concluir que **se um Estado-membro não providenciar uma solução judicial efectiva – incluindo o direito a indemnização – no âmbito de um processo judicial em que um particular pretende fazer valer os seus direitos em aplicação dos artigos 101.º e 102.º TFUE, tal Estado-Membro pode estar, ele próprio, a violar as suas obrigações decorrentes do artigo 4.º, n.º 3 TUE e dos princípios que consagram a protecção dos direitos conferidos no âmbito da União.**

3.5.3. Acórdãos subsequentes confirmaram o entendimento de que a jurisprudência *Francovich* **devia ser alargada a casos de violação de normas da União directamente aplicáveis.**[49]

3.6. *Consagração do direito ao ressarcimento de prejuízos por violação de normas da União: o Acórdão Courage*

Nenhum dos Acórdãos acima referidos, contudo, tratou, em definitivo, do **efeito directo horizontal das regras de concorrência da União.** Tal veio a acontecer com o Acórdão *Courage*,[50] subsequentemente confir-

---

[48] Depois de *Francovich*, terá deixado de ser importante verificar se o direito nacional consagra tal possibilidade, uma vez que o direito ao ressarcimento de prejuízos, conferido no âmbito da União, existe e deve ser reconhecido e salvaguardado pelos tribunais nacionais.

[49] *Cfr.*, em particular, os Acórdãos do Tribunal de Justiça de 5 de Março de 1996, *Brasserie du Pêcheur / Bundesrepublik Deutschland* e *The Queen / Secretary of State for Transport, ex parte Factortame Ltd. e Outros* (*Factortame III*), C-46/93 e C-48/93, Colectânea, pág. I-01029, de 23 de Maio de 1996, *The Queen / Ministry of Agriculture, Fisheries & Food, ex parte Hedley Lomes Ltd.*, C-5/94, Colectânea, pág. I-02553, e de 8 de Outubro de 1996, *Dillenkofer & o. / Alemanha*, C-178/94, C-179/94 e C-188/94 a C-190/94, Colectânea, pág. I-04845. *Cfr.*, também, as Conclusões do Advogado-Geral apresentadas em 27 de Outubro de 1993 no processo C-128/92, *H. J. Banks & Co. Ltd / British Coal Corporation*.

[50] Acórdão do Tribunal de Justiça de 20 de Setembro de 2001, *Courage Ltd. / Crehan*, C-453/99, Colectânea, pág. I-06297.
Num litígio que opunha a sociedade Courage Ltd a B. Crehan, revendedor de bebidas, a propósito de fornecimentos não pagos por este último, um tribunal inglês

66   *IV Congresso do Centro de Arbitragem da Câmara de Comércio e Indústria*

mado e desenvolvido no Acórdão *Manfredi*,[51] em que foram dissipadas todas as dúvidas ou reservas que pudessem subsistir quanto ao direito, conferido no âmbito da União, ao ressarcimento dos prejuízos, por violação dos artigos 81.º, n.º 1 e 82.º TCE (agora, artigos 101.º, n.º 1, e 102.º TFUE), directamente aplicáveis, que os tribunais nacionais devem reconhecer e salvaguardar.

4. "Private enforcement" e Arbitragem

4.1. Este enquadramento permite entender o esforço que a Comissão Europeia tem posto no desenvolvimento do chamado "private enforcement" (a par do "public enforcement").

A transformação profunda do direito da concorrência da União conseguida com o "Pacote de Modernização" acima referido, em particular através do Regulamento (CE) n.º 1/2003, sendo absolutamente necessária, não foi, por si só, suficiente para dinamizar, de forma significativa, a promoção do direito da concorrência através da iniciativa dos particulares nos tribunais nacionais.

[Court of Appeal (England and Wales) (Civil Division)] colocou ao Tribunal de Justiça quatro questões prejudiciais, nos termos do artigo 234.º TCE (actual artigo 267.º TFUE), relativas à interpretação do artigo 85.º Tratado CEE (ao tempo do acórdão artigo 81.º TCE, actual artigo 101.º TFUE) e de outras disposições do direito da União.

O Tribunal de Justiça respondeu a estas questões nos termos seguintes (parágrafo 36):
"– *uma parte num contrato susceptível de restringir ou falsear o jogo da concorrência, na acepção do artigo 85.º* [actual 81.º] *do Tratado, pode invocar a violação desta disposição para obter protecção jurisdicional ("relief") contra a outra parte contratante;*
– *o artigo 85.º* [actual 81.º] *do Tratado CE opõe-se a uma norma de direito nacional que proíba a uma parte num contrato susceptível de restringir ou falsear o jogo da concorrência, na acepção da referida disposição, reclamar uma indemnização em reparação de um prejuízo decorrente da execução do referido contrato pelo simples motivo de o autor do pedido ser parte no mesmo contrato;*
– *o direito comunitário não se opõe a uma norma de direito nacional que não permita a uma parte num contrato susceptível de restringir ou falsear o jogo da concorrência basear-se nas suas próprias acções ilícitas para obter uma indemnização por perdas e danos, quando se prove que essa parte tem uma responsabilidade significativa na distorção da concorrência.".*

[51] Acórdão do Tribunal de Justiça de 13 de Julho de 2006, *Manfredi e o.*, *supra* nota 17.

Muitos problemas e obstáculos permanecem, em grande medida devido ao facto de as regras substantivas e processuais que regem o processo civil em cada Estado-Membro – já que, por enquanto, não há regras harmonizadas na UE –, conviverem mal com as especificidades e dificuldades de processos em que estão em causa direitos decorrentes da aplicação das regras de concorrência.

Algumas dessas dificuldades têm a ver, nomeadamente, com questões relativas ao cumprimento dos pressupostos da responsabilidade civil, a problemas no domínio da prova, à medida da indemnização, ao prazo de prescrição, à definição do tribunal competente, à legitimidade para propositura da acção ou à articulação com o regime da clemência.[52]

Estas dificuldades não são intransponíveis, mas há um longo caminho a percorrer. A Comissão Europeia tem vindo a elaborar documentos relevantes em que estas e outras questões são equacionadas. Tomando como base o Estudo Ashurst,[53] a Comissão preparou, em 2005, o Livro Verde[54] e, em 2008, depois de ser proferido o acórdão no processo *Manfredi*,[55] publicou o Livro Branco[56], relativos a "acções de indemnização por incumprimento das regras comunitárias no domínio *antitrust*". Depois de ter sido colocada a hipótese de uma Directiva vir a ser adoptada nesta matéria,[57] parece o projecto ter sido abandonado.

Entretanto, este movimento, iniciado relativamente à aplicação das regras de concorrência da União, terá certamente impacto no que respeita à aplicação das normas nacionais de concorrência.

---

[52] Ver, sobre as questões que se colocam no ordenamento jurídico português, a intervenção da Conselheira Maria dos Prazeres Beleza na 1.ª Conferência Luso-Espanhola de Direito da Concorrência, organizada pelo Círculo dos Advogados Portugueses de Direito da Concorrência, nos dias 1 e 2 de Julho de 2010, e cujos textos irão ser reunidos em volume a publicar brevemente.

[53] "Study on the Conditions of Claims for Damages in Case of Infringement of EC Competition Rules: Comparative Report", 31 August 2004, http://ec.europa.eu/competition/antitrust/actionsdamages/study.html.

[54] Livro Verde da Comissão sobre acções de indemnização devido à violação das regras comunitárias no domínio *antitrust*, de 19 de Dezembro de 2005 [COM(2005) 672 final].

[55] *Supra* nota 53.

[56] Livro Branco da Comissão sobre acções de indemnização por incumprimento das regras comunitárias no domínio *antitrust*, de 2 de Abril de 2008 [COM(2008) 165 final].

[57] *"Proposal for a Directive on rules governing damages actions for infringements of Article 81 and 82 of the Treaty (the Draft Directive)"*; documento, entretanto, retirado.

4.2. Neste contexto, assume **particular relevância o "private enforcement" através dos tribunais arbitrais, relativamente aos quais a maior parte das dificuldades de natureza processual acima enunciadas não se coloca.**

Importa, assim, ver como se inserem os tribunais arbitrais no sistema de aplicação descentralizada posto em prática pela Comissão Europeia através do Regulamento (CE) n.º 1/2003 e textos complementares.

Em conformidade com a reserva com que, pelo menos numa primeira fase, os tribunais arbitrais foram vistos, em particular pela Comissão Europeia – embora tal posição tenha vindo gradualmente a mudar[58] –, nos instrumentos relativos à descentralização da aplicação do direito da concorrência da UE não é feita referência aos tribunais arbitrais.

Se é certo que pela sua autonomia e informalidade os particulares não encontrarão, como se disse, nos tribunais arbitrais os obstáculos com que se defrontam ao recorrerem aos tribunais estaduais, problemas de outro tipo, e não menos sérios, contudo, se apresentam. Destaco dois, de que tratarei brevemente, de forma necessariamente esquemática:

- o do relacionamento dos tribunais arbitrais, na aplicação de regras de concorrência nacionais ou da União, com a Comissão e as autoridades nacionais de concorrência, por um lado, e com os tribunais estaduais, por outro;
- o do âmbito de apreciação do tribunal estadual no caso de impugnação de sentença arbitral com fundamento na violação de normas de ordem pública, *maxime* de concorrência.

Refira-se, antes de mais, que, por força do Regulamento (CE) n.º 1/2003,[59] é imposto às autoridades nacionais e aos tribunais dos Estados--Membros que apliquem os artigos 101.º e 102.º do Tratado sempre que, mesmo aplicando a legislação nacional de concorrência, possa estar em causa a afectação do comércio entre Estados-Membros (**critério delimitador da intervenção das duas ordens jurídicas**).[60]

---

[58] *Cfr. supra* notas 4, 5 e 25 e texto correspondente.

[59] Sobre as relações entre os artigos 81.º TCE (actual artigo 101.º TFUE) e 82.º TCE (actual artigo 102.º TFUE) e as legislações nacionais em matéria de concorrência, ver artigo 3.º do Regulamento (CE) n.º 1/2003.

[60] *Cfr.* Comunicação da Comissão – Orientações sobre o conceito de afectação do comércio entre os Estados-Membros previsto nos artigos 81.º e 82.º do Tratado (JO C 101, de 27.04.2004, págs. 81-96):

Arbitrabilidade de Litígios em Sede de Direito da Concorrência 69

O Regulamento estabelece, como referido acima em **3.3.3.**, o enquadramento para a execução das regras de concorrência constantes dos actuais artigos 101.º e 102.º TFUE, não só pela Comissão, mas também, de forma descentralizada, pelas autoridades nacionais de concorrência e pelos tribunais dos Estados-Membros, num quadro de relacionamento institucional com a Comissão Europeia destinado a obter-se consistência na aplicação descentralizada das regras de concorrência da UE.

Esta cooperação estabelecida em particular entre tribunais estaduais, autoridades nacionais de concorrência e a Comissão não se aplica aos **tribunais arbitrais**. Tal cooperação decorre, hoje, do artigo 4.º, n.º 3, do Tratado da União Europeia e aplica-se apenas às autoridades e órgãos do Estado.

Arbitragem e artigo 15.º do Regulamento (CE) n.º 1/2003

Este princípio tem tradução no artigo 15.º do Regulamento (CE) n.º 1/2003.

Assim:
– não podem os tribunais arbitrais socorrer-se do **n.º 1 do artigo 15.º** do Regulamento para pedir à Comissão informações ou pareceres quanto à aplicação das regras de concorrência da União;
– não estão, óbvia e naturalmente, os tribunais arbitrais obrigados a transmitir cópias das suas sentenças à Comissão Europeia, como estão os tribunais estaduais, nos termos do **artigo 15.º, n.º 2**, do Regulamento;
– relativamente aos tribunais arbitrais não têm, nem as autoridades nacionais de concorrência, nem a Comissão, o poder de apresentar, por sua iniciativa, observações orais ou escritas sobre questões relativas aos artigos 101.º e 102.º TFUE (*amicus curiae*), poderes estes que têm relativamente aos tribunais estaduais nos termos do n.º 3 do artigo 15.º.

"12. O critério de afectação do comércio constitui um critério autónomo de direito comunitário, que deve ser apreciado numa base casuística. Trata-se de um critério jurisdicional, que define o âmbito de aplicação do direito comunitário da concorrência. O direito comunitário da concorrência não é aplicável a acordos e práticas que não sejam susceptíveis de afectar sensivelmente o comércio entre Estados-Membros.".

IV Congresso do Centro de Arbitragem da Câmara de Comércio e Indústria

Arbitragem e Comunicação da Comissão sobre Cooperação entre a Comissão e os Tribunais dos Estados-Membros

A arbitragem está igualmente excluída da <u>Comunicação da Comissão sobre Cooperação entre a Comissão e os Tribunais dos Estados-Membros</u>,[61] a qual continua a referir-se apenas aos tribunais estaduais.

Esta exclusão da Comunicação não invalidará, em princípio, segundo a doutrina, que os tribunais arbitrais se socorram, por analogia, dos caminhos apontados por este instrumento.

Entre outras razões, não seria natural que no momento em que a Comissão Europeia pretende fazer avançar o "private enforcement" das normas de concorrência da União, não reagisse favoravelmente a pedidos deste tipo.

De resto, como é sublinhado por vários autores, a Comissão tem mostrado grande receptividade no passado a prestar assistência a árbitros na aplicação do direito da concorrência da UE.

Dito isto, e tendo em conta o **previsível desenvolvimento da arbitragem também em matérias que envolvem o direito da concorrência**, não seria desajustado, segundo alguma doutrina, considerar a possibilidade de adopção pela Comissão de uma comunicação relativa à cooperação com tribunais arbitrais.

Teria a vantagem de enquadrar o diálogo dos árbitros com a Comissão e de lançar alguma luz sobre um caminho nem sempre claro. Embora a Comissão não esteja obrigada a tal, já que o dever de cooperação não se aplica aos árbitros, como se referiu acima, a transparência conseguida melhoraria sem dúvida a aplicação das regras de concorrência da União através da assistência prestada aos tribunais arbitrais.

Arbitragem e artigo 16.º do Regulamento (CE) n.º 1/2003

No considerando 22 do Regulamento (CE) n.º 1/2003, afirma-se o seguinte:

> *"Num **sistema de competências paralelas**, devem ser **evitados os conflitos entre decisões**, a fim de garantir o **respeito pelos prin-**

---

[61] Comunicação da Comissão sobre a cooperação entre a Comissão e os tribunais dos Estados-Membros da UE na aplicação dos artigos 81.º e 82.º do Tratado CE, *supra* nota 42.

cípios da segurança jurídica e da aplicação uniforme das regras comunitárias de concorrência. Por conseguinte, é necessário clarificar, em conformidade com a jurisprudência do Tribunal de Justiça, os efeitos das decisões da Comissão e dos processos por ela iniciados sobre os tribunais e as autoridades responsáveis em matéria de concorrência dos Estados-Membros.(...)" (ênfase acrescentada)

Ora, a clarificação aqui referida é naturalmente resolvida, no artigo 16.º do Regulamento (CE) n.º 1/2003, a favor da Comissão, ao impor, no seu n.º 1, quanto aos **tribunais nacionais**, que

"*[q]uando se pronunciarem sobre acordos, decisões ou práticas ao abrigo dos artigos 81.º ou 82.º do Tratado* [actuais artigos 101.º e 102.º TFUE] *que já tenham sido objecto de decisão da Comissão, os tribunais nacionais não podem tomar decisões que sejam contrárias à decisão aprovada pela Comissão.*" (ênfase acrescentada)

e que

"*[d]evem evitar tomar decisões que entrem em conflito com uma decisão prevista pela Comissão em processos que esta tenha iniciado.*"

Tribunais nacionais que podem, para o efeito, *"(...) avaliar se é ou não necessário suster a instância.".*

Os mesmos princípios aplicam-se, de resto, nos termos do n.º 2 do mesmo artigo, às **autoridades nacionais de concorrência**:

"*Quando se pronunciarem sobre acordos, decisões ou práticas ao abrigo dos artigos 81.º ou 82.º do Tratado* [actuais artigos 101.º e 102.º TFUE] *que já tenham sido objecto de decisão da Comissão, as autoridades dos Estados-Membros responsáveis em matéria de concorrência não podem tomar decisões que sejam contrárias à decisão aprovada pela Comissão.*".

Não podem é tais princípios aplicar-se aos **tribunais arbitrais.** Estes, como já vimos, não são órgãos da União Europeia ou dos Estados--membros e não estão vinculados ao princípio da cooperação.

Não estão, como tal e como já se disse, abrangidos por esta disposição.

Claro é que o mecanismo de resolução de conflitos é necessariamente diferente nos tribunais arbitrais e nos tribunais estaduais. Na verdade,

72   IV Congresso do Centro de Arbitragem da Câmara de Comércio e Indústria

os princípios que regem a arbitragem – que devem, nomeadamente, conduzir a uma decisão rápida no litígio em apreciação – não levam necessariamente a que o início de um qualquer procedimento pela Comissão implique a suspensão do processo arbitral, suspensão que, pela própria natureza do processo arbitral, só muito raramente deve acontecer.

Embora o tribunal arbitral não fique formalmente vinculado pelo artigo 16.º do Regulamento (CE) n.º 1/2003 a evitar uma decisão contrária à decisão aprovada pela Comissão, importa, como vários autores sublinham, que o tribunal arbitral considere a relevância dessa mesma decisão da Comissão. Caso esta seja de importância capital, será prudente que o tribunal arbitral, a fim de evitar vulnerabilidade relativamente a uma eventual impugnação da sentença arbitral, considere com extremo cuidado a decisão em causa. Não quer isto dizer que o tribunal arbitral não possa afastar-se de conclusões da Comissão num determinado caso, o que pode ser determinado, nomeadamente, por uma diferente apreciação da matéria de facto, e não por um diferente entendimento ou aplicação das regras e dos princípios jurídicos relevantes.

A violação de uma norma de ordem pública deve aferir-se pelo não respeito de aspectos essenciais da mesma, o que pode até não estar necessariamente em causa numa decisão arbitral contrária a uma decisão da Comissão.

A afirmação pelo Tribunal de Justiça da natureza excepcional que deve revestir a sujeição de uma sentença arbitral ao controlo judicial por alegada violação de normas de concorrência – que são de ordem pública – confirma, aparentemente, que só numa situação de grave violação daquelas normas estaria o referido pressuposto preenchido.[62]

A verificação da questão de ordem pública: para lá de Eco Swiss...

O Tribunal de Justiça em *Eco Swiss*, recordando o acórdão *Nordsee*, sublinhou que o tribunal arbitral não constitui um órgão jurisdicional de um Estado-Membro para efeitos de reenvio prejudicial previsto, então, no artigo 177.º TCE, actual artigo 267.º TFUE.

---

[62] Ver o Acórdão *Eco Swiss*, *supra* nota 15, parágrafo 35:
"(...) deve observar-se que as exigências ligadas à eficácia do processo arbitral justificam que o controlo das decisões arbitrais revista um carácter limitado e que a anulação de uma decisão só possa ser obtida, ou o seu reconhecimento recusado, em casos excepcionais.". (ênfase acrescentada)

Arbitrabilidade de Litígios em Sede de Direito da Concorrência 73

Como já notado acima,[63] isto revela a preocupação do Tribunal em abrir a possibilidade de questões relativas a normas de concorrência – de ordem pública – poderem, se houver violação dessas normas pelo tribunal arbitral, vir a chegar ao Tribunal de Justiça através do tribunal estadual que for chamado a pronunciar-se no âmbito de uma impugnação da sentença arbitral com fundamento na violação de normas de ordem pública.

O Tribunal de Justiça, no entanto, não definiu, em *Eco Swiss*, o âmbito do que constitui uma violação de normas de ordem pública, e na sequência do acórdão formaram-se, assim, duas correntes, a **minimalista** e a **maximalista**, quanto à definição de tal âmbito.

Nos termos da **corrente minimalista** – a qual foi primeiro enunciada no acórdão *Mitsubishi*,[64] e que assenta largamente na ideia de confiança na solução encontrada e na capacidade e competência dos árbitros para aplicar o direito da concorrência –, só em casos muito graves deve uma sentença arbitral ser anulada, ou recusado o reconhecimento ou execução no caso de sentença estrangeira: por exemplo, casos de restrições horizontais graves ou situações em que os árbitros ignoraram as normas de concorrência, ainda que alegadas pelas partes. **De acordo com esta corrente**, uma revisão da sentença arbitral com base numa errada aplicação da lei constituiria apreciação de mérito, o que deveria ser, como tal, excluído.

De acordo com a **corrente maximalista**, os tribunais deveriam ter a possibilidade de rever em profundidade as sentenças arbitrais de forma a avaliar se as regras de concorrência foram bem aplicadas, sendo que a maior parte das violações de direito da concorrência da União constituiria uma violação da ordem pública.

Entretanto, tem sido apresentada uma possível **abordagem alternativa** que constituiria um **desenvolvimento da abordagem minimalista** e segundo a qual a avaliação deveria incidir na diligência dos árbitros no tratamento de questões de concorrência averiguando-se se chegaram a conclusões graves e inaceitáveis. Uma violação de normas de ordem pública, como as de concorrência, que constituísse fundamento de anulação

---

[63] *Cfr. supra* ponto **1.2.3.**.

[64] Acórdão *Mitsubishi, supra* nota 6: *"While the efficacy of the arbitral process requires that substantive review at the award-enforcement stage remain minimal, **it would not require intrusive inquiry to ascertain that the tribunal took cognizance of the antitrust claims and actually decided them**."*. (ênfase acrescentada)

74   *IV Congresso do Centro de Arbitragem da Câmara de Comércio e Indústria*

de sentença arbitral **deveria apenas acontecer quando as questões de concorrência fossem completamente negligenciadas, ou no caso de ilegalidade manifesta.**

Por outro lado, segundo esta abordagem alternativa, não deveria entrar-se numa análise aprofundada dos factos e do direito, nem das conclusões obtidas. **O simples erro** na aplicação das regras de concorrência pelos árbitros não corresponderia, nestes termos, a uma violação de normas de ordem pública. A não ser assim, o princípio da definitividade das sentenças arbitrais estaria em risco.

Claro que subsistirá sempre a questão da linha divisória entre uma apreciação que permita distinguir ou detectar uma violação flagrante e grave de normas de concorrência, que são de ordem pública, e uma apreciação do mérito da causa.

Por vezes tal escrutínio será difícil, mas é neste sentido que parece apontar o Tribunal de Justiça em *Eco Swiss* quando diz, no já citado parágrafo 35, que "(...) *as exigências ligadas à eficácia do processo arbitral justificam que o controlo das decisões arbitrais revista um carácter limitado e que a anulação da decisão só possa ser obtida, ou o seu reconhecimento recusado, em casos excepcionais.*".[65]

Todavia, tal exercício é possível, e o acórdão do STJ de 10 Julho de 2008, acima referido,[66] parece ter indicado o caminho para tal, embora possa ser criticado, como foi,[67] por não ter ido tão longe quanto, porventura, poderia, sem que dessa forma entrasse numa análise aprofundada do mérito da causa, como propugna a abordagem alternativa por último referida acima.

Em qualquer caso, a razoabilidade desta posição intermédia contribui para demonstrar a debilidade da razão avançada para não se incluir como fundamento de anulação de sentenças arbitrais a violação de normas de ordem pública interna, como consta da proposta da APA.

Em particular na área da concorrência, como vimos, tendo em conta a jurisprudência do Tribunal de Justiça, bem como o empenho da Comissão no desenvolvimento dos meios privados de aplicação das correspondentes regras, abrangendo tribunais estaduais e, necessariamente, também os tribunais arbitrais, nos termos acima explicados, não pode o enquadra-

---

[65] Acórdão *Eco Swiss*, *supra* nota 15.

[66] *Cfr. supra* notas 31, 32 e 33 e texto correspondente.

[67] *Cfr. supra* nota 33.

mento da arbitragem, muito em particular da arbitragem interna, ficar refém de uma inadequada previsão legislativa no que respeita à questão da ordem pública.

Tanto mais quanto, se for adoptado, como se espera, o critério de arbitrabilidade da patrimonialidade da pretensão em substituição do da disponibilidade do direito, é natural que se alargue o recurso à arbitragem em matérias onde poderão estar em causa questões de ordem pública, *maxime* relativas à aplicação do direito da concorrência, o que deverá ter como contrapartida, dentro da lógica do sistema, a previsão, como fundamento de anulação, da violação de princípios ou normas de ordem pública interna.

Para que os tribunais arbitrais cumpram, cada vez mais e melhor, a sua vocação, resta-nos, neste contexto, confiar:

– na ponderação do legislador;

– na competência técnica dos árbitros; e

– na sabedoria e prudência dos juízes.

Muito obrigado.

A ARBITRABILIDADE DOS CONFLITOS LABORAIS

INÊS PINHEIRO

A discussão sobre a arbitrabilidade dos conflitos laborais não se resume à simplista questão do seu enquadramento na categoria dos litígios arbitráveis à luz dos critérios gerais de arbitrabilidade definidos no artigo 1º da actual Lei da Arbitragem Voluntária (Lei 31/86) ou da Proposta de LAV que se encontra em discussão pública.

Dito de outro modo, a questão da arbitrabilidade dos conflitos laborais não se limita a considerá-los passíveis de resolução via arbitragem por respeitarem a um direito disponível (critério que resulta da actual lei), por radicarem numa pretensão puramente patrimonial (critério que consta da proposta de LAV) ou, ainda, por poderem ser objecto de transacção (critério adjuvante constante da actual LAV).

É certo, contudo, que o primeiro crivo é esse. Ou seja, a defesa de soluções de arbitragem no âmbito do direito laboral pressupõe a definição de um critério genérico que não afaste, liminarmente, da sua alçada, a maioria dos conflitos laborais. Assim sendo, considerando a natureza da grande maioria dos direitos subjectivos no âmbito do Direito do Trabalho, o critério genérico de arbitrabilidade que melhor abarca os litígios laborais será o que defende a susceptibilidade de sobre eles poderem as partes transigir (constante da proposta de alteração da LAV) e não o da disponibilidade do direito constante da actual lei de arbitragem voluntária.

Isto porque no Direito do Trabalho, se a grande maioria dos direitos dos trabalhadores são indisponíveis, é também certo que o Código do Trabalho prevê que a parte mais fraca da relação laboral possa dispor de certos direitos, em determinadas circunstâncias legalmente previstas e verificados certos pressupostos. Acresce ainda que, após a cessação do con-

78 IV Congresso do Centro de Arbitragem da Câmara de Comércio e Indústria

trato de trabalho, direitos absolutamente indisponíveis na pendência da relação laboral, passam a ser totalmente disponíveis quando esta termina.

Assim sendo, a adopção de um critério geral de arbitrabilidade de conflitos ligado à disponibilidade do direito pode limitar, injustificadamente, a arbitrabilidade dos conflitos laborais, preferindo-se, como se salientou, o critério da possibilidade de transacção.

Por outro lado, ainda que do ponto de vista da definição do critério genérico de arbitrabilidade se defenda que não deve ficar legalmente consagrado um critério que exclua liminarmente a maioria dos conflitos laborais, a verdade é que, como se disse, a questão da arbitrabilidade dos conflitos laborais não se esgota na possibilidade de os enquadrar na categoria genérica de litígios arbitráveis. A arbitrabilidade dos conflitos laborais deve envolver uma intervenção legislativa específica a realizar no quadro e na sequência de uma reflexão de iure condendo que tem vindo a desenvolver-se quer a nível nacional, quer a nível do direito comparado.

Aliás, conscientes dessa necessidade, os autores da Proposta da nova LAV vêm consagrar no artigo 62º *"a submissão a arbitragem de litígios emergentes de ou relativos a contratos de trabalho será regulada por lei especial"*. Essa regulamentação deverá do nosso ponto de vista:

1. definir regras específicas que se afastem, em certos pontos, das regras gerais consagradas na LAV, a que deverá obedecer a arbitragem dos litígios laborais ou, ainda, se for caso disso, diferenciar essa regulamentação de acordo com a natureza dos conflitos laborais em causa;
2. excluir certas categorias de litígios laborais que cairiam no critério de arbitrabilidade da LAV e que, por serem particularmente sensíveis, deverão, em qualquer caso, ficar subtraídos da possibilidade de serem decididos por tribunais arbitrais;

Em parte foi já este o caminho trilhado pelo legislador laboral português, tendo em conta que a arbitragem de uma parte significativa dos litígios laborais está já prevista e regulamentada no Código do Trabalho.

Com efeito, a disciplina das relações colectivas de trabalho, prevista no Código do Trabalho, comporta a previsão da arbitragem como forma de resolução de litígios colectivos, ou seja, aqueles que opõem um empregador ou associação/associações de empregadores e um ou mais sindicatos, ou de forma mais abrangente, os que opõem parceiros sociais, em contraposição aos que opõem um empregador e um trabalhador característicos das relações individuais de trabalho.

A Arbitrabilidade dos Conflitos Laborais

Ora, no âmbito das relações colectivas de trabalho, e esta é certamente uma especificidade do Direito Laboral, a arbitragem voluntária está prevista no Código do Trabalho, simultaneamente, como instrumento de regulamentação colectiva de trabalho – e nessa medida como fonte de direito – e como mecanismo de resolução de conflitos colectivos de trabalho. Com efeito, o Código do Trabalho, no seu artigo 506º prevê sob a epígrafe *" Admissibilidade da arbitragem voluntária"* que *"A todo o tempo, as partes podem acordar em submeter a arbitragem as questões laborais resultantes, nomeadamente, da interpretação, integração, celebração ou revisão de convenção colectiva"*, reiterando no artigo 529º que os conflitos colectivos podem ser resolvidos por recurso à arbitragem voluntária, nos termos do procedimento, lacónica e supletivamente previsto no artigo 507º, sob a epígrafe *"Funcionamento da arbitragem voluntária"*.

Ora, a decisão arbitral, enquanto instrumento de regulamentação colectiva de trabalho, traduz a superação de um conflito colectivo de interesses (que opõe por um lado empregadores/associações de empregadores e por outro lado sindicatos) quanto à celebração ou revisão de uma convenção colectiva de trabalho.

Ou seja, quando as partes – parceiros sociais – não se entendem sobre a necessidade ou oportunidade de celebrarem ou reverem uma convenção colectiva de trabalho, o Código do Trabalho prevê mecanismos para se ultrapassar esse diferendo: a conciliação, a mediação (nos quais se prevê a intervenção de um terceiro facilitador que viabilize o acordo entre as partes), a arbitragem voluntária e, em casos limite, a arbitragem obrigatória ou necessária.

Nestes casos, quando é proferida decisão arbitral (resultante de arbitragem voluntária / obrigatória ou necessária) para resolver um conflito colectivo decorrente da celebração ou revisão de uma convenção colectiva, a decisão arbitral que vier a ser proferida passa a ser o instrumento de regulamentação colectiva de trabalho aplicável naquela relação colectiva de trabalho, o qual terá o mesmo valor e eficácia de uma convenção colectiva tradicional.

Assim, a decisão arbitral não corporiza a solução de um conflito colectivo de trabalho jurídico, mas sim de um conflito de interesses divergentes quanto à necessidade ou oportunidade de celebrar ou rever determinada convenção colectiva de trabalho, como bem salienta Lucinda Dias da Silva no estudo que publicou na Revista Questões Laborais nº 27. Não estando em causa um conflito jurídico não será, por natureza, possível a sua resolução alternativa pelos Tribunais do Trabalho *"dado que a estes é apenas reconhecida a função judicial, inexistindo qualquer forma especial de processo que particularmente contemple estas hipóteses"*. Nesta perspectiva, esta forma de recurso à arbitragem voluntária (ou obrigatória/necessária) embora resolvendo um conflito colectivo de trabalho, não funciona como meio de resolução de conflitos *alternativo* aos Tribunais Judiciais, pois é sim a única forma de resolução do conflito por entidade terceira que não as partes (que são anteriormente convocadas pelo legislador, para tentar chegar a um acordo através da conciliação e mediação).

Já se estiver em causa, não um diferendo no que respeita à celebração ou revisão de uma convenção colectiva de trabalho, mas uma questão de interpretação ou até de integração de cláusulas de convenções colectivas de trabalho, a intervenção dos Tribunais para resolução da questão é já possível (existe, inclusive, um tipo de acção especial denominada *"acção de anulação e interpretação de clausulas de convenções colectivas de trabalho"*) surgindo a arbitragem voluntária, efectivamente, como meio alternativo aos Tribunais de resolução de um conflito colectivo de trabalho, este sim jurídico.

Esta dupla acepção da arbitragem no contexto da disciplina das relações colectivas de trabalho – instrumento de regulamentação colectiva de trabalho e forma de resolução de conflitos colectivos – resulta clara das soluções encontradas pelo legislador do Código do Trabalho quando elege a arbitragem obrigatória ou necessária como forma de superar indesejáveis vazios de regulamentação negocial, isto é:

- quando previu uma forma de arbitragem obrigatória em conflitos colectivos que resultem de celebração ou revisão de uma convenção colectiva, naqueles casos em que o conflito colectivo de trabalho (conflito de interesses) pode provocar um vazio de regulamentação colectiva em sectores em que este se revele particularmente nocivo ou noutros casos excepcionais expressamente previstos na lei e reconhecidos por despacho do ministro competente;
- quando previu uma forma de arbitragem necessária nos casos em que após a caducidade de uma ou mais convenções colectivas aplicáveis a uma empresa, grupo de empresas ou sector de actividade, não seja celebrada nova convenção nos 12 meses subsequentes e não haja outra convenção aplicável a pelo menos 50% dos trabalhadores;

A *Arbitrabilidade dos Conflitos Laborais* 81

- quando previu uma arbitragem para definição dos serviços mínimos e dos meios necessários para os assegurar, em caso de greve em serviço da administração directa do ou indirecta do Estado, de serviços das autarquias locais ou de empresa do sector empresarial do Estado que satisfaça necessidades sociais impreteríveis, sempre que não estiverem regulados em convenção colectiva nem forem acordados entre as partes nos três dias seguintes ao aviso prévio de greve.

Na verdade, o que a lei vem dizer é que quando as partes numa relação colectiva de trabalho não se conseguem entender quando à celebração ou revisão de uma convenção colectiva (a ausência de entendimento abrange também a impossibilidade de acordarem um compromisso arbitral que permita resolver a questão através de Tribunal Arbitral) e do ponto de vista do interesse público essa regulamentação seja especialmente importante, então a administração do trabalho decide a criação de um mecanismo de arbitragem obrigatória ou necessária, patrocinado pelo Conselho Económico Social, convocando as partes para nomearem árbitros a partir da lista existente para o efeito na referida entidade.

Em rigor, esta é uma solução que nega a própria natureza da arbitragem como forma alternativa de resolução de conflitos por opção das partes. Nesta perspectiva, a arbitragem obrigatória ou necessária é muito criticada pela doutrina, pois corporiza a imposição legal de um meio, por definição voluntário, para resolver diferendos.

Também os parceiros sociais rejeitam esta fórmula legal por razões semelhantes, ou seja, por consubstanciarem uma limitação à sua liberdade de concretizar ou não um acordo colectivo, ou seja, uma restrição intolerável do direito à negociação colectiva. Talvez por isso em Portugal, até hoje e desde que esta solução entrou em vigor, foi apenas proferida uma decisão arbitral obrigatória que é o instrumento de regulamentação colectiva de trabalho aplicável ao sector da indústria gráfica.

Apesar desse devaneio legislativo de tornar obrigatório o que, por essência, não o é, o legislador não deixou de prever que , para a resolução de qualquer outro conflito colectivo de trabalho, incluindo os relativos a divergências de interpretação ou integração das cláusulas de uma convenção colectiva de trabalho as partes podem recorrer à arbitragem voluntária, essa sim deixada à disponibilidade dos potenciais litigantes.

Nessas hipóteses podem as partes optar por constituir um tribunal arbitral voluntário, nos termos previstos no Código do Trabalho, aplicando-se,

82   IV Congresso do Centro de Arbitragem da Câmara de Comércio e Indústria

subsidiariamente, por expressa remissão deste, o regime geral da arbitragem voluntária.

A este respeito cumpre salientar que o legislador nacional aderiu a uma posição mais liberal no que diz respeito à possível solução arbitral para o desfecho de conflitos colectivos, em contraposição a uma orientação mais conservadora que prevalece nalguns países europeus, de que é exemplo a França, em que se mantém uma tendência de absolutização do direito de greve preterindo, por isso, outras formas mais pacíficas e eficazes de resolver os conflitos colectivos, como a arbitragem voluntária.

Como sublinha Estelle Courtois-Champenois, num estudo publicado na Revue de l'Arbitrage, o mito da intangibilidade da greve, considerado não como um último recurso mas como um direito inviolável e sagrado, supõe uma concepção conflituosa das relações de trabalho pouco propícia ao diálogo e à adopção de formas de resolução dos litígios colectivos mais consensuais, como o recurso à arbitragem voluntária. Criticando esta posição, refere a autora que uma solução alternativa à greve pode até ser mais interessante para os trabalhadores, pois sendo susceptível de responder às suas reivindicações, não implicará o sacrifício do salário que a greve sempre acarreta.

Em conclusão, o nosso legislador aderiu à posição menos conservadora segundo a qual o recurso à arbitragem voluntária, no âmbito das relações colectivas de trabalho, não conflitua com o direito de greve e, por isso, deve estar legalmente previsto e incentivada a sua utilização.

Aliás, se no passado era comum as partes de uma convenção colectiva preverem a constituição de comissões paritárias (necessariamente constituídas por representantes, em igual número, das entidades outorgantes da convenção) para resolverem os conflitos decorrentes da sua aplicação e revisão, hoje começa a ser normal prever cláusulas compromissórias, (em vez das comissões paritárias), para resolverem questões decorrentes da aplicação da convenção colectiva ou até questões concretas daí decorrentes.

Exemplo prático do recurso à solução arbitral previsto em convenção colectiva é, por exemplo, o caso da convenção colectiva celebrada entre a Associação Portuguesa de Imprensa e o Sindicato dos Jornalistas, na qual a questão da reclassificação dos trabalhadores decorrente da revisão da convenção colectiva poderá ser confiada pelas partes a uma comissão arbitral, por livre e expressa opção constante do texto da própria convenção.

Em contrapartida, no que diz respeito à arbitragem dos conflitos individuais de trabalho, o Código do Trabalho é totalmente omisso, sendo

A *Arbitrabilidade dos Conflitos Laborais*

que o actual quadro normativo não proíbe nem admite, expressamente, a arbitragem como forma de resolução destes conflitos.

No passado, o Código de Processo de Trabalho de 1941 proibia expressamente a solução arbitral dos conflitos individuais de trabalho e o Código de 1963 aceitava-a em termos muito limitados e mitigados.

A ausência de previsão legal expressa – como a que existe no caso da resolução dos conflitos colectivos de trabalho – levanta a questão da susceptibilidade dos referidos conflitos individuais de trabalho serem submetidos a arbitragem, ou seja, levanta a questão da sua arbitrabilidade. Este é, como já referimos, um debate de iure condendo muito útil, na medida em que pode orientar o legislador em futuras intervenções legislativas nesta matéria.

Nesta exposição pretendo, pois, contribuir para essa discussão dando conta dos argumentos doutrinais pró e contra a referida abertura da resolução dos conflitos individuais de trabalho à via da arbitragem voluntária, salientando, a final, aquela que considero ser a aproximação mais consentânea com a natureza do Direito Laboral e dos direitos subjectivos em causa.

Assim, para muitos autores, sendo o Direito Laboral um ramo do Direito diferente dos outros, na medida em que visa compensar a natural desigualdade entre as partes contratantes (empregador e trabalhador) estabelecendo mecanismos de protecção da parte mais fraca, admitir a possibilidade de se inscrever uma cláusula compromissória no contrato de trabalho poderia significar a negação da razão de ser do próprio Direito do Trabalho. Com efeito, a parte subordinada raramente estaria em posição de se opor a essa proposta do empregador e de se aperceber ou apreciar a extensão da renúncia que estava a aceitar ao admitir que fosse um Tribunal Arbitral a resolver qualquer disputa emergente da aplicação ou interpretação do seu contrato de trabalho.

Acresce que esta posição defende, na mesma linha, que o estabelecimento de uma cláusula compromissória no contrato de trabalho implicaria a violação do princípio da irrenunciabilidade do direito de acção perante os Tribunais, o que, sendo aceitável no comum das relações jurídicas não o seria na relação jurídico-laboral uma vez que, como se referiu é uma relação, por essência, desnivelada.

Rematam os defensores da inarbitrabilidade dos conflitos individuais de trabalho com a convicção de que não teria qualquer sentido que uma regulamentação jurídica baseada em normas de interesse e ordem pública e reguladora de direitos indisponíveis se sujeitasse, no momento mais importante da sua vida – o da resolução de conflitos dela emergentes – à livre e disponível escolha de meios não estaduais. Nas palavras do Prof. Raul Ventura, *"os Tribunais do Estado são os mais competentes para assegurar a protecção dos trabalhadores subordinados"*. Essa preocupação do Estado é, na perspectiva dos defensores desta posição, tão mais relevante quanto o próprio legislador veio mesmo criar os Tribunais do Trabalho especialmente preparados e especializados na resolução dos conflitos laborais.

No pólo contrário, os defensores da arbitrabilidade dos conflitos laborais vêm afirmando que o recurso à arbitragem voluntária é indispensável face às dificuldades crescentes dos meios estaduais para resolverem os conflitos individuais de trabalho.

Acrescentam, ainda, como vantagem do recurso à arbitragem para a resolução dos conflitos individuais de trabalho, o facto de a especificidade das relações laborais, da gestão dos recursos humanos e do mundo do trabalho implicar uma crescente e diversificada formação dos aplicadores do direito nem sempre presente nos Tribunais de Trabalho, por razões de vária ordem que não é tempo nem lugar para discutir.

Assim, a possibilidade de apelar aos conhecimentos, experiência e proximidade do ambiente em que se desenvolvem as relações do trabalho de árbitros habilitados a intervir na resolução dos seus conflitos, por mandato das partes, poderia trazer uma vantagem qualitativa traduzida na prolação de decisões mais próximas da realidade, mais adaptadas ao caso concreto, atendendo às particularidades da empresa e à situação pessoal do trabalhador e, por conseguinte, objecto de maior aceitação pelas partes.

A esta justificação juntam os defensores da arbitrabilidade dos conflitos individuais de trabalho, uma outra ligada à celeridade e ao desejo de qualquer litigante ver as suas controvérsias laborais decididas com brevidade. Ora, em Portugal, todos sabemos que os Tribunais do Trabalho estão sobrecarregados e a possibilidade de se obter uma decisão judicial em tempo útil é cada vez mais remota.

Pelo que, a garantia de uma decisão mais rápida poderá ser não apenas um estímulo ao reconhecimento legislativo expresso da arbitrabilidade de certos conflitos individuais de trabalho como, também, um incentivo às partes para a sua utilização. Em simultâneo, se, efectivamente, se observar uma adesão significativa dos litigantes a esta forma alternativa de resolver as suas disputas laborais, poderemos vir a constatar o real e tão desejado descongestionamento dos Tribunais do Trabalho.

Para além dos argumentos supra expostos que destacam as vantagens do recurso à arbitragem por comparação com a tradicional via de resolução estadual dos conflitos laborais, aponta a doutrina outros benefícios ligados à viabilização de uma maior paz social na medida em que as partes – empregador e trabalhador – podem encontrar um meio eficaz de *"aliviar tensões"*, como refere a autora francesa já supra citada. Sublinha a referida autora no estudo referenciado que os trabalhadores raramente accionam judicialmente os empregadores na pendência da relação de trabalho, dando origem àquilo a que chama acumulação de rancores, ou seja, ao desenvolvimento de uma relação contratual pouco saudável, pois inexistem meios céleres e eficazes para resolver os litígios laborais na pendência do contrato de trabalho.

A consciência desta situação levou já a Comissão do Livro Branco das Relações Laborais a incluir no seu relatório as seguintes observações/recomendações: *"No essencial, a Comissão entendeu que se impõe reflectir – e tomar posição – sobre a própria bondade, suficiência e adequação do actual modelo organizatório e adjectivo para a resolução dos conflitos de trabalho. Perante o actual monopólio estadual para alcançar a paz social – que, como se disse, emerge da visão puramente belicista da resolução desses conflitos – abre-se, inexoravelmente, a necessidade de apurar se a patologia das relações laborais é, ainda, uma questão social cujas abordagem e tratamento sejam da responsabilidade dos seus parceiros ou, ao invés, se deve manter-se o actual status quo beligerante e estadual."*

Foi nesta linha que foi criado o Sistema de Mediação Laboral, através de um Protocolo assinado em Maio de 2006 entre o Governo, as centrais sindicais e as confederações patronais. Este sistema implica que as partes podem suscitar ao Ministério da Justiça um mediador certificado que funcione como facilitador das negociações entre as partes. Infelizmente, ao que parece, esta solução tem tido muito pouco sucesso o que até certo ponto nos permite avaliar a predisposição das partes num conflito laboral individual para promover a resolução deste fora dos Tribunais. Na verdade, parece-nos que este insucesso pode ser sintomático de um ambiente cultural ainda pouco propício ao recurso a soluções extra judiciais de resolução de conflitos de que é exemplo a arbitragem voluntária.

De qualquer forma, apesar de considerarmos que a este nível haverá ainda necessidade de alguma evolução de mentalidades do lado dos trabalhadores e dos empregadores, vale a pena começar, desde já, a promover, fortemente, soluções que favoreçam a abertura da resolução dos conflitos que os opõem a meios alternativos aos Tribunais do Trabalho.

Assim, ponderando as objecções levantadas pelos adversários da arbitrabilidade dos conflitos laborais e os benefícios apontados pelos seus partidários estamos certos que a solução a adoptar deve ir no sentido da admissibilidade do recurso à arbitragem para resolução dos conflitos individuais de trabalho arbitráveis, de acordo com o critério genericamente aceite na LAV. Não obstante esta posição de princípio, é importante reconhecer a natureza particular das relações entre empregador e trabalhador e, em nome dela, introduzir mecanismos de correcção da tendencial desigualdade entre as partes quer no afastamento de algumas regras genéricas constantes da LAV quer excluindo, expressamente, algumas categorias de conflitos, atenta a sua especial sensibilidade.

Trata-se assim de reconhecer a arbitrabilidade dos conflitos individuais de trabalho tomando precauções para assegurar protecção ao contraente, tendencialmente, mais débil.

Desses cuidados que têm sido sugeridos pela doutrina destacaremos alguns.

Assim, por exemplo, Lucinda Dias da Silva no seu estudo já citado, fala na necessidade da cláusula compromissória garantir a efectiva liberdade de decisão do trabalhador através da sua configuração como cláusula de opção para este, mas vinculativa para o empregador. Ou seja, ficando prevista uma cláusula compromissória no contrato de trabalho, o trabalhador teria de confirmar, expressamente, a sua vontade de recorrer à arbitragem no momento em que surgisse o conflito com o empregador. Esta particularidade traduz desde logo um desvio à regra da igualdade das partes previsto, em geral, nas regras da arbitragem voluntária.

Defende esta autora que, no âmbito laboral, se justifica uma protecção semelhante à que é conferida ao aderente pelo regime jurídico das cláusulas contratuais gerais que considera como absolutamente proibidas as cláusulas que traduzam uma limitação antecipada da possibilidade de recorrer aos Tribunais, no caso de surgirem litígios entre as partes ou que prevejam modalidades de arbitragem que não assegurem as garantias de procedimento previstas na lei. Refere, finalmente, que a semelhança entre as situações do trabalhador e do aderente às cláusulas contratuais gerais justifica que se considerem imperativas as obrigações de comunicação e informação acerca do conteúdo da cláusula compromissória constante de contrato de trabalho.

Por seu lado, a autora francesa já supra citada, salienta que não se deve cair na armadilha de considerar que os árbitros são tendencialmente parciais quando comparados com os juízes que dão garantias de independência e imparcialidade. Na verdade, as vantagens de um "julgamento" por árbitros são muitas e já assinaladas e os perigos que daí podem decorrer para a parte mais frágil são colmatados, na perspectiva da autora por, entre outros, os seguintes cuidados: a maior participação dos sindicatos nos processos arbitrais; a nulidade relativa de uma cláusula compromissória que estabeleça a sua aceitação como condição de admissão do trabalhador; a regulamentação processual mínima da arbitragem voluntária dos conflitos individuais de trabalho, estabelecendo regras adaptadas à especificidade desta como as relativas à escolha dos árbitros, do local da arbitragem, do custo das mesmas, da inadmissibilidade de julgar segundo a equidade, a admissão da possibilidade de recurso para os tribunais da decisão arbitral embora com definição das circunstâncias limitadas em que tal é possível, para evitar recursos abusivos.

Na linha defendida por esta autora, no sentido de promover uma maior participação dos sindicatos na promoção da arbitragem como forma de resolução dos conflitos individuais de trabalho, veio já o nosso legislador prever a possível estipulação em convenção colectiva de trabalho de cláusulas compromissórias para resolver conflitos individuais de trabalho. Com efeito, na f) do nº 2 do artigo 492º do Código do Trabalho pode-se ler *"A convenção colectiva deve regular os processos de resolução de litígios emergentes de contratos de trabalho, nomeadamente através de conciliação, mediação ou arbitragem"*.

Ora, todos conhecemos o caso paradigmático da Convenção Colectiva de Trabalho para os jogadores de futebol e para os treinadores que prevêem a constituição de comissões arbitrais, às quais poderão ser submetidos os conflitos decorrentes dos contratos de trabalho desportivo. De qualquer forma, o próprio contrato de trabalho deverá prever uma cláusula compromissória para que o recurso à arbitragem, previsto na convenção colectiva de trabalho, possa efectivar-se, o que, normalmente acontece, dado que o modelo de contrato de trabalho anexo à convenção prevê essa cláusula e é normalmente seguido. De qualquer forma, nesta área não nos parece que o legislador tenha tido necessidade de introduzir particulares cuidados para defesa do contraente mais fraco....

Em conclusão, na linha do que já foi dito, concordamos com os que defendem a admissão da arbitrabilidade dos conflitos individuais de trabalho com uma regulamentação garantística da posição do trabalhador (embora não tão longe que, na prática, inviabilize a validade de cláusulas compromissórias como chega a defender a primeira das autoras citadas), insistindo na necessidade de excluir expressamente, por via legislativa, algumas categorias de conflitos individuais de trabalho, potencialmente arbitráveis, mas particularmente delicados, cuja resolução deve ser deixada aos tribunais. A doutrina é unânime em considerar incluídos neste grupo os acidentes de trabalho.

Já mais discutível pode ser a opção do legislador excluir expressamente da possibilidade de submeter à arbitragem os litígios decorrentes de despedimento do trabalhador quando impliquem a apreciação da *"regularidade e licitude"* deste uma vez que o Código do Trabalho, no nº 1 do seu artigo 387º, atribui competência exclusiva aos Tribunais Judiciais para apreciar esta matéria.

Do nosso ponto de vista, dado que estes são os conflitos individuais de trabalho por excelência deveria prever-se a possibilidade de estes poderem ser submetidos a Tribunal Arbitral pelas partes (objecto de compromisso arbitral e já não de cláusula compromissória no contrato de trabalho) eventualmente prevendo, com o patrocínio do Ministério da Justiça, um Centro de Arbitragem para este tipo de conflitos com um regulamento específico adaptado às especificidades. Admitimos que a vantagem da celeridade, com garantias de competência e isenção dos árbitros indigitados, pudessem cativar as partes para esta forma alternativa de resolver o seu litígio decorrente de despedimento. Tememos que a concretização dessa intervenção legislativa só venha a ocorrer depois de desaparecer a actual garantia constitucional da proibição dos despedimentos sem justa causa. (artigo 53º da CRP).

Todos os outros conflitos individuais que radiquem em matéria disciplinar (que não envolva despedimento) classificação ou reclassificação profissional, férias, feriados e faltas, trabalho suplementar são potencialmente arbitráveis e deviam ser, por sistema, resolvidos por esta via, libertando os Tribunais e favorecendo soluções mais céleres, muito importantes sobretudo se o conflito ocorre na pendência da relação laboral.

Decorre de todo o exposto que defendemos que o legislador português deve procurar incentivar empregadores e trabalhadores a procurarem as soluções arbitrais para ultrapassarem os conflitos decorrentes das relações laborais, prevendo um regime de arbitragem voluntária vocacionado para esta área, indo muito mais longe que a lacónica previsão normativa actual – uma alínea no artigo sobre o conteúdo da convenção colectiva.

PODERES DO TRIBUNAL ARBITRAL NA APRECIAÇÃO DA PRÓPRIA COMPETÊNCIA

LINO DIAMVUTU[*]

> SUMÁRIO: I. Considerações preliminares II. Âmbito e fundamento jurídico do princípio da competência-competência III. Efeitos positivo e negativo do princípio da competência-competência IV. Competência do Tribunal arbitral e Competência da Competência do mesmo Tribunal V. Poderes de apreciação "ex officio" ou subordinados à excepção de incompetência formulada por uma das partes VI. Impugnação da decisão interlocutória do Tribunal Arbitral sobre a sua competência VII. Conclusão

I. Considerações preliminares

1. Acedi com prazer ao amável convite que me foi endereçado pelo Centro de Arbitragem Comercial da Câmara de Comércio e Indústria Portuguesa, para, no âmbito do seu IVº Congresso, proceder à abordagem do tema relacionado com os "Poderes do Tribunal Arbitral na apreciação da própria competência".

---

[*] Licenciado em Direito pela Universidade Livre de Bruxelas (ULB). Pós-graduado em Direito Comercial Internacional pelo Instituto de Cooperação Jurídica da Faculdade de Direito de Lisboa. Director do Gabinete de Assessoria Jurídica da ENSA – Seguros de Angola, SA.

90   IV Congresso do Centro de Arbitragem da Câmara de Comércio e Indústria

2. O tema que me foi proposto tratar, resume-se, a bem dizer, no estudo do denominado princípio da competência-competência, *compétence-compétence, Kompetenz-Kompetenz*[1], *Competence of tribunal to rule on its own jurisdiction* ou *Kompetenzprüfung durch das Schiedsgericht.*

Não vou resistir à vontade de citar, logo no início desta dissertação, o Prof. EMMANUEL GAILLARD que, sobre a matéria que nos interessa, afirmou que "o verdadeiro sinal de maturidade de um direito em relação à arbitragem reside hoje no reconhecimento do princípio da competência-competência, e especialmente do seu efeito negativo"[2].

3. O princípio da competência-competência encontra, *prima facie*, a sua justificação no seguinte: invocando uma das partes litigantes a falta de competência do tribunal arbitral, seria necessário recorrer ao tribunal judicial para decidir se o diferendo, objecto da convenção arbitral, é ou não da competência do tribunal arbitral. A ironia é patente: para beneficiar da arbitragem, seria preciso submeter-se antecipadamente a um processo judicial, sendo necessário que o tribunal judicial tome uma decisão que reconheça a competência do tribunal arbitral[3]. Assim sucedeu no passado.

4. O princípio da competência do tribunal arbitral para decidir sobre a validade da cláusula compromissória, e, consequentemente, sobre a sua própria competência, resultou de uma evolução. Recorrendo à jurisprudência francesa, referimos as seguintes decisões.

Inicialmente, entendia-se que a questão da competência do Tribunal arbitral deveria ser analisada pela jurisdição estadual comum. Uma decisão da Corte de Cassação francesa (*Courtieu*), de 6 de Outubro de 1953, afirmou que: *"Le litige mettant en cause la validité de la clause compromissoire (...) doit être soumis aux juridictions de droit commun, seules compétentes pour en connaître"*[4].

---

[1] Vide a observação feita no nº 7.

[2] Gaillard, Emmanuel, La Jurisprudence de la Cour de Cassation en matière d'Arbitrage International, Revue de l'Arbitrage, 2007, Nº 4, p. 709. *"le véritable signe de la maturité d'un droit par rapport à l'arbitrage reside aujourd'hui, dans la reconnaissance du principe de compétence-compétence et spécialement de son effet négatif".*

[3] Cossio, Francisco González de, "Compétence à la Mexicaine et à l'Américaine – Une évolution douteuse", *in* Les Cahiers de l'Arbitrage, Vol. IV, Editions A. Pedone, 2008, p. 173.

[4] Corte de Cassação francesa, JCP 1954.II.8293, j. 06.10.53 (Courtieu); *Apud* Dolinger/Tiburcio, Direito Internacional Privado – Arbitragem Comercial Internacional,

Posteriormente, *la Cour de Colmar* considerou, no caso *Impex* (1968), como incontroverso que *"il est de principe que le juge saisi est compétent pour statuer sur sa compétence, ce qui implique nécessairement, lorsque le juge est un arbitre dont les pouvoirs tirent leur origine d'une convention des parties, la vérification de l'existence et de la validité de cette convention"*[5].

Recentemente, a Corte de Cassação francesa reafirmou, no caso *Zanzi* (1999) o princípio segundo o qual *"il appartient à l'arbitre de statuer sur sa propre compétence"*, quer seja na arbitragem interna ou internacional.

5. Hoje, o princípio da competência-competência é consagrado em quase todas as legislações nacionais e internacionais sobre arbitragem. E, como escreveu THOMAS CLAY: *"Il ne peut d'ailleurs être sérieusement envisagé de la contester car,...la question ne se pose plus"*[6]. Excluíndo a Convenção de Nova Iorque de 1958[7] sobre o reconhecimento e a execução de sentenças arbitrais estrangeiras, que não contempla qualquer disposição acerca da competência do tribunal arbitral de decidir sobre a sua própria competência, temos, a título ilustrativo, o princípio reconhecido nos seguintes instrumentos jurídicos[8-9]:

Renovar, 2003, p. 149; Fouchard, Philippe, L'Arbitrage Comercial Internacional, Librairie Dalloz, 1965, p. 137.

[5] Caso *Impex*, Revue de l'Arbitrage, 1968, p. 149.

[6] Clay, Thomas, L'Arbitre, Dalloz, 2001, p. 109.

[7] O nº 3 do artigo 2º da Convenção de Nova Iorque, de 1958 prevê que: "o tribunal de um Estado Contratante solicitado a resolver um litígio sobre uma questão relativamente à qual as Partes celebraram uma convenção ao abrigo do presente artigo remeterá as Partes para a arbitragem, a pedido de uma delas, salvo se se verificar a caducidade da referida convenção, a sua inexequibilidade ou insusceptibilidade de aplicação".

Esta disposição não consagra nem o efeito positivo, nem o efeito negativo do princípio da competência-competência. Tão somente impõe ao tribunal judicial que for chamado a pronunciar-se sobre o mérito da causa, o respeito da convenção de arbitragem. Nada diz sobre o controlo do poder jurisdicional do árbitro.

[8] No Acto Uniforme Relativo Ao Direito da Arbitragem da Organização para a Harmonização do Direito dos Negócios em África (OHADA) de 1994, o artigo 11º afirma que: "O tribunal arbitral decide sobre a sua própria competência, incluíndo quaisquer questões relativas à existência ou validade da convenção de arbitragem".

[9] Artigo 18º do Acordo sobre Arbitragem Comercial Internacional do MERCOSUL.

A Lei-Modelo da Comissão das Nações Unidas para o Direito Comercial Internacional (CNUDCI) de 1985, dispõe no nº 1 do seu artigo 16º que:

"O tribunal arbitral pode decidir sobre a sua própria competência, aí incluída qualquer excepção relativa à existência ou à validade da convenção de arbitragem. Para esse efeito, uma cláusula compromissória que faça parte de um contrato é considerada como uma convenção distinta das outras cláusulas do contrato. A decisão do tribunal arbitral que considere nulo o contrato não implica automaticamente a nulidade da cláusula compromissória".

No mesmo sentido, o Regulamento da Câmara do Comércio Internacional (CCI) de Paris, de 1998, prevê no nº 2 do seu artigo 6º que:

"...se uma das partes formular uma ou mais excepções quanto à existência, validade ou escopo da convenção de arbitragem, a Corte poderá decidir, sem prejuízo da admissibilidade da excepção ou das excepções, que a arbitragem poderá prosseguir se estiver convencida, "prima facie", da possível existência de uma convenção de arbitragem conforme o Regulamento. Neste caso, qualquer decisão quanto à jurisdição do Tribunal Arbitral deverá ser tomada pelo próprio tribunal..."

A Convenção para a Resolução de Diferendos relativos a Investimentos entre Estados e Nacionais de Outros Estados (CIRDI) de 1965, no nº 1 do seu artigo 41º estabelece que:

"Só o tribunal conhecerá da sua própria competência".

No Direito francês, o artigo 1466º do Novo Código de Processo Civil[10] (NCPC) prevê, em termos inequívocos, que:

"Se, perante o árbitro, uma das partes contestar no seu princípio ou na sua extensão o poder jurisdicional do árbitro, compete a este último decidir sobre a validade ou os limites da sua investidura".

---

[10] Artigo 1466º NCPC:
"Si, devant l'arbitre, l'une des parties conteste dans son principe ou son étendue le pouvoir juridictionnel de l'arbitre, il appartient à celui-ci de statuer sur la validité ou les limites de son investiture".

A mesma regra vem prevista no artigo 1040º do *Zivilprozessordnung* alemão (ZPO)[11] de 1998:

"O tribunal arbitral pode decidir sobre a sua própria competência , incluíndo sobre qualquer excepção relativa à existência ou à validade da convenção de arbitragem. Para esse efeito, uma cláusula compromissória integrada num contrato é considerada como uma convenção distinta das outras cláusulas do contrato".

O *Arbitration Act*[12] de 1996 reconhece, no direito inglês, através do seu artigo 30º, nº 1, o princípio da competência-competência, dispondo que:

"Salvo convenção contrária das partes, o tribunal arbitral pode decidir sobre a sua própria competência, para apreciar:
(a) se existe uma convenção de arbitragem válida;

---

[11] Artigo 1040º ZPO (Compétence du tribunal arbitral pour statuer sur sa propre compétence):

"1. Le tribunal arbitral peut statuer sur sa propre compétence, y compris sur toute exception relative à l'existence ou à la validité de la convention d'arbitrage. A cette fin, une clause compromissoire faisant partie d'un contrat est considérée comme une convention distincte des autres clauses du contrat.

2. L'exception d'incompétence du tribunal arbitral peut être soulevée au plus tard lors du dépôt des conclusions en défense. Le fait pour une partie d'avoir désigné un arbitre ou d'avoir participé à sa désignation ne la prive pas du droit de soulever cette exception. L'exception prise de ce que la question litigieuse excéderait les pouvoirs du tribunal arbitral est soulevée dès que la question alléguée comme excédant ses pouvoirs est soulevée pendant la procédure arbitrale. Le tribunal arbitral peut, dans l'un ou l'autre cas, admettre une exception soulevée après le délai prévu, s'il estime que le retard est dû à une cause valable.

3. Si le tribunal arbitral estime qu'il est compétent, il statue sur l'exception visée à l'alinéa 2 en règle générale par une sentence intérimaire. Dans cette hypothèse, chaque partie peut, dans un délai d'un mois, après avoir été avisée de cette décision, demander une décision judiciaire. En attendant qu'il soit statué sur cette demande, le tribunal arbitral est libre de poursuivre la procédure arbitrale et de rendre une sentence".

[12] Artigo 30º ARBITRATION ACT (Competence of tribunal to rule on its jurisdiction)
"1. Unless otherwise agreed by the parties, the arbitral tribunal may rule on its own substantive jurisdiction, that is, as to
(a) whether there is a valid arbitration agreement,
(b) whether the tribunal is properly constituted, and
(c) what matters have been submitted to arbitration in accordance with the arbitration agreement.
2. Any such ruling may be challenged by any available arbitral process of appeal or review or in accordance with the provisions of this Part".

94   IV Congresso do Centro de Arbitragem da Câmara de Comércio e Indústria

(b) se o tribunal foi regularmente constituído, e
(c) sobre se as questões submetidas à arbitragem são de acordo
com a convenção arbitral".

No novo regime italiano da Arbitragem, o princípio da competência-
-competência ficou plasmado no artigo 817°, n° 1 do *Codice Di Proce-*
dura Civile de 2006 . O referido artigo prescreve que:
"Se la validità, il contenuto o l'ampiezza della convenzione d'ar-
bitrato o regolare costituzione degli arbitri sono contestate nel corso
dell'arbitrato, gli arbitri decidono sulla própria competenza".

De igual modo, o Código de Processo Judiciário belga (CPJ) [13-14], no
seu artigo 1697°, n° 1, reconhece ao tribunal arbitral:
"a competência para decidir sobre a sua própria competência
e, para esse efeito, apreciar a validade da convenção de arbitragem".

Nas legislações dos espaços lusófonos[15], destaca-se que:

---

[13] Artigo 1697° CPJ:
"1. Le tribunal arbitral a le pouvoir de se prononcer sur sa compétence et, à cette
fin, d'examiner la validité de la convention d'arbitrage.
2. La constatation de la nullité du contrat n'entraîne pas de plein droit la nullité de
la convention d'arbitrage qu'il contient.
3. La décision par laquelle le tribunal arbitral s'est déclaré compétent ne peut être
attaquée devant le tribunal de première instance qu'en même temps que la sentence
sur le fond et par la même voie. Le tribunal de première instance peut, à la demande
de l'une des parties, se prononcer sur le bien-fondé de la décision d'incompétence
du tribunal arbitral.
4. La désignation d'un arbitre par une partie ne la prive pas du droit d'invoquer
l'incompétence du tribunal arbitral".
[14] Na Suiça, o princípio encontra-se consagrado pelo artigo 186°, n° 1 da Lei
Federal do Direito Privado Internacional, de 18 de Dezembro de 1987. Diz o texto da lei
que: "O tribunal arbitral decide sobre a sua própria competência".
Artigo 186° LDIP:
"1. Le tribunal arbitral statue sur sa propre compétence.
2. L'exception d'incompétence doit être soulevée préalablement à toute défense sur
le fond.
3. En général, le tribunal arbitral statue sur sa compétence par une décision incidente".
[15] O princípio da competência-competência vem, também, plasmado no artigo 30°
da Lei n° 76/VI/2005, de 16 de Agosto, de Arbitragem Voluntária de Cabo Verde; no
artigo 8° da legislação sobre arbitragem voluntária da Guiné-Bissau (Decreto-Lei n° 9/

Em Angola, a Lei nº 16/03, de 25 de Julho, sobre a Arbitragem Voluntária (LAV) dispõe no nº 1 do seu artigo 31º, com a epígrafe "Decisão sobre a competência", que:

"Compete ao Tribunal Arbitral pronunciar-se sobre a sua própria competência, ainda que, para esse efeito, haja necessidade de apreciar, quer os vícios da Convenção de Arbitragem ou do contrato em que ela se insere, quer a aplicabilidade daquela convenção ao conflito".

Em Portugal, o artigo 21º, nº 1 da Lei nº 31/86, de 29 de Agosto sobre a Arbitragem Voluntária (LAV) consagra o princípio da competência-competência nos seguintes termos:

"O tribunal arbitral pode pronunciar-se sobre a sua própria competência, mesmo que para esse fim seja necessário apreciar a

---

2000) de 2 de Outubro, no artigo 27º do Decreto-Lei nº 29/96/M, de 11 de Junho, de Macau, no 37º da Lei nº 11/99, de 8 de Julho, de Arbitragem, Conciliação e Mediação de Moçambique e no artigo 21º da Lei nº 9/2006, de 2 de Novembro, de Arbitragem Voluntária de São Tomé e Príncipe.

– Artigo 30º, nº 1 da Lei de Arbitragem Voluntária – Cabo Verde)
"O tribunal arbitral pode pronunciar-se sobre a sua própria competência, mesmo que para esse fim seja necessário apreciar a existência, a validade ou a eficácia da convenção de arbitragem ou do contrato em que ela se insira, ou a aplicabilidade da referida convenção."

– Artigo 8º, nº 1 (Decreto-Lei sobre a Arbitragem Voluntária – Guiné-Bissau)
"O tribunal arbitral pode pronunciar-se sobre a sua própria competência, mesmo que para esse fim seja necessário apreciar a existência, a validade ou a eficácia da convenção de arbitragem ou do contrato em que ela se insira, ou a aplicabilidade da referida convenção".

– Artigo 27º, nº 1 (Decreto-Lei sobre a Arbitragem Voluntária – Macau)
"O tribunal pode decidir *oficiosamente* sobre a sua competência, apreciando para esse efeito a existência, a validade e a eficácia da convenção de arbitragem ou do contrato em que ela se insira".

– Artigo 37º, nº 1 (Lei de Arbitragem… – Moçambique)
"O tribunal arbitral pode decidir sobre a sua própria competência, aí incluída qualquer excepção relativa à existência ou a validade da convenção de arbitragem".

– Artigo 21º (Lei de Arbitragem Voluntária – São Tomé e Príncipe)
"O Tribunal Arbitral pode pronunciar-se sobre a sua própria competência, mesmo que para esse fim seja necessário apreciar a existência, a validade ou a eficácia da convenção de arbitragem ou do contrato em que ela se insira ou a aplicabilidade da referida convenção".

96 IV Congresso do Centro de Arbitragem da Câmara de Comércio e Indústria

existência, a validade ou a eficácia da convenção de arbitragem ou do contrato em que ela se insira, ou a aplicabilidade da referida convenção".

No Brasil, o parágrafo único do artigo 8° da Lei de Arbitragem de 1996 determina que:

"Caberá ao árbitro decidir de ofício, ou por provocação das partes, as questões acerca da existência, validade e eficácia da convenção de arbitragem e do contrato que contenha a cláusula compromissória".

6. Se o princípio da competência-competência é largamente reconhecido nas diversas legislações sobre a arbitragem, essa aparência de unanimidade dissimula, como observa EMMANUEL GAILLARD[16], divergências profundas que analisaremos *infra*.

II. Âmbito e fundamento jurídico do princípio da competência-competência

A. *Âmbito do princípio da competência-competência*

1° *Distinção entre "Competência-Competência" e a expressão tradicional do Direito alemão **"Kompetenz-Kompetenz"**[17]*

7. A expessão do Direito alemão *"Kompetenz-Kompetenz"* tem um significado tradicional substancialmente diferente, em matéria arbitral, do entendimento actual. Tradicionalmente, essa expressão significa que os árbitros têm competência para decidir *definitivamente* sobre a sua competência, sem possibilidade de revisão dessa decisão pelos tribunais judiciais. Interpretada desta forma, a expressão alemã *"Kompetenz-Kompetenz"* é hoje rejeitada, quer na Alemanha, quer noutros países[18].

---

[16] Gaillard, Emmanuel, Revue de l'Arbitrage 1995, p. 619; Poudret/Besson, op. cit., n° 459, p. 410.

[17] Fouchard/Gaillard/Goldman, On International Commercial Arbitration, Kluwer Law International, 1999, n° 651, p. 396.

[18] Ibid., n° 651, p. 396.

8. Da competência do tribunal arbitral para decidir sobre a sua própria competência não pode decorrer que esta decisão seja definitiva. Geralmente esta decisão está sujeita a um controlo dos tribunais estaduais em sede da impugnação da decisão arbitral, e a grande maioria dos sistemas jurídicos não admite uma renúncia das partes à impugnação da decisão com fundamento em incompetência do tribunal arbitral[19].

9. Perante a lei angolana, a incompetência do tribunal é invocável em acção de anulação se a parte a alegou oportunamente perante o tribunal arbitral e este considerou tal alegação improcedente.

Não é concebível a validade de um acordo das partes tendente a subtrair a decisão do árbitro sobre a sua própria competência ao controlo do juiz estadual. Sendo o direito de requerer a anulação da decisão arbitral irrenunciável, tal acordo implicaria uma renúncia ao direito de requerer a anulação da decisão arbitral por incompetência do tribunal.

10. Finalmente, importa realçar que alguns autores de renome acordam em considerar ambígua e inapropriada a utilização da expressão *"Kompetenz-Kompetenz"* no âmbito do Direito da Arbitragem[20].

2º O princípio da competência-competência não deve ser confundido com o princípio da autonomia da convenção de arbitragem (*Separability* ou *severability*)

11. O principio da autonomia da convenção de arbitragem significa que a validade da cláusula compromissória deve ser apreciada isoladamente em relação ao contrato principal no qual está inserida. Tem como consequência que o árbitro é competente, quer para decidir sobre a sua própria competência, quer para apreciar a existência ou a validade do contrato.

Entre nós, tal princípio consta do nº 2 do artigo 4º da LAV, nos seguintes termos: *"A nulidade do contrato não implica a nulidade da Convenção*

---

[19] Lima Pinheiro, Luís de, Arbitragem Transnacional – Determinação do Estatuto da Arbitragem, Almedina, 2005, p.134.

[20] Jolidon, Pierre, Commentaire du Concordat Suisse sur l'Arbitrage, Berne: Staempfli, 1984, p. 185; Fouchard/Gaillard/Goldman, op. cit., nº 651, p. 397; Poudret/Besson, op. cit., p. 407, nota de rodapé nº 3.

de Arbitragem, salvo mostrando-se que aquele não teria sido celebrado sem a referida convenção".

12. Na falta de autonomia da cláusula compromissória em relação ao contrato principal, o árbitro que admite a nulidade do contrato principal deveria *ipso jure* negar a sua competência de tal forma que não poderia decidir sobre o mérito da causa, nem pronunciar a nulidade constatada. Deparar-se-ia com um impasse que só seria resolvido através de um novo processo perante o tribunal judicial.

Por outras palavras, a autonomia significa que, se o árbitro constatar que o contrato principal é inválido, não perde por este motivo a sua competência. A competência-competência pode ser considerada como o instrumento processual do princípio da autonomia, que o habilita a decidir, ele próprio, sobre a nulidade do contrato principal[21], mesmo que se trate de uma nulidade *ab ovo* do referido contrato principal.

Como afirma PIETER SANDERS: *"If the arbitration agreement is regarded as a separate agreement, arbitrators may decide on the validity of the main contract and, if they find that the main contract is null, do not saw off the branch on which they are sitting. The same applies if the main contract is terminated and arbitrators are requested to decide on the consequences of the termination.* [22]

13. No mesmo sentido, FOUCHARD/GAILLARD/GOLDMAN[23] observam que os dois princípios não se confundem e têm cada um o seu significado próprio, existindo, no entanto, entre eles uma relação lógica.

E, para alguns autores[24], os dois princípios têm fundamento na vontade presumida das partes de submeter ao árbitro, num processo único, todas as questões litigiosas, incluíndo a decisão sobre a sua própria competência. Tal presunção justifica-se pelas cláusulas usuais em matéria da arbitragem internacional que se referem a todos os diferendos em relação ao contrato, incluíndo a sua existência e validade.

---

[21] Poudret/Besson, op. cit., n° 166.

[22] Sanders, Pieter, Quo Vadis Arbitration? Sixty Years of Arbitration Practice, Kluwer Law International, 1999, p. 171.

[23] Fouchard/Gaillard/Goldman, op. cit., n° 416.

[24] Mayer, Pierre, L'autonomie de l'arbitre international dans l'appréciation de sa propre compétence, RCADI 1989-V, p. 339; Poudret/Besson, Droit Comparé de l'arbitrage international, Bruylant Bruxelles-LGDJ-Schulthess, 2002, pp. 407-408.

14. Para finalizar este ponto, vale aqui referir o ensinamento do juiz STEPHEN SCHWEBEL, da Corte Internacional de Justiça: *"When the parties to an agreement containing an arbitration clause enter into that agreement, they conclude not one but two agreements, the arbitral twin of which survives any birth defect or acquired disability of the principal agreement"*[25].

15. Algumas críticas foram formuladas contra o conceito de "autonomia" da cláusula arbitral e a doutrina de SCHWEBEL, por autores como PIERRE MAYER, preferindo o de "separabilidade" ou de "instrumentalidade". No âmbito desta conferência, não cuidaremos dessas "opiniões dissidentes". Contudo, importa aqui salientar, a propósito, o que escreveu CARAMELO SAMPAIO: *"Diz-se, com efeito que dois contratos ou acordos são autónomos quando, mesmo que constem de um único instrumento, são independentes entre si, o que implica que a respectiva duração possa sem inconveniente diferir, que a inexecução de um não influa sobre a eficácia do outro, que a nulidade de um não afecte a validade do outro e, sobretudo, quando cada um constitua um todo auto-suficiente.*

Ora, não é possível ver na convenção de arbitragem um contrato autónomo, neste sentido do termo. A cláusula compromissória seria inconcebível na ausência do resto do contrato, tal como o seria o compromisso arbitral na falta do litígio (tenha este ou não fonte contratual) a que diga respeito, visto que não se pode prever o recurso à arbitragem in vacuo. A arbitragem prevista pela cláusula compromissória tem por objecto os litígios (por vezes, certos litígios) a que podem dar origem as outras cláusulas do contrato de que aquela faz parte, o que equivale a dizer que o objecto da cláusula compromissória é constituído pelo resto do contrato."[26]

16. A expressão "autonomia de convenção de arbitragem" é, por vezes, usada na doutrina e na jurisprudência francesas com outro significado, designando a alegada independência da convenção de arbitragem em relação a todas as "leis ou direitos nacionais", o que remete para um

---

[25] Schwebel, Stephen, The severability of the Arbitration Agreement, International Arbitration: Three Salient Problems, 1987, p. 5; *Apud* Dolinger/Tiburcio, op. cit., p. 75.

[26] Sampaio Caramelo, António, "Autonomia" da Cláusula Compromissória e a Competência da Competência do Tribunal Arbitral, ROA, 2008, Vol I, Jan.; www.oa.pt

100　*IV Congresso do Centro de Arbitragem da Câmara de Comércio e Indústria*

problema inteiramente distinto do anteriormente mencionado – o da determinação das normas jurídicas com base nas quais deve ser apreciada a existência, validade e eficácia da convenção de arbitragem[27].

Em matéria de arbitragens internacionais, merece destaque a decisão da Câmara Civil da Corte de Cassação francesa no caso *Comité Populaire de la Municipalité de Khoms El Mergeb v. Sté Dalico Contractors*. Tratava--se de um contrato que previa como lei aplicável a lei libanesa, sendo que o município libanês alegava que de acordo com a lei libanesa a cláusula arbitral não seria válida.

A Corte de Cassação francesa considerou que a existência e a eficácia de uma cláusula arbitral devem ser determinadas pela vontade das partes, não havendo necessidade de submissão a uma lei nacional[28].

B. *Fundamento jurídico do princípio da competência-competência*

17. A doutrina apresenta soluções divergentes relativamente à questão do fundamento do princípio da competência-competência.

18. Pierre Mayer alinha com a doutrina maioritária que defende que a competência do tribunal arbitral para decidir sobre a própria competência fundamenta-se na aplicação extensiva ou analógica do princípio segundo o qual qualquer juiz é competente para apreciar a própria competência. Ora, o árbitro exerce uma função jurisdicional, e na arbitragem internacional, o árbitro é o juiz ordinário do comércio internacional. Por conseguinte, o árbitro tem poderes para apreciar a própria competência[29].

19. Poudret/Besson encontram um segundo fundamento do princípio da competência-competência na presunção segundo a qual as partes à convenção de arbitragem entenderam também submeter essa questão prévia (decisão sobre a competência do tribunal) aos árbitros[30].

---

[27] Idem.

[28] Dolinger/Tiburcio, op. cit., p. 74.

[29] Mayer, Pierre, L'autonomie de l'arbitre international dans l'appréciation de sa propre compétence, RCADI 1989-V, p. 339.

[30] Poudret/Besson, Droit Comparé de l'arbitrage international, Bruylant Bruxelles--LGDJ-Schulthess, 2002, pp. 407-408.

Poderes do Tribunal Arbitral na Apreciação da Própria Competência   101

20. Para MATTHIEU DE BOISSÉSON, a competência do árbitro para apreciação da própria competência resultaria do princípio da validade da cláusula compromissória, que constitui uma "norma costumeira do direito internacional" (règle coutumière internationale). Tal solução foi contestada por FOUCHARD e POUDRET/BESSON[31]. O princípio da validade da cláusula compromissória deve ser interpretado como um "princípio de licitude". Com efeito, um princípio de validade não faria sentido, a não ser que se trate de uma simples presunção de validade que serviria de fundamento à competência do árbitro para apreciar a própria competência.

21. Para FOUCHARD/GAILLARD/GOLDMAN[32], o fundamento da competência-competência não reside na convenção de arbitragem, mas na lei do país onde a arbitragem decorre. Só por esta razão, pode-se justificar que o tribunal arbitral prossiga com o procedimento arbitral mesmo quando a existência ou a validade da convenção de arbitragem for contestada por uma das partes. O princípio da autonomia da cláusula compromissória permite afastar o argumento da nulidade da convenção de arbitragem pelo facto da invalidade do contrato principal, mas não permite ao tribunal arbitral prosseguir com a arbitragem quando a referida invalidade disser respeito à própria convenção de arbitragem. Isto só pode ser a consequência do princípio da competência-competência. O princípio da competência-competência permite, de igual modo, aos árbitros decidir sobre a invalidade da convenção de arbitragem e proferir sentença que declare a sua falta de competência, sem qualquer contradição. Com certeza, nenhum desses efeitos decorre da convenção arbitral. Se fosse o caso, estaríamos perante um círculo vicioso.

22. No mesmo sentido, sustenta o Prof. LIMA PINHEIRO[33] que a circunstância de a convenção de arbitragem não prejudicar a competência do tribunal arbitral para decidir sobre a sua própria competência torna patente que a competência do tribunal arbitral não se fundamenta na convenção de arbitragem.

---

[31] Cas. Zanzi, Rev. arb. 1999, p. 260, note Fouchard, spéc. p. 268; Poudret/Besson, op. cit., p. 410.

[32] Fouchard/Gaillard/Goldman, op. cit., n° 658, p. 400.

[33] Lima Pinheiro, Luís de, op. cit., p. 133 e *passim*.

102 IV Congresso do Centro de Arbitragem da Câmara de Comércio e Indústria

De acordo com o mesmo autor, a autonomia privada só poderia directamente produzir efeitos jurídicos, sem a mediação de Direito objectivo, se os particulares fossem titulares de um poder jurígeno "originário" ou "constituinte", no sentido de uma fonte de criação de Direito que não seja, ela própria, regulada pelo Direito. A conduta negocial é necessariamente regulada pelo Direito e é o Direito que lhe atribui eficácia jurídica.

Assim, na arbitragem interna, a competência do tribunal arbitral para decidir sobre a sua própria competência fundamenta-se no Direito objectivo, mormente, no regime local da arbitragem[34]. Na arbitragem internacional, o fundamento desse princípio encontra-se no Direito estadual da sede da arbitragem ou no Direito Transnacional autónomo. Como releva FRANÇOIS RIGAUX[35], nas arbitragens CCI, o processo arbitral é regido pelo respectivo Regulamento de Arbitragem, independentemente de qualquer ordem jurídica estadual; "a sede parisiense da CCI não lhe confere a qualidade de uma instituição de Direito francês". O sistema de arbitragem CCI é uma das ordens jurídicas transnacionais particulares existentes e que, ao subscreverem uma cláusula de arbitragem CCI, as partes inserem-se voluntariamente na respectiva ordem institucional privada.

23. Por minha parte, subscrevo a posição defendida por FOUCHARD/ GAILLARD/GOLDMAN, tal como ficou explicitada pelos Profs. RIGAUX e LIMA PINHEIRO.

III. Efeitos positivo e negativo do princípio da competência-competência

A. *Efeito positivo do princípio da competência-competência*

24. O efeito positivo do princípio da competência-competência consiste, precisamente, na atribuição de competência ao árbitro para decidir sobre a sua própria competência para julgar o litígio ou o dissídio. Deste

---

[34] No fundo, apesar da competência dos árbitros para decidir sobre a sua própria competência, resultar da existência, *prima facie*, da convenção de arbitragem (porque a questão não se colocaria sem ela), ela fundamenta-se no Direito objectivo.

[35] Rigaux, François, Droit International Privé, vol. I, 2.ª ed., Bruxelas, 1987, pp. 142 e segs; *Idem*, Les situations juridiques individuelles dans un système de relativité générale, RCADI 213, 1989, pp. 242 e seg.

Poderes do Tribunal Arbitral na Apreciação da Própria Competência 103

ponto de vista, os diversos instrumentos jurídicos nacionais e internacionais *supra* referidos reconhecem tal efeito positivo, mas nem todos consagram o seu efeito negativo como veremos *infra*.

25. O Tribunal Arbitral é, mais frequentemente, chamado a pronunciar-se sobre a sua competência para apreciar a existência, validade ou eficácia da convenção de arbitragem, a arbitrabilidade do litígio ou a regularidade da constituição do tribunal arbitral. Limitaremos a nossa abordagem às questões de existência, validade ou eficácia da convenção de arbitragem.[36]

26. Na apreciação da existência ou inexistência da convenção de arbitragem, a questão é posta no domínio do *ser*. Trata-se de um juízo de realidade. O negócio inexistente é um *nada*[37].

Seguindo o prof. RAÚL VENTURA[38], a inexistência da convenção de arbitragem pode ser absoluta ou relativa. Pode ser indicado como caso de inexistência absoluta de convenção de arbitragem o da verificação da coacção física ou *vis absoluta*, afectando o contrato principal no qual a cláusula compromissória está inserida. Inexiste o agir negocial neste caso. Pode-se tratar de uma inexistência relativa quando se verificar a falta de cláusula compromissória, relativamente ao litígio ao qual uma das partes pretende aplicá-la. A convenção de arbitragem inexistente não produz quaisquer efeitos jurídicos.

---

[36] Os requisitos da existência e validade da Convenção arbitral no Direito angolano, são fixados nos artigos 1°, 3°, 4° e 5° da LAV. Grosso modo, podemos identificar os seguintes aspectos:
  – Arbitrabilidade objectiva segundo o critério da disponibilidade do direito (art. 1°)
  – Arbitrabilidade subjectiva segundo se trate de pessoas singulares e colectivas de direito privado, ou do Estado e outras pessoas colectivas públicas (art. 1°);
  – Celebração por escrito da convenção arbitral sob pena de invalidade (art. 3°);
  – Especificação das relações litigiosas na convenção arbitral sob pena de nulidade (art. 4°);
  – Regularidade da constituição do tribunal arbitral sob pena de caducidade da convenção arbitral (art. 5°).

[37] *Vide* Vasconcelos, Pedro Pais de, Teoria Geral do Direito Civil, Almedina, 2005, p. 574.

[38] Ventura, Raúl, "Convenção de Arbitragem", ROA, 1986, www.oa.pt

104 IV Congresso do Centro de Arbitragem da Câmara de Comércio e Indústria

27. A validade ou invalidade da convenção de arbitragem resulta de uma apreciação de valor, de um juízo valorativo, de *dever-ser*.[39] A invalidade da convenção de arbitragem assume o regime da nulidade.

Será inválida, por exemplo, no direito angolano:

a) a convenção de arbitragem que respeite a direitos indisponíveis;

b) a convenção de arbitragem que não for reduzida a escrito;

c) a convenção que for afectada por alguns vícios como a simulação, a contrariedade à lei, etc.

d) a cláusula compromissória que não especificar os factos jurídicos de que deva emergir a relação litigiosa;

e) o compromisso arbitral que não determinar o objecto do litígio e não for possível proceder, de outro modo, à sua determinação.

28. Será ineficaz:

a) quando embora não seja nula (ou anulável), a convenção de arbitragem encontrar-se sujeita a uma condição suspensiva e esta ainda não ocorreu ou carece uma das partes da convenção de uma autorização legal (de um ministro ou outra entidade competente) para que possa tornar-se eficaz[40].

b) de modo geral (art. 268° do Código Civil), salvo raras excepções nos casos de sociedades por quotas e anónimas, a convenção de arbitragem celebrada por quem não tinha poderes de representação para celebrá-la ou para celebrar o contrato principal onde consta a cláusula compromissória.

A representação sem poderes não supõe *necessariamente* uma actuação juridicamente reprovável por parte do falso representante. Este pode estar convicto da existência dos poderes representativos que invoca. A falta de poderes pode ser consequência, por exemplo, de vício de forma da procuração. Será já ilícita a invocação consciente de poderes de representação que não existem[41].

---

[39] *Vide* Vasconcelos, Pedro Pais de, Teoria Geral do Direito Civil, Almedina, 2005, p. 578.

[40] Barrocas, Manuel Pereira, Manual de Arbitragem, Almedina, 2010, p. 222

[41] Vasconcelos, Pedro Pais de, Teoria Geral do Direito Civil, Almedina, 2005, pp. 711 e ss.

Poderes do Tribunal Arbitral na Apreciação da Própria Competência 105

29. O princípio da competência-competência permite aos árbitros examinar a causa da arguida invalidade ou ineficácia não só do contrato principal mas da própria cláusula arbitral (embora se sujeitem porventura a uma subsequente impugnação judicial). No entanto, só por força do princípio "competence-competence", sem a "doutrina-irmã" da separabilidade, os árbitros não poderiam declarar o contrato principal inválido por ilegalidade, sem com isso fazerem ruir a sua jurisdição para o fazer[42].

1º *A problemática das cláusulas patológicas*[43]

30. A existência e validade da convenção arbitral para fundar a competência do Tribunal arbitral são, inúmeras vezes, questionadas por uma das partes litigantes quando se está em presença de cláusulas arbitrais ditas patológicas, podendo as mesmas ser defeituosas, imperfeitas ou incompletas.

Como aponta a Profª Selma Lemes, a redacção imperfeita da cláusula arbitral representará a instauração de um contencioso parasita, redundando na procrastinação da arbitragem, posto que a parte que não tenha interesse em institui-la fará uso da redacção imperfeita, ambígua ou contraditória para suscitar interpretações diferentes ou alegar a nulidade da cláusula compromissória, adiando, assim, o regular processamento da arbitragem[44].

Essas cláusulas podem ser classificadas como cláusulas arbitrais inválidas ou susceptíveis de validade.

a) Cláusulas arbitrais inválidas[45]

31. São cláusulas que prevêem procedimento que mais se assemelha à *conciliação* ou à *mediação*, bem como, quando estabelece, na verdade,

---

[42] Sampaio Caramelo, António, "A Autonomia da Cláusula Compromissória e a Competência da Competência do Tribunal Arbitral", ROA, 2008, www.oa.pt

[43] Gaillard, Emmanuel, La Jurisprudence de la Cour de Cassation en matière d'arbitrage international, Revue de l'Arbitrage 2007, Nº 4, pp. 697 e seg.

[44] Lemes, Selma M. Ferreira, "Cláusulas Arbitrais Ambíguas ou Contraditórias e a Interpretação da Vontade das Partes", in Reflexões sobre Arbitragem, Editora LTR São Paulo, 2002, pp. 189 e segs.; Fouchard et alii, op. cit., p. 284; Eisemann, Frederic, "Les clauses d'arbitrage pathologiques", Essais *in Memoriam* Eugénio Minoli, Utet, 1974, p. 20.

[45] Diamvutu, Lino, "O Princípio da Competência-Competência na Arbitragem Voluntária", 2009, www. arbitragem.pt

106   IV Congresso do Centro de Arbitragem da Câmara de Comércio e Indústria

uma *avaliação pericial*. As cláusulas assim redigidas não permitem que se infira que as partes elegeram a arbitragem para solucionar a controvérsia existente e serão consideradas nulas e de nenhum efeito no que concerne à instância arbitral[46].

b) Cláusulas susceptíveis de validade

i) *As Cláusulas arbitrais em branco ou vazias*: não esclarecem a forma de eleição dos árbitros ou o modo da arbitragem (institucional ou *ad hoc*)[47].

ii) *As Cláusulas arbitrais que indicam erroneamente, ou de modo insuficiente, a instituição arbitral*[48].

---

[46] Lemes, Selma M. Ferreira, op. cit., p. 189.

[47] O exemplo mais corrente é o das cláusulas compromissórias redigidas nos seguintes termos: "As partes acordam que quaisquer controvérsias surgidas deste contrato serão definitivamente resolvidas mediante arbitragem".

No Direito angolano, a cláusula vazia pode ser salva. Pois, o nº 2 do art. 7º da LAV prevê que, se as partes não tiverem designado o árbitro ou árbitros, nem fixado o modo da sua designação e não houver acordo entre elas sobre essa designação, cada uma das partes indica um árbitro, a menos que acordem que cada uma delas indique, em número igual, mais do que um, cabendo aos árbitros assim designados a escolha e designação do árbitro que completa a composição do Tribunal.

[48] *Indicação errónea da instituição arbitral*

No caso de arbitragens institucionais são frequentes as designações equivocadas quanto à denominação da instituição, em special as referentes à Corte Internacional de Arbitragem da Câmara de Comércio Internacional – CCI, em que as partes em vez de dispor que a arbitragem observará as regras da Corte Internacional de Arbitragem da CCI, redigem cláusulas indicando a Câmara de Comércio de Genebra, a Câmara de Comércio Internacional de Londres, a Câmara de Comércio de Paris, Arbitragem em Genebra, conforme as regras CCI.

Uma decisão da Corte de Apelação de Dresden, na Alemanha, decidiu a favor da validade de uma cláusula arbitral, embora ela estivesse mal redigida, na medida em que estabelecia que "all disputes arising in connection with the present contract shall be settled under the Rules of Conciliation and Arbitration of the International Chamber of Commerce of Viena". A Corte alemã entendeu que a CCI era competente para administrar a disputa, e que a referência a uma cidade diversa de Paris – sede da CCI – não tornava a cláusula arbitral inválida, devendo a referência a Viena ser interpretada como uma indicação das partes de que a sede da arbitragem seria em Viena, mas que a arbitragem deveria ser conduzida de acordo com as Regras da Corte de Arbitragem da Câmara Internacional de Comércio de Paris. V. Lemes, Selma M. Ferreira, op. cit., p.194; Derains, Yves & Schwartz, Eric, A Guide to the New ICC Rules of Arbitration, The Hague, Kluwer, 1998, p. 90. A*pud* Dolinger/Tiburcio, op. cit., p. 72.

Poderes do Tribunal Arbitral na Apreciação da Própria Competência 107

iii) *As Cláusulas arbitrais contraditórias*:
- prevêem a arbitragem e, no mesmo documento ou em separado, indicam o foro judicial para dirimir certo litígio[49];
- designam de forma imperativa duas instituições arbitrais[50];
- prevêem a resolução de diferendos por uma instituição arbitral e indicam a aplicação do Regulamento de uma instituição arbitral diferente[51].

---

[49] No caso CCI nº 11.559, o tribunal arbitral deparou-se com essa questão. O contrato possuía as duas cláusulas: "Cláusula 92ª – Da arbitragem – Todas as controvérsias que derivem da execução ou interpretação do presente Contrato serão definitivamente resolvidas de acordo com as Regras de Conciliação e Arbitragem da Câmara do Comércio Internacional, por três árbitros nomeados conforme essas Regras. A Lei a ser aplicada é a Brasileira. O local da arbitragem será em local a ser mutuamente acordado pelas Partes; no entanto tal local não poderá ser na República Federativa do Brasil ou nos Estados Unidos da América. Caso as partes não consigam acordar sobre o local da arbitragem, então tal local será determinado de acordo com as Regras.

Cláusula 93ª – Do Foro – As partes contratantes elegem o foro da cidade de Brasília – DF, para solução de qualquer questão oriunda do presente Contrato, renunciando a qualquer outro, por mais privilegiado que seja".

O tribunal arbitral acabou adoptando uma posição conciliatória, mas com prevalência da cláusula arbitral, nos seguintes termos: *"Melhor sorte não merece por sua vez a invocada contradição entre a convenção de arbitragem (cláusula 92ª) e a convenção de foro em Brasília (cl. 93ª), já que os princípios da conservação do negócio jurídico e do respeito da vontade das partes impõem a conciliação daquelas cláusulas no sentido que ficaram reservados, ao foro de Brasília, os procedimentos alheios ao âmbito da arbitragem CCI, como é o caso de eventuais procedimentos cautelares ou do processo de execução de qualquer acórdão arbitral"* (Dolinger/Tiburcio, op. cit., p. 143).

Para Manuel Barrocas, "Uma solução permite compatibilizar e tornar efectivas, ainda que alternativamente, ambas as provisões: as partes quiseram submeter o seu litígio a arbitragem, pelo que, se uma delas iniciar a arbitragem, o tribunal arbitral terá competência; o pacto de competência aplicar-se-á se, expressa ou tacitamente, ambas as partes renunciarem à convenção de arbitragem. Assim, se o demandante iniciar a arbitragem, a parte contrária não poderá invocar a inexistência de convenção; se o demandante instaurar uma acção nos tribunais judiciais, o demandado poderá invocar a violação da convenção de arbitragem, mas se optar por não a invocar, então aplicar-se-á a cláusula de eleição do foro do pacto de competência – o demandado pode invocar a incompetência territorial do tribunal judicial de Lisboa..." Barrocas, Manuel Pereira, Manual de Arbitragem, Almedina, 2010, pp. 224-225.

[50] O *favor arbitrandum* tem levado a jurisprudência a permitir que as cláusulas contraditórias possam ser validadas se for manifesta a vontade das partes em recorrer à arbitragem. Gaillard, Emmanuel, La Jurisprudence de la Cour de Cassation en matière d'arbitrage international, Revue de l'Arbitrage 2007, Nº 4, p. 704.

[51] Idem.

108 *IV Congresso do Centro de Arbitragem da Câmara de Comércio e Indústria*

iv) *As Cláusulas arbitrais ambíguas*: indicam a arbitragem para solucionar questões referentes à execução do contrato, podendo subentender-se que as questões surgidas e referentes à rescisão do contrato seriam excluídas.

2º *A problemática das cláusulas escalonadas*[52]

32. A questão da eficácia da convenção de arbitragem está no cerne da problemática das cláusulas escalonadas.

As cláusulas escalonadas são aquelas que prevêem um procedimento duplo ou triplo de resolução de litígios:

a) negociação entre as partes e arbitragem;

b) conciliação/mediação e arbitragem;

c) perícia e instauração da arbitragem num prazo determinado após a perícia).

Pode-se colocar o problema da *prematuridade* da arbitragem porque a apresentação do litígio perante o tribunal arbitral está condicionada à sua prévia submissão a conciliação/mediação.

De igual modo, pode-se levantar o problema da *tempestividade* da arbitragem se o réu alegar que, por força do que fora previamente acordado entre as partes, o autor deveria ter submetido o litígio à arbitragem até um certo limite temporal que o mesmo não observara, deixando caducar o seu direito[53].

Em meu entender, nestas duas situações, o tribunal arbitral poderá declarar a sua incompetência: no primeiro caso, por ter sido constituído de forma prematura e, no segundo, pelo facto da caducidade do *pactum de compromittendo*[54].

---

[52] Costa, Marina Mendes, A Arbitragem CCI nos Países Lusófonos – O interesse das Práticas CCI e o Controle dos Riscos (www.arbitragem.pt).

[53] Caramelo Sampaio, António, "Decisões Interlocutórias e Parciais no Processo Arbitral. Seu Regime e Objecto", *in* II Congresso do Centro de Arbitragem da Câmara de Comércio e Indústria Portuguesa, Almedina, 2009, p. 183.

[54] António Caramelo Sampaio considera que a decisão interlocutória incidirá sobre a inadmissibilidade do pedido em caso de prematuridade ou intempestividade do recurso à arbitragem. Vide Sampaio, António Caramelo, "Decisões Interlocutórias e Parciais no Processo Arbitral. Seu Regime e Objecto", *in* II Congresso do Centro de Arbitragem da Câmara de Comércio e Indústria Portuguesa, Almedina, 2009, p. 183.

Poderes do Tribunal Arbitral na Apreciação da Própria Competência 109

3° A problemática da extensão subjectiva dos efeitos da cláusula arbitral

33. A questão da existência, validade e eficácia da convenção de arbitragem está no cerne da problemática da extensão subjectiva dos efeitos da cláusula arbitral.

A cláusula arbitral, como todo o negócio jurídico, em regra, só produz efeitos entre as partes que a celebraram. Todavia, embora com frequência se fale em extensão dos efeitos da cláusula arbitral a terceiros, não se trata aqui de saber se determinada pessoa sofrerá as consequências da convenção de arbitragem, mas sim quando uma pessoa deixará de ser terceiro para ser reputada parte e, consequentemente, estar vinculada à cláusula[55].

O tribunal arbitral é, frequentemente, chamado a pronunciar-se sobre a sua competência nos casos de transmissão da convenção de arbitragem a terceiros, por se ter verificado:

a) Uma cessão de posição contratual;

b) Uma cessão de créditos;

c) Uma sub-rogação legal ou convencional;

d) Contratos sucessivos que operam a transmissão da propriedade da mesma coisa. Nessas situações, a jurisprudência tem aceite a extensão subjectiva dos efeitos da cláusula arbitral[56].

e) Em matéria de grupos de sociedades: o casuísmo impera. Note--se que para estender os efeitos da cláusula arbitral para sociedades não-signatárias, não basta a simples circunstância de estas fazerem parte do grupo societário de uma das partes signatárias. Todavia, os demais requisitos para a extensão não estão ainda claros nem na doutrina, nem nas jurisprudências arbitral e estatal. Com efeito, tem-se sempre buscado a análise das peculiaridades do caso concreto, geralmente em busca de comportamentos nos quais se possa fundar uma concordância implícita com a cláusula arbitral.

f) A aplicação da cláusula da Nação Mais Favorecida. Caso *Maffezini v. Espanha*[57-58].

---

[55] Dolinger/Tiburcio, op. cit., p. 185.

[56] Sobre esta matéria, vide Diamvutu, Lino, "Intervenção de Terceiros na Arbitragem", *in* Revista Angolana de Direito, Ano 2 – N° 2, Casa das Ideias, 2009, pp. 159 e segs.

[57] Emilio Agustín Maffezini (Claimant) and The Kingdom of Spain (Respondent), Case n° Arb/97/7, Decision on Jurisdiction, 25 January 2000; Award, 13 November 2000,

B. *Efeito negativo do princípio da competência-competência*

1º *Consagração do efeito negativo da competência-competência nos diversos ordenamentos jurídicos*

34. O efeito negativo do princípio da competência-competência proíbe ao tribunal judicial ao qual uma parte tenha recorrido, quer para apreciação da competência do tribunal arbitral, quer para decisão do mérito da causa, apesar da existência de uma convenção de arbitragem, de decidir sobre as questões relativas à existência ou à validade desta, antes de o tribunal arbitral pronunciar-se sobre tais questões. Por outras palavras, o efeito negativo do princípio da competência-competência traduz-se na *primazia* que têm os árbitros em relação à jurisdição estadual no conhecimento de questões relativas à validade, eficácia ou aplicabilidade da convenção de arbitragem. O efeito negativo do princípio da competência-competência prolonga o efeito o efeito negativo da convenção de arbitragem.

35. Conforme referido *supra*, existem divergências entre as diversas legislações nacionais e internacionais, no que diz respeito à consagração do efeito negativo do princípio da competência-competência.

a) Alguns ordenamentos jurídicos não reconhecem o efeito negativo do princípio da competência-competência.

36. Assim, a Lei-modelo da CNUDCI não reconhece o efeito negativo da regra competência-competência. O artigo 8º, nº 1 dessa Lei admite que o tribunal em que seja proposta uma acção relativa a um litígio abrangido por uma convenção de arbitragem rejeite a excepção fundada nesta convenção se verificar que ela é caduca, inoperante, ou insusceptível de ser executada, o que implica uma apreciação da validade da convenção de arbitragem.

Rectification of Award, 31 January 2001 (*www.worldbank.org/icsid/*). *Apud* Daigremont, Claire Crépet, Traitement national et traitement de la nation la plus favorisée dans la jurisprudence arbitrale récente relative à l'investissement international, *in* Le Contentieux Arbitral Transnational relatif à l'Investissement, Anthemis, 2006, p. 126 e ss.

[58] Diamvutu, Lino, "Cláusulas de Tratamento Nacional e da Nação Mais Favorecida nos Tratados Bilaterais de Investimento", *in* Estudos de Direito Comercial Internacional, Edições Caxinde, 2008, p. 62 e segs.

37. No direito alemão, o nº 1 do artigo 1032º ZPO[59] reconhece ao tribunal judicial, em termos inequívocos, a possibilidade de apreciar a existência e validade da convenção de arbitragem se o demandado arguir a excepção de preterição de tribunal arbitral. O tribunal deve analisar a convenção arbitral para verificar se a mesma não é caduca, inoperante ou não susceptível de ser executada. O nº 2 do citado artigo prevê a possibilidade de as partes numa convenção de arbitragem, antes da constituição do tribunal arbitral, intentar uma acção visando a constatação da admissibilidade ou inadmissibilidade da resolução do litigio por via arbitral. Finalmente, como forma de evitar manobras dilatórias da parte menos interessada na arbitragem, o nº 3 do mesmo artigo, autoriza o tribunal arbitral, em qualquer dos casos acima referidos, a iniciar ou prosseguir o processo arbitral até ser proferida sentença.

38. O *Arbitration Act* inglês prevê no nº 1 do seu artigo 32º a possibilidade de as partes a um procedimento arbitral, recorrer directamente ao tribunal judicial (*Court*) para a determinação da competência do tribunal arbitral, tendo este último a faculdade de prosseguir o processo arbitral e decidir sobre a sua competência. Por conseguinte, o tribunal judicial poderá apreciar a existência e validade da convenção de arbitragem antes do tribunal arbitral, não sendo reconhecida a prioridade deste na apreciação de tais questões.

39. O nº 1 do artigo 1679º CPJ belga[60] não concede expressamente a prioridade ao árbitro, pelo facto de não restringir o poder de apreciação

---

[59] Artigo 1032º ZPO:
"1. Le tribunal saisi d'un différend sur une question faisant l'objet d'une convention d'arbitrage renverra les parties à l'arbitrage si le défendeur le demande au plus tard avant le début de l'audience sur le fond du différend, à moins que le tribunal ne constate que la dite convention est caduque, inoperante ou non susceptible d'être exécutée.
2. Avant la constitution du tribunal arbitral, le tribunal peut être saisi d'une action afin de voir constater l'admissibilité ou l'inadmissibilité du règlement du litige par voie d'arbitrage.
3. Lorsque le tribunal est saisi d'une action visée à l'alinéa 1 ou 2, la procédure arbitral peut néamoins être engagée ou poursuivie et une sentence peut être rendue".
[60] Artigo 1679º CPJ:
"1. Le juge saisi d'un différend faisant l'objet d'une convention d'arbitrage se declare incompetent à la demande d'une partie, à moins qu'en ce qui concerne ce

IV Congresso do Centro de Arbitragem da Câmara de Comércio e Indústria

do tribunal judicial, ao controlo *prima facie* da convenção de arbitragem. O tribunal judicial poderá, antes do tribunal arbitral, apreciar a validade da convenção de arbitragem. Nos termos do referido artigo:

"O juiz que for chamado a decidir sobre um diferendo, objecto de uma convenção de arbitragem, deve declarar-se incompetente a pedido de uma parte, a não ser que para aquele diferendo, a convenção não seja válida ou seja caduca; a excepção deve ser levantada antes de quaisquer outras excepções e meios de defesa".

b) Outras legislações nacionais estabelecem a competência do tribunal arbitral para decidir sobre a sua competência em termos que excluem a possibilidade de esta decisão ser antecipada pelo tribunal judicial[61].

40. No direito português, o n° 4 do artigo 21° dispõe que:

"A decisão pela qual o tribunal arbitral se declara competente só pode ser apreciada pelo tribunal judicial depois de proferida a decisão sobre o fundo da causa e pelos meios especificados nos artigos 27° e 21°"

41. Seguindo a mesma orientação, o n° 3 do pré-citado artigo 31° da LAV angolana estabelece que:

"A decisão do Tribunal Arbitral através da qual se declare competente para decidir a questão só pode ser apreciada pelo Tribunal Judicial depois de proferida a decisão arbitral, em sede de impugnação ou por via de oposição à execução, nos termos dos artigos 34° e 39° da presente lei".

O tribunal judicial só pode apreciar a competência do tribunal arbitral depois de proferida a decisão sobre o fundo da causa, em acção de anulação da decisão arbitral, em recurso da decisão arbitral e em oposição à execução da decisão arbitral.

---

différend la convention ne soit pas valable ou n'ait pris fin; l'exception doit être proposée avant toutes autres exceptions et moyens de defense.
(...)"

[61] Lima Pinheiro, Luís de, Direito Comercial Internacional, Almedina, 2005, pp. 400 e segs.

42. No Brasil, o artigo 20º, parágrafo 2 prevê a decisão do tribunal arbitral sobre a competência só poderá ser examinada pelo órgão do poder judiciário competente, aquando da eventual propositura da demanda para a decretação de nulidade da sentença arbitral.

c) O efeito negativo da regra competência-competência só é consagrado, de forma explícita, no direito francês.

43. De acordo com o artigo 1458º NCPC[62]:

"Quando for proposta num tribunal estadual acção relativa a um litígio submetido a arbitragem, o tribunal deve considerar-se incompetente.

Se o litígio ainda não tiver sido submetido a arbitragem, o tribunal só não deve declarar-se incompetente se a convenção de arbitragem for manifestamente nula.

Nos dois casos, a jurisdição não poderá relevar de ofício a sua incompetência".

O artigo 1458º NCPC só permite ao tribunal judicial uma apreciação *prima facie* da convenção de arbitragem, ou seja a constatação da sua não manifesta nulidade. Trata-se de um exame sumário, limitado à inexistência, nulidade ou caducidade manifestas da convenção de arbitragem.

No caso *Tripcovitch SPA v. Sieur Jacques de Conick*, em que se discutia a validade de uma cláusula arbitral num contrato de natureza civil, a Corte de Cassação francesa anulou a decisão que havia sido proferida pela Corte de Apelação de Bordeaux que declarara a cláusula arbitral nula. A decisão estabeleceu que a jurisdição estatal é incompetente, a menos a título principal, para decidir sobre a validade da convenção de

---

[62] Artigo 1458º NCPC:

"Lorsqu'un litige dont le tribunal arbitral est saisi en vertu d'une convention d'arbitrage est porté devant une juridiction de l'Etat, celle-ci doit se déclarer incompétente.

Si le tribunal arbitral n'est pas encore saisi, la juridiction doit également se déclarer incompetente à moins que la convention d'arbitrage ne soit manifestement nulle.

Dans les deux cas, la juridiction ne peut relever d'office son incompetence".

114   *IV Congresso do Centro de Arbitragem da Câmara de Comércio e Indústria*

arbitragem. Segundo a Corte, os árbitros devem analisar, em primeiro lugar, a validade da convenção de arbitragem[63].

44. O efeito negativo permite evitar manobras dilatórias do processo arbitral[64]. Mas, o argumento mais sério a favor do efeito negativo da regra competência-competência é de, *na arbitragem internacional*, submeter o controlo da decisão sobre a validade da convenção de arbitragem à jurisdição da sede da arbitragem[65] (Estado cujos tribunais são competentes para a impugnação da decisão arbitral) em vez da jurisdição dos juízes estaduais estrangeiros que possam ser chamados a decidir sobre a excepção de preterição de tribunal arbitral, evitando-se, deste modo, uma desarmonia de soluções em direito[66].

2° *Efeito negativo, preterição do tribunal arbitral e litispendência*[67]

45. Está-se perante excepção de preterição de tribunal arbitral voluntário quando o réu alega e prova que o autor ignorou a convenção de arbitragem existente para o litígio que submeteu ao tribunal judicial, ou dito de outra forma, quando alegue e prove que existe uma convenção de arbi-

---

[63] *Vide* Dolinger/Tiburcio, Direito Internacional Privado – Arbitragem Comercial Internacional, Renovar, 2003, p. 149.

[64] Esta preocupação pode ser satisfeita por outra via: permitir que qualquer das partes do processo arbitral instaurado em primeiro lugar requeira ao tribunal judicial demandado posteriormente a suspensão da instância até à decisão definitiva sobre a competência do tribunal arbitral, seja ela proferida pelo próprio tribunal arbitral ou pelos tribunais estaduais competentes para a impugnação da decisão arbitral (Lima Pinheiro, Luís de, Direito Comercial Internacional, Almedina, 2005, p. 402; Poudret/Besson, op. cit., pp. 407 e segs.).

[65] A sede convencional da arbitragem é o lugar ou sede da arbitragem fixado pelas partes ou, na sua omissão, pelos árbitros, mesmo que sejam realizados trâmites processuais noutro Estado. *Vide* Lima Pinheiro, Luís de, Arbitragem Transnacional – A determinação do Estatuto da Arbitragem, Almedina, 2005, p. 76.

[66] Poudret/Besson, op. cit., p. 447.

[67] Art. 494° CPC angolano:

" 1. São dilatórias, entre outras, as excepções seguintes:

...

f) A incompetência, quer absoluta, quer relativa, do tribunal;

g) A litispendência;

h) A preterição do tribunal arbitral;

..."

Poderes do Tribunal Arbitral na Apreciação da Própria Competência

tragem susceptível de ser aplicada ao litígio definido pelo autor[68]. A excepção de preterição de tribunal arbitral não é de conhecimento oficioso.

46. Importa saber, neste caso, se o julgamento da excepção de preterição do tribunal arbitral voluntário depende ou não da apreciação da validade da convenção de arbitragem e, portanto, se o tribunal judicial absolver o réu da instância se essa decisão vincula o tribunal arbitral voluntário, demonstrando por isso, que o tribunal comum reconhece a validade da convenção de arbitragem; ou se, pelo contrário, o julgamento da excepção de preterição do tribunal arbitral voluntário se deve satisfazer-se com a prova de existência de uma convenção de arbitragem que não seja manifestamente nula.

47. No direito angolano, se uma das partes decide submeter ao tribunal judicial, um litígio abrangido por uma convenção de arbitragem, antes da instauração da instância arbitral, a *excepção de preterição de tribunal arbitral* dá lugar à remessa do processo para o tribunal arbitral. Em minha opinião, o controlo da validade da convenção de arbitragem pelo tribunal judicial só poderá limitar-se à verificação da sua não manifesta nulidade[69]. Doutro modo, estaríamos perante a violação do artigo 31º da LAV. Por outro lado, a procedência da excepção de preterição do tribunal arbitral não implica o julgamento da competência do tribunal arbitral, mas tão-somente o julgamento da existência de convenção de arbitragem não manifestamente nula e, eventualmente, aplicável ao caso concreto.

48. Tal é o entendimento, na jurisprudência portuguesa, do Tribunal da Relação de Lisboa que, no seu Acórdão de 10 de Fevereiro de 2009[70], decidiu que:
> "1. No julgamento da excepção de preterição do tribunal arbitral voluntário, o tribunal se deve satisfazer-se com a prova de existência de uma convenção de arbitragem que não seja manifestamente nula.

---

[68] Reis, João Luís Lopes dos, "A excepção de Preterição do Tribunal Arbitral", ROA Ano 58 III, Dezembro 1998, pp. 115 e 1124.

[69] Sobre esta questão, vide Sousa, Miguel Teixeira de, A Recorribilidade das Decisões Arbitrais (Sep. O Direito 120), s.l., 1988, p. 576 e seg.; *Apud* Lima Pinheiro, Luís de, Direito Comercial Internacional, Almedina, 2005, pp. 400 e seg.

IV Congresso do Centro de Arbitragem da Câmara de Comércio e Indústria

2. A decisão do tribunal judicial só vincula o tribunal arbitral quando se verificar a manifesta nulidade da convenção de arbitragem. Caso contrário, vale o princípio da *Kompetenz-Kompetenz* do árbitro (art. 21°, n° 1 da LAV[71]). Se o tribunal arbitral se considerar incompetente, a acção pode ser novamente proposta no tribunal judicial que se deve considerar vinculado à decisão do tribunal arbitral sobre a invalidade ou ineficácia da convenção de arbitragem. Se o tribunal arbitral se considerar competente, a sua decisão não vincula o tribunal judicial, mas este só pode apreciar a questão depois de proferida a decisão sobre o fundo da causa em acção de anulação, recurso ou oposição à execução da decisão arbitral (art°s 21°, n° 4 e 27°, n° 1, al. b) da LAV)..."

Verifica-se, hoje, a consagração jurisprudencial do efeito negativo do princípio da competência-competência no ordenamento jurídico português.

49. A litispendência pressupõe a repetição de uma causa. Há litispendência se duas (ou mais) causas estão simultaneamente pendentes[72]. A excepção de litispendência tem por objectivo evitar que o tribunal seja colocado na alternativa de contradizer ou reproduzir uma decisão anterior. A litispendência é de conhecimento oficioso. Se determinado litígio for submetido ao tribunal judicial, posteriormente à constituição do tribunal arbitral, a *excepção de litispendência* permite a suspensão do processo no tribunal judicial até à decisão definitiva do tribunal arbitral sobre a sua própria competência ou sobre o mérito da causa. Neste caso, não há dúvida que competirá ao tribunal arbitral apreciar, em primeiro lugar, a validade da convenção de arbitragem.

3° *Efeito negativo e a questão da constituição do tribunal arbitral pelo tribunal judicial*

50. Nos termos do n° 1 do artigo 14° da LAV, sempre que se não verifique a designação de árbitro ou árbitros pelas partes ou pelos árbitros

---

[70] www.dgsi.pt

[71] Trata-se da LAV portuguesa.

[72] Machado, António Montalvão & Pimenta, Paulo, O Novo Processo Civil, TSE Editores, 1997, p. 126.

Poderes do Tribunal Arbitral na Apreciação da Própria Competência 117

ou por terceiros, a sua nomeação cabe ao Presidente do Tribunal Provincial do lugar fixado para a arbitragem ou, na falta dessa fixação, do domicílio do requerente ou ao Tribunal Provincial de Luanda no caso do domicílio do requerente ser no estrangeiro.

A propósito, levanta-se a questão de saber se o tribunal judicial deverá apreciar a existência e validade da convenção arbitral.

O respeito do princípio da competência-competência impõe que o tribunal judicial se limite a uma apreciação, *prima facie*, da convenção de arbitragem, ou seja, a verificação da sua não manifesta nulidade.

51. Em direito comparado, o Código de Processo Civil holandês (art. 1027º, nº 4 WBR) recomenda expressamente ao tribunal a proceder à designação dos árbitros, sem analisar a validade da convenção arbitral. A lei suíça circunscreve esse controlo a *un examen sommaire* da convenção de arbitragem (art. 179º, nº 3 LDIP). O mesmo infere-se da combinação dos artigos 1493º, nº 2, 1495º e 1444º do NCPC francês. A lei belga limita-se a afirmar que a decisão do presidente não prejudica a competência dos árbitros de decidir sobre a sua própria competência. Esta solução não é aceite no direito inglês que consagra a liberdade absoluta do tribunal judicial na apreciação da validade da convenção de arbitragem[73].

IV. Competência do Tribunal Arbitral e Competência da Competência do mesmo Tribunal

52. A competência do tribunal é entendida como a medida do respectivo poder jurisdicional. *A contrario sensu,* existe incompetência do tribunal nos casos em que no seu âmbito de poderes jurisdicionais não cabe o de julgar certo litígio ou categoria de litígios[74].

53. A competência do tribunal arbitral pressupõe:
a) a existência, validade e eficácia da convenção de arbitragem entre as partes;

---

[73] Vide sobre esta matéria, Samuel, Adam, *Jurisdictionel Problems in International Commercial Arbitration: A study of Belgian, Dutch, English, French, Swedish, Swiss, U.S. and West German Law,* Zurich, 1989, pp. 193-195.

[74] Prata, Ana, Dicionário Jurídico, 4ª edição, Almedina, 2005, p. 259.

b) a arbitrabilidade do litígio cujo objecto deve ser abrangido pela convenção de arbitragem; e,
c) a sua regular constituição.

Interessa distinguir os pressupostos da competência do tribunal arbitral dos requisitos do princípio da competência-competência

54. A meu ver, os requisitos necessários para o exercício da competência-competência pelo árbitro são os seguintes:
a) a existência *prima facie* (meramente factual, material) de uma convenção de arbitragem susceptível de aplicação ao litígio[75]. Sendo certo que a competência da competência permite ao árbitro apreciar a existência, validade ou eficácia da referida convenção de arbitragem;
b) o requerimento de uma das partes (ou ambas conjuntamente) ao árbitro para a instauração de um processo arbitral, segundo as formas e nos prazos previstos pela lei e pela convenção;
c) a designação do árbitro ou constituição do tribunal.

V. Poderes de apreciação *ex officio* ou subordinados à excepção de incompetência formulada por uma das partes

55. Sobre a questão de saber se a apreciação da sua competência pelo árbitro é feita *ex officio* ou fica subordinada à excepção de incompetência formulada por uma das partes, a doutrina diverge.

56. HENRI MOTULSKY defende que *l'arbitre, comme tout le juge, "a le droit et le devoir de vérifier sa compétence"*[76].

---

[75] Se "no caso da excepção de preterição do Tribunal Arbitral voluntário, o que importa, para que o tribunal judicial a julgue procedente, é que verifique a existência (meramente factual, material) de uma convenção de arbitragem susceptível de aplicação ao litígio trazido perante si" (Reis, João Luís Lopes dos, "A Excepção da Preterição do Tribunal Arbitral (voluntário)", ROA, 1998, III, p. 1124). Como é possível subordinar a competência-competência à existência de uma convenção de arbitragem válida?

[76] Motulsky, Henri, "Menace sur l'arbitrage: la prétendue incompétence dês arbitres en cas de contestation sur l'existence ou la validité d'une clause compromissoire", JCP, 1954, I, 1194, et Ecrits, II, p. 189; *Apud* Fouchard, Philippe, Écrits – Droit de l'Arbitrage, Droit du Commerce International, Comité Français de l'Arbitrage, 2007, p. 142.

Poderes do Tribunal Arbitral na Apreciação da Própria Competência   119

57. Para GAVALDA/LEYSSAC, o tribunal arbitral, como qualquer outra jurisdição, *pode* e *deve* verificar, antes de mais, a sua competência para conhecer de determinado litígio submetido à sua apreciação. *A fortiori*, a apreciação da própria competência impõe-se ao árbitro quando for contestada por uma das partes. A competência da competência é, na verdade, um *poder-dever* do árbitro[77].

58. THOMAS CLAY afirma que *"la situation (de l'arbitre) l'oblige à vérifier non seulement sa compétence mais aussi son investiture"*.

59. KLAUS BERGER defende que o árbitro deve apreciar não só a regularidade da sua designação e a arbitrabilidade do litígio, más também a existência da convenção de arbitragem e os limites do seu mandato[78].

60. POUDRET/BESSON não alinham com a tese defendida por BERGER[79]. De modo geral, sustentam, o árbitro só apreciará a sua competência quando for contestada pelo demandado em tempo útil, isto é, até à apresentação da defesa quanto ao fundo da causa, ou juntamente com esta (*in limine litis*).

Algumas legislações admitem a arguição da incompetência do tribunal ou a irregularidade da sua constituição na primeira oportunidade de que as partes disponham, mesmo depois de terem apresentado a sua defesa quanto ao fundo da causa, se o conhecimento de facto superveniente que dê causa a algum desses vícios, for posterior.

Em regra, se o demandado apresentar a sua defesa quanto ao fundo sem contestar a competência do árbitro, é suposto ter aceite a arbitragem ou no mínimo, ficado sem o direito de, posteriormente, contestá-la.

Excepcionalmente, deverá o árbitro apreciar a sua competência, mesmo que não for contestada em tempo útil, para analisar a questão da arbitrabilidade. Este controlo impõe-se nos sistemas legais que fixaram como critério da arbitrabilidade, a disponibilidade dos direitos em litígio. Os direitos indisponíveis serão, em regra geral, matérias de ordem pública.

De igual modo, se o demandado não apresentar a sua defesa quanto ao fundo, não será possível considerar "encobertos" os vícios da convenção

---

[77] Gavalda/Leyssac, l'Arbitrage, Dalloz, 1993, p. 62.

[78] *Apud* Poudret/Besson, op. cit., p. 421.

[79] Idem.

120 *IV Congresso do Centro de Arbitragem da Câmara de Comércio e Indústria*

de arbitragem ou as irregularidades da constituição do tribunal arbitral. Por conseguinte, o árbitro deve apreciar a sua competência *ex officio*, com base no único processo constituído pelo demandante.

61. O Regulamento de Arbitragem da CNUDCI (art. 21°) refere-se ao direito para o árbitro de decidir sobre a sua competência se for contestada por uma das partes. Abordam a questão, no mesmo sentido, o Regulamento de Arbitragem da CCI (art. 8°, par. 3), o Regulamento do Centro de Arbitragem Comercial da Câmara de Comércio e Indústria Portuguesa (art. 27°) e o Regulamento do CEPANI (art. 5, n° 3 *in fine*).

62. Perante o direito angolano, parece-me que o árbitro deve apreciar *ex officio* a própria competência, relativamente à *arbitrabilidade* do litígio. Tendo em conta que o direito de requerer a anulação da decisão arbitral é irrenunciável, a mesma poderá ser anulada pelo Tribunal Judicial se o litígio não foi susceptível de solução por arbitragem.

De resto, observa-se que o tribunal arbitral, em regra geral, começa por constatar na sua decisão a existência e validade de uma convenção de arbitragem entre as partes. Está implícita nessa afirmação a apreciação da própria competência pelo árbitro, ou seja o exercício da competência-competência.

63. Finalmente, convém destacar o artigo 27°, n° 1 do Decreto-Lei sobre a Arbitragem Voluntária de Macau que afirma *apertis verbis* que: "O tribunal pode decidir *oficiosamente* sobre a sua competência, apreciando para esse efeito a existência, a validade e a eficácia da convenção de arbitragem ou do contrato em que ela se insira".

A meu ver, não existe diferença no plano das implicações jurídicas quando se afirma, por um lado, que o tribunal pode decidir sobre a sua competência e, por outro, que o tribunal pode decidir oficiosamente sobre a sua competência. Nos dois casos, o tribunal pode tomar a iniciativa de apreciar *de motu proprio* a sua competência. No fundo, todas as legislações atrás referidas permitem ao tribunal arbitral decidir, ainda que oficiosamente, sobre a própria competência. Outro seria o caso se a legislação de Macau prescrevesse que "a apreciação da competência do tribunal é do seu conhecimento oficioso".

Poderes do Tribunal Arbitral na Apreciação da Própria Competência 121

VI. Impugnação da decisão interlocutória do Tribunal Arbitral sobre a sua competência

64. Em regra, as decisões interlocutórias são as proferidas a meio de uma arbitragem, sem lhe porem termo[80]. A questão prévia, releva SAMPAIO CARAMELO, que com maior frequência é objecto de uma sentença interlocutória (com carácter definitivo e vinculativo para os árbitros e para as partes) é a que versa sobre a alegada falta de competência (ou jurisdição) do tribunal arbitral para conhecer do pedido ou pedidos (ou de alguns deles) deduzidos na arbitragem. Se a sentença for no sentido da total falta de competência do tribunal, o processo arbitral acabará aí (passando então aquela a ser sentença final do processo que termina por uma absolvição da instância), sem prejuízo de os pedidos para cujo julgamento o tribunal se considerou incompetente serem novamente apresentados perante um outro tribunal (estadual ou mesmo arbitral).

---

[80] Caramelo, António Sampaio, "Decisões Interlocutórias e Parciais no Processo Arbitral. Seu Regime e Objecto", *in* II Congresso do Centro de Arbitragem da Câmara de Comércio e Indústria Portuguesa, Almedina, 2009, pp. 179 e sgts. Segundo o mesmo autor, há que distinguir no universo algo heterogéneo das "decisões interlocutórias" entre, por um lado, aquelas decisões que têm simplesmente por objecto a ordenação do processo arbitral ou a resolução de questões processuais incidentais que se suscitam no decurso da instância e não são de molde a pôr em causa a subsistência desta e, por outro lado, as decisões que se pronunciam sobre questões ou meios de defesa que podem, dependendo da solução que o tribunal adoptar, determinar a cessação total ou parcial do processo arbitral e, como terceira subcategoria de "decisões interlocutórias", aquelas pelas quais o tribunal se pronuncia sobre parte ou partes do mérito da causa, em consequência de ter decidido fraccionar o conhecimento deste (op. cit., pp. 179-180). Alguns exemplos de "sentenças interlocutórias" que um tribunal arbitral pode proferir:
   a) Decisão sobre a validade ou a vigência do contrato;
   b) Decisão que determine o pagamento de dívidas liquidadas e vencidas de uma das partes;
   c) Decisão sobre a inadmissibilidade do pedido, por intempestividade, por caducidade ou por outra razão;
   d) Decisão sobre a excepção de caso julgado;
   e) Determinação da lei aplicável ao fundo da causa;
   f) Decisão sobre a competência do tribunal arbitral.

A. Sistemas jurídicos que prevêem a impugnação imediata da decisão interlocutória do Tribunal Arbitral sobre a sua competência

65. Podemos referir, em primeiro lugar, a Lei-Modelo da CNUDCI. Com efeito, a referida Lei admite a impugnação imediata da decisão interlocutória sobre a competência, dispondo que o tribunal arbitral pode decidir sobre a excepção de incompetência, quer enquanto questão prévia, quer na sentença sobre o fundo. Se o tribunal arbitral decidir, a título de questão prévia, que é competente, qualquer das partes pode, num prazo de trinta dias após ter sido avisada desta decisão, pedir ao tribunal judicial que tome uma decisão sobre este ponto, decisão que será insusceptível de recurso. Ademais, na pendência deste pedido, o tribunal arbitral pode prosseguir o processo arbitral e proferir uma sentença (n° 3, art. 16°).

66. O direito inglês adopta a solução da Lei-Modelo. O artigo 31°, n° 4 do *Arbitration Act* deixa ao árbitro a liberdade de decidir sobre a sua competência através de uma decisão interlocutória (*award as to jurisdiction*) ou, com a sentença sobre o mérito da causa (*award on the merits*). O seu artigo 67° dispõe claramente que a decisão interlocutória poderá sempre ser impugnada junto da *High Court*, sem qualquer efeito suspensivo quanto ao procedimento arbitral.

67. A solução da Lei-Modelo é acolhida no direito alemão. O artigo 1040°, n° 3 ZPO determina que a decisão interlocutória pode ser impugnada, no prazo de um mês, depois de proferida, por qualquer das partes. O tribunal arbitral é livre de continuar o processo arbitral e proferir a sentença final.

68. Finalmente, no direito francês, no caso de o tribunal arbitral proferir uma decisão interlocutória sobre a sua competência, admite-se o "recurso imediato" desta decisão perante o tribunal estadual, i.e., a propositura imediata de uma acção de anulação da decisão sobre a competência (art. 1504° NCPC).

B. *Sistemas jurídicos que prevêem a impugnação diferida da decisão do Tribunal Arbitral sobre a sua competência*

69. De acordo com o nº 2 do artigo 31º da LAV angolana, as partes só podem arguir a incompetência do tribunal assim como a irregularidade da sua constituição até à apresentação da defesa quanto ao fundo da causa ou juntamente com esta ou na primeira oportunidade de que disponham após o conhecimento de facto superveniente que dê causa a algum dos referidos vícios. O tribunal arbitral é, neste caso, chamado a pronunciar--se sobre a sua competência, proferindo uma decisão interlocutória.

Nos termos do nº 3 do artigo 31º da LAV, a decisão do Tribunal Arbitral através da qual se declare competente para decidir a questão só pode ser apreciada pelo Tribunal Judicial depois de proferida a decisão arbitral, em sede de impugnação (acção de anulação ou recurso) ou por via de oposição à execução, nos termos dos artigos 34º e 39º da presente lei.

Para evitar manobras dilatórias que entorpeçam o processo arbitral, a LAV não permite que as partes apresentem pedidos perante o tribunal judicial para que este se pronuncie sobre a validade (ou invalidade) de uma cláusula compromissória ou de um compromisso arbitral. Para evitar que a impugnação imediata seja utilizada como manobra dilatória, é suficiente que a impugnação não tenha efeito suspensivo do processo arbitral e que o tribunal arbitral possa diferir a sua decisão sobre a competência até à decisão sobre o mérito da causa[81].

70. O nº 4 do artigo 21º da LAV portuguesa prevê a uma disposição idêntica. A decisão pela qual o tribunal se declara competente só pode ser apreciada pelo tribunal judicial depois de proferida a decisão sobre o fundo da causa e pelos meios especificados nos artigos 27º e 21º da referida lei.

71. Dentre os sistemas legais que só admitem o recurso contra a decisão interlocutória depois de proferida sentença final, podemos ainda citar o artigo 1697º do CPJ belga, segundo o qual:

> *"la décision par laquelle le tribunal s'est déclaré compétent ne peut être attaquée devant le tribunal de première instance qu'en même temps que la sentence sur le fond et par la même voie."*

---

[81] Lima Pinheiro, Luís de, Direito Comercial Internacional, Almedina, 2005, p. 403.

124 IV Congresso do Centro de Arbitragem da Câmara de Comércio e Indústria

72. A mesma regra vem expressamente consagrada no direito italiano, nos termos do nº 3 do artigo 827º do *Codice di Procedura Civile*:

> *"Il lodo che decide parzialmente il mérito della controvérsia è immediatamente impugnabile, ma il lodo che risolve alcune delle questioni insorte senza definire il giudizio arbitrale è impugnabile solo unitamente al lodo definitivo"*

73. No direito holandês (art. 1052º nº 4 WBR), como na arbitragem CIRDI, só se pode impugnar uma decisão interlocutória do tribunal arbitral, depois de proferida a sentença final sobre o caso.

C. *Impugnação da decisão interlocutória do tribunal arbitral sobre a sua incompetência*

74. Nem a LAV angolana nem a portuguesa contêm alguma disposição sobre a possibilidade de impugnação de uma decisão do Tribunal arbitral em que se declare incompetente, não mencionando algum motivo de anulação a este respeito (art. 34º).

75. De igual modo, o artigo 16º, nº 3 da Lei-Modelo não faz referência a qualquer motivo de anulação da decisão arbitral pelo facto de o tribunal ter declinado a sua competência.

76. A esse respeito, comungo a opinião do prof. LIMA PINHEIRO[82], ao reconhecer que é amplamente admitido que a decisão de incompetência proferida em primeiro lugar pelo tribunal arbitral vincule o tribunal judicial na apreciação da excepção de preterição de tribunal arbitral. Todavia, isto não significa necessariamente que a decisão de incompetência seja insusceptível de impugnação.

Perante a lei angolana, tal como a portuguesa, não se encontra base legal para admitir uma acção de anulação desta decisão, mas nada parece obstar à sua recorribilidade, quando ela não tiver sido excluída pelas partes ou pelo disposto em matéria de arbitragem internacional.

---

[82] Lima Pinheiro, Luís de, op. cit., p. 404.

77. No direito belga, se o tribunal arbitral se declarar incompetente, as partes podem imediatamente contestar essa decisão perante o tribunal de primeira instância (art. 1697°, par. 3, Código Judiciário). O árbitro deve respeitar a decisão judicial que o declare competente, de acordo com a autoridade de caso julgado dessa decisão. Caso contrário, poderá ser alvo de uma acção que ponha em causa a sua responsabilidade[83].

VII. Conclusão

78. Apraz-me recordar aqui, concluíndo, um velho brocardo latino, que, penso manter, para os juristas contemporâneos, a sua pertinência: "Incompetentia iudicis recte a pragmaticis dicitur nullitas nullitatum" (a incompetência do juiz é, com razão, chamada pelos pragmáticos, a nulidade das nulidades).

---

[83] Keutgen/Dal, L'Arbitrage en Droit Belge et International, Bruylant-Bruxelles, 2006, p. 330, n° 394.

OS PODERES DO TRIBUNAL ARBITRAL PARA DECRETAR MEDIDAS CAUTELARES

MARINA MENDES COSTA[*]

A arbitragem internacional se desenvolveu extraordinariamente nestas últimas 3 décadas. Tomemos como exemplo a América Latina. A maioria dos países latino-americanos desconhecia a arbitragem até os anos 50. Não existiam leis nacionais específicas sobre o tema, a prática da arbitragem interna era escasa e a arbitragem internacional inexistente. Nos países latino-americanos o scepticismo quanto aos benefícios deste tipo de resolução privada de litígios era predominante.

Pouco a pouco as mentalidades e atitudes evoluíram e os países latino-americanos passaram a modernizar suas legislações para satisfazer as exigências do desenvolvimento econômico globalizado. Hoje com algumas exceções a América Latina mostra uma postura favorável à arbitragem. Muitos países adotaram leis específicas calcadas na lei modelo das Nações Unidas para o Direito Comercial Internacional – UNCITRAL. Assim disposições que antes se encontravam nos códigos de processo civil hoje figuram em leis separadas[1]. Vale lembrar que a maioria desses

---

[*] Advogada em São Paulo e Paris. Ex-conselheira adjunta nas equipes latino-americana e Europa do Leste da Secretaria da Corte Internacioanal de Arbitragem da Câmara de Comércio Inernacional ("CCI").

[1] Apenas para citar alguns exemplos: o **Mexico,** apesar de não adotar uma lei especial, modificou sua legislação em 1993. O **Brasil** adotou a Lei no. 9.307 em 23 setembro de 1996, a **Bolivia** adotou a Lei no. 1770 em 10 de março de 1997, a **Colombia** aprovou o Decreto no. 1818 em 7 setembro de 1998, o **Paraguay** aprovou a Lei no. 1879 em 24 de abril de 2002, o **Chile** aprovou a Lei 19.971 em 29 de setembro de 2004 e o **Peru** aprovou o Decreto Lei no. 1071 em 20 de junho de 2008, tornando-se o país com a lei mais recente sobre arbitragem na América Latina.

128   *IV Congresso do Centro de Arbitragem da Câmara de Comércio e Indústria*

países ratificou as principais convenções internacionais em matéria de arbitragem[2], desenvolvendo uma verdadeira cultura do instituto e ocupando um lugar importante no plano internacional.

Assistimos hoje a um outro fenômeno que contribui de forma indireta mas significativa ao desenvolvimento da arbitragem comercial internacional. A crescente concorrência entre cidades como Paris, Genebra e Londres para atrair arbitragens internacionais em seu território faz com que as práticas locais sejam constantemente discutidas e revistas para atender as exigências da comunidade internacional, se adaptar a crescente complexidade dos litígios e responder da forma mais atraente possível as expectativas do usuários.

Dentro deste contexto de permanente mudança encontra-se o árbitro. Peça fundamental no procedimento arbitral, o árbitro dispõe de poderes cada vez mais importantes. Apesar de não dispor do poder de *imperium*, o árbitro goza de enormes poderes para controlar o procedimento arbitral e de uma grande independência com relação aos tribunais nacionais. Poderes que antes eram exclusivos dos juízes como ordenar "security for costs" por exemplo hoje são conferidos aos tribunais arbitrais.

O árbitro dispõe de uma grande liberdade para exercer a função jurisdicional. Mesmo estando sujeito à vontade das partes, essa vontade não pode primar sobre a necessidade de garantir a eficácia do procedimento arbitral, inerente à administração da justiça.

Neste contexto, já não se discute mais se o árbitro tem ou não poderes para decretar medidas cautelares ou se esses poderes são inerentes ou não a função de árbitro. O debate se deslocou para a questão do reconhecimento e execução das medidas cautelares decretadas pelo árbitro pelos tribunais nacionais.

Mas o que devemos entender por "medidas cautelares"?

---

[2] A Convenção Interamericana sobre Arbitragem Comercial Internacional (Convenção do Panamá) de 1975 foi ratificada pela Argentina em 1994, Bolívia em 1998, Brasil em 1995, Chile em 1976, Colômbia em 1986, Costa Rica em 1978, Equador em 1991, Mexico em 1978, Panamá em 1975, Paraguay em 1976, Peru em 1988, Uruguai em 1975, entre outros. Por sua vez, a Convenção das Nações Unidas sobre o Reconhecimento e Execução de Sentenças Arbitrais Estrangeiras (Convenção de Nova Iorque) de 1958 foi ratificada pela Argentina em 1989, Bolívia em 1995, Brasil em 2002, Chile em 1975, Colômbia em 1979, Costa Rica em 1987, Equador em 1962, Mexico em 1971, Panamá em 1984, Paraguay em 1997, Peru em 1988, Uruguai em 1983, entre outros.

No direito brasileiro fala-se genericamente em "medidas cautelares", no direito francês distingue-se as "mesures provisoires" das "mesures conservatoires" e no direito inglês utilisam-se as expressões "interim measures", "conservatory measures", ou ainda "interim remedies".

Em alguns países como a Itália a distinção entre "medidas provisórias" e "conservatórias" é de vital importância pois, segundo o Código de Processo Civil italiano, os árbitros não estariam autorizados a decretar medidas conservatórias.

Note-se que não existe uma terminologia ou conjunto uniforme mas diversos "tipos" ou "categorias" de medidas com conteúdos variáveis de um país para outro. Stephen Bond, num artigo publicado há alguns anos no Boletim da Corte Internacional de Arbitragem, cita um comentário feito por um perito numa opinião preparada por este último numa arbitragem internacional. Segundo o perito, *"the notion of "conservatory measures" is one of the most obscure that there can be. Etymologically, it is understood as a measure which tends to safeguard a right. But when one seeks to go more thoroughly into this concept, the certainties slip away because, in reality, the "conservatory measure" covers very disparate hypotheses."*[3] No mesmo artigo, Bond afirma que a distinção entre "conservatory" e "provisional measures" não é sempre clara e que, do ponto de vista da semântica, as medidas conservatórias podem ser vistas como uma subcategoria das medidas "provisórias" ou "interimárias"[4].

Nesta confusão de terminologias, Bond considera que mais do que tentar defini-las o objetivo principal deve ser de identificar a partir de decisões judiciais, arbitrais e outras fontes, quais as características e qualidades essenciais dessas medidas.

É comumente aceito pela doutrina que um dos objetivos principais das medidas cautelares ou provisórias é o de **prevenir a agravação do litígio** ou a **ocorrência de um dano ainda maior** para uma das partes. As medidas cautelares destinam-se ainda a **dar efetividade à jurisdição e ao procedimento arbitral, evitando que a sentença final torne-se inútil**.

Vale notar que as medidas cautelares são decretadas frequentemente num contexto de urgência devido ao perigo de dano iminente. Na presença

---

[3] Stephen Bond – "The nature of conservatory and provisional measures", Boletim da Corte Internacional de Arbitragem 1993, página 8.

[4] Stephen Bond, op. citada, página 10.

de uma urgência, não existe tempo hábil para uma cognição completa do litígio. A cognição do árbitro será portanto necessáriamente sumária – com base na verossimilhança do direito – e, por ser sumária, terá natureza temporária ou provisória até que intervenha a decisão definitiva.

Podemos dizer, portanto, que as medidas cautelares são na maioria dos casos medidas urgentes, de caráter provisório, que visem a garantir a efetividade da decisão final do litígio.

Passemos a analisar os poderes do tribunal arbitral para decretar medidas cautelares. Num primeiro momento, faremos uma análise comparativa entre diversos regulamentos arbitrais internacionais e legislações nacionais para saber como cada um deles trata da questão. Num segundo momento, nos consacraremos à análise das medidas disponíveis aos árbitros, mais particularmente as medidas na Lei Modelo, e à questão da executoriedade de tais medidas.

I. Competência do tribunal arbitral para decretar medidas cautelares

Quando o tribunal arbitral é chamado para decidir sobre um pedido de medida cautelar, antes mesmo de analisar se a medida é ou não apropriada no caso concreto, o primeiro reflexo deve ser de verificar se o tribunal arbitral é competente para decretar tal medida.

Os fundamentos dessa competência podem ser encontrados na **convenção de arbitragem** ou na **lei aplicável ao procedimento arbitral,** em outros termos, em um regulamento arbitral *ad hoc* ou institucional ou numa legislação nacional com vocação a se aplicar ao caso. Na hipótese de os árbitros se estimarem competentes, com fundamento na *"lex arbitrii"* por exemplo, devem ainda os árbitros verificar se os poderes que lhe são conferidos não são incompatíveis com as regras imperativas do lugar aonde as medidas decretadas são suscetíveis de serem executadas.

Muitas vezes a convenção de arbitragem traz pouca ou nenhuma informação sobre os poderes do tribunal arbitral para decretar medidas cautelares. Na grande maioria dos casos os árbitros recorrem ao regulamento arbitral eleito pelas partes para verificar a existência e amplitude de tais poderes.

A. Regras institucionais e regulamentos ad hoc

A maioria das regras institucionais e regulamentos arbitrais *ad hoc* contêm disposição específica permitindo ao tribunal arbitral decretar medidas cautelares. Alguns regulamentos são mais restritivos que outros no tocante a esses poderes. Outros regulamentos são mais detalhados quanto aos tipos de medidas que o tribunal arbitral pode decretar e as condições para decretá-las. Vejamos brevemente alguns exemplos abaixo:

a) REGULAMENTO da Câmara de Comércio Internacional ("CCI") – Artigo 23 – "medidas cautelares e provisórias"

> *"1 – A menos que tenha sido convencionado de outra forma pelas partes, **o Tribunal Arbitral poderá**, tão logo esteja de posse dos autos, e a pedido de uma das partes, **ordenar a execução de qualquer medida cautelar ou provisória que julgar apropriada**. O Tribunal Arbitral poderá subordinar tal medida à apresentação de garantias pela parte solicitante. A medida que for adotada tomará a **forma de despacho devidamente fundamentado, ou**, se necessário, e se o Tribunal Arbitral entender adequado, sob a forma de um **Laudo**.*
>
> *2 – As partes poderão, antes da remessa dos autos ao Tribunal Arbitral e posteriormente, em circunstâncias apropriadas, requerer a qualquer autoridade judicial competente que ordene as medidas cautelares ou provisórias pertinentes. O requerimento feito por uma das partes a uma autoridade judicial para obter tais medidas, ou a execução de medidas similares ordenadas por um Tribunal Arbitral, não será considerado como infração ou renúncia à convenção de arbitragem e não comprometerá a competência do Tribunal Arbitral a este título. Quaisquer pedidos ou medidas implementadas pela autoridade judicial deverão ser notificados sem demora à Secretaria, devendo esta informar o Tribunal Arbitral."*

No regulamento de arbitragem da CCI, o tribunal arbitral tem amplos poderes para decretar qualquer tipo de medida cautelar ou provisória assim como para decidir se a medida é ou não apropriada. A expressão "medida cautelar ou provisória" não encontra definição no regulamento, o que permite ao tribunal arbitral ter uma grande liberdade para construir essas expressões de maneira ampla e segundo o caso concreto. O tribunal arbitral pode ainda exigir a apresentação de uma garantia pela parte que requer a medida, o que é bastante utilizado na prática.

b) REGULAMENTO UNCITRAL – Artigo 26 – "interim measures of protection"

"1. At the request of either party, **the arbitral tribunal may take any interim measures it deems necessary in respect of the subject-matter of the dispute***, including measures for the conservation of the goods forming the subject-matter in dispute, such as ordering their deposit with a third person or the sale of perishable goods.*

2. Such interim measures may be established in the form of an **interim award***. The arbitral tribunal shall be entitled to require security for the costs of such measures.*

3. A request for interim measures addressed by any party to a judicial authority shall not be deemed incompatible with the agreement to arbitrate, or as a waiver of that agreement."

O tribunal arbitral que atua sob o regulamento Uncitral tem poderes para decretar medidas cautelares mas elas devem ser *necessárias e relacionadas as matérias objeto do litígio.* Cabe, portanto, a parte requerente demonstrar tais elementos ao tribunal arbitral para ter chances de sucesso.

Diferentemente do Regulamento CCI que permite ao tribunal arbitral decretar medidas cautelares através de ordens processuais, a medida cautelar decretada num procedimento UNCITRAL deverá necessariamente ser materializada em uma sentença arbitral.

c) REGULAMENTO da London Court of International Arbitration ("LCIA") – Artigo 25 – "interim and conservatory measures"

"25.1

The Arbitral Tribunal shall have the power, *unless otherwise agreed by the parties in writing, on the application of any party:*

(a)

to order any respondent party to a claim or counterclaim to provide security for all or part of the amount in dispute, *by way* *of deposit or bank guarantee or in any other manner and upon such terms as the Arbitral Tribunal considers appropriate. Such terms may include the provision by the claiming or counterclaiming party of a cross-indemnity, itself secured in such manner as the Arbitral Tribunal considers appropriate, for any costs or losses incurred by such respondent in providing security. The amount of any costs and losses payable under such cross-indemnity may be determined by the Arbitral Tribunal in one or more awards;*

(b)

to order the preservation, storage, sale or other disposal of any property or thing under the control of any party and relating to the subject matter of the arbitration*; and*

(c)

to order on a provisional basis*, subject to final determination in an award,* **any relief which the Arbitral Tribunal would have power to grant in an award***, including a provisional order for the payment of money or the disposition of property as between any parties.*

25.2

The Arbitral Tribunal shall have the power, upon the application of a party, to order any claiming or counterclaiming party to provide security for the legal or other costs of any other party by way of deposit or bank guarantee or in any other manner and upon such terms as the Arbitral Tribunal considers appropriate. Such terms may include the provision by that other party of a cross-indemnity, itself secured in such manner as the Arbitral Tribunal considers appropriate, for any costs and losses incurred by such claimant or counterclaimant in providing security. The amount of any costs and losses payable under such cross-indemnity may be determined by the Arbitral Tribunal in one or more awards. In the event that a claiming or counterclaiming party does not comply with any order to provide security, the Arbitral Tribunal may stay that party's claims or counterclaims or dismiss them in an award.

25.3

The power of the Arbitral Tribunal under Article 25.1 shall not prejudice howsoever any party's right to apply to any state court or other judicial authority for interim or conservatory measures before the formation of the Arbitral Tribunal and, in exceptional cases, thereafter. Any application and any order for such measures after the formation of the Arbitral Tribunal shall be promptly communicated by the applicant to the Arbitral Tribunal and all other parties. However, by agreeing to arbitration under these Rules, the parties shall be taken to have agreed not to apply to any state court or other judicial authority for any order for security for its legal or other costs available from the Arbitral Tribunal under Article 25.2."

O artigo 25 é bastante extenso e contém uma lista detalhada de medidas que o tribunal arbitral pode decretar. Neste artigo, o poder do tribunal arbitral para decretar medidas cautelares encontra seu limite no objeto do litígio. Esse poder é implícito e somente será retirado do tribunal arbitral por acordo escrito das partes neste sentido.

Vale notar que 3 categorias de medidas são identificadas no artigo 25: (i) medidas que securizam o pagamento dos valores em litígio, inclusive "security for costs"; (ii) medidas que visam a proteger uma coisa em poder de uma das partes ou a propriedade objeto do litígio; e (iii) medidas que atribuem provisóriamente a uma das partes parte dos pedidos que o tribunal concederia na sentença final.

d) REGULAMENTO do Singapour International Arbitration Center ("SIAC") (em vigor desde 1º de julho de 2010) – Artigo 24

> **"Additional Powers of the Tribunal**
>
> *In addition to the powers specified in these Rules and not in derogation of the mandatory rules of law applicable to the arbitration, the Tribunal shall have the power to [...]:*
>
> *e.* **order the parties to make any property or item available,** *for inspection in the parties' presence, by the Tribunal or any expert;*
>
> *f.* **order the preservation, storage, sale or disposal of any property or item which is or forms part of the subject-matter of the dispute;**
>
> *g.* **order any party to produce to the Tribunal and to the other parties for inspection, and to supply copies of any document in**

their possession or control which the Tribunal considers relevant to the case and material to its outcome;

j. direct any party to ensure that any award which may be made in the arbitral proceedings *is not rendered ineffectual by the dissipation of assets* by a party;

k. order any party to provide security for legal or other costs in any manner the Tribunal thinks fit;

l. order any party to provide security for all or part of any amount in dispute in the arbitration [...].

Não há um artigo específico no regulamento SIAC que trate exclusivamente de medidas cautelares. O artigo 24 trata dos poderes do tribunal arbitral de uma maneira geral. Dentre esses poderes, o tribunal arbitral poderá decretar "security for legal or other costs", medidas que visam a garantir o pagamento de uma parte ou da totalidade do valor em litígio ou ainda medidas que visam impedir a dissipação de bens.

Em contraste com outros regulamentos arbitrais, o regulamento SIAC não condiciona os poderes do tribunal arbitral para decretar tais medidas ao pedido de uma das partes.

Vejamos agora como as legislações nacionais tratam a matéria. De uma maneira geral elas são bastante favoráveis e admitem que o tribunal arbitral decrete medidas cautelares. Vejamos alguns exemplos na Europa e América Latina.

B. *Legislações nacionais*

Na Europa, tomemos os exemplos da França, Suíça e Itália.

a) *França*

Não existe um artigo específico na legislação francesa sobre o tema. O regime jurídico relativo aos poderes do tribunal arbitral para decretar medidas cautelares foi erigido pela doutrina e pela jurisprudência.

Existe um poder concorrente dos tribunais nacionais franceses e dos árbitros para decretar medidas provisórias, mas as partes podem excluir a competência dos tribunais nacionais na própria cláusula arbitral ou se referindo a um regulamento de arbitragem de alguma instituição que

136   *IV Congresso do Centro de Arbitragem da Câmara de Comércio e Indústria*

contenha tal exclusão. Portanto, a existência de uma cláusula arbitral num contrato não significa renúncia das partes de recorrer aos tribunais nacionais para decretar e executar as medidas provisórias e conservatórias.

Antes da constituição do tribunal arbitral, os juízes têm grande liberdade para decretar medidas provisórias ou conservatórias como o chamado "référé-provision" que permite ao juiz ordenar a execução provisória de um obrigação não contestada. Uma vez o tribunal arbitral constituído, os poderes do juiz nacional ficam mais restritos mas podem ser justificados quando se tratar de exercer um poder coercitivo.

O direito francês distingue as medidas provisórias das conservatórias. As primeiras são concedidas em caso de urgência na ausência de uma contestação séria. As segundas são destinadas a preservar os direitos das partes até a decisão final com o intuito de evitar um dano iminente ou fazer cessar um ato ilícito. Alguns autores entendem que essas medidas fogem da competência dos árbitros porque implicam na indisponibilidade de um bem e necessitariam do uso do poder de "imperium"[5].

b) Suíça – artigo 183 do "Swiss Private International Law Act"

"Unless the parties have agreed otherwise, the arbitral tribunal may, at request of a party, grant interim relief and conservatory measures.

[...]

The arbitral tribunal [...] may make the granting of interim relief or conservatory measures subject to the provision of appropriate security."

Este artigo confere ao tribunal arbitral amplos poderes para decretar medidas provisórias ou conservatórias. Ele estabelece uma presunção no sentido de que as partes desejaram outorgar amplos poderes ao tribunal arbitral, a menos que alguma limitação tenha sido inserida na cláusula arbitral ou posteriormente pelas partes. Com base neste artigo, qualquer acordo entre as partes para retirar competência do tribunal arbitral para decretar medidas provisórias ou conservatórias deve ser explícito.

---

[5] Ver, por exemplo, Guy Robin, «Mesures Conservatoires et Provisoires en matière d'arbitrage international: le rôle du juge d'appui», na RDAI/IBLJ, N° 3, 2008, página 329.

Os tribunais arbitrais com sede na Suíça podem valer-se de três categorias de medidas: (i) **medidas protetivas** – que visam essencialmente manter o *status quo*, como por exemplo ordenar o depósito das mercadorias em litígio em mãos de um terceiro ou o valor em litígio numa "escrow account" ou ainda impedir que determinada garantia bancária seja chamada; (ii) **medidas regulatórias** – que visam controlar a conduta das partes durante o procedimento arbitral, como por exemplo permitir a uma parte continuar executando as obras ou suspender os efeitos de uma resolução de assembléia; e (iii) **medidas de execução ("performance")** – que visam executar provisoriamente uma demanda.

c) Itália – Artigo 818 do Código de Processo Civil italiano

«*Os árbitros não estão autorizados a conceder sequestros, nem outras medidas conservatórias, salvo disposição legal expressa.*»[6]

A Itália faz figura de exceção pois contém uma disposição de ordem pública aplicável tanto às arbitragens internas como internacionais proibindo os árbitros decretar medidas conservatórias. Nenhuma convenção das partes, explícita ou por referência a um regulamento de arbitragem, produzirá efeitos em sentido contrário. Na legislação italiana, os juízes permanecem os únicos competentes para decretar e executar tais medidas.

Quanto as medidas provisórias, a doutrina italiana é dividida. Alguns entendem que elas não seriam possíveis porque a redação do artigo 818 seria suficientemente ampla para abarcar também essas medidas.

Vejamos na América Latina os casos do Brasil, Chile e México.

a) Brasil – Artigo 22 da lei 9.307/96

"Art. 22. Poderá o árbitro ou o tribunal arbitral tomar o depoimento das partes, ouvir testemunhas e determinar a realização de perícias ou outras provas que julgar necessárias, mediante requerimento das partes ou de ofício.

§ 2º Em caso de desatendimento, sem justa causa, da convocação para prestar depoimento pessoal, o árbitro ou o tribunal

---

[6] *"Art.818 (Provvedimenti cautelari) – Gli arbitri non possono concedere sequestri, ne' altri provvedimenti cautelari, salva diversa disposizione di legge."*

> *arbitral levará em consideração o comportamento da parte faltosa, ao proferir sua sentença; se a ausência for de testemunha, nas mesmas circunstâncias, poderá o árbitro ou o presidente do tribunal arbitral requerer à autoridade judiciária que conduza a testemunha renitente, comprovando a existência da convenção de arbitragem.*
>
> *§ 4° Ressalvado o disposto no § 2°, **havendo necessidade de medidas coercitivas ou cautelares, os árbitros poderão** solicitá-las **ao órgão do Poder Judiciário** que seria, originariamente, competente para julgar a causa."*

Numa primeira leitura da lei brasileira forçoso seria de constatar que a lei de arbitragem não confere poderes ao tribunal arbitral para decretar medidas cautelares por faltar a este o poder de *"imperium"*, exclusivo dos tribunais locais. A doutrina entende entretanto – e a prática da arbitragem no Brasil confirma – que o tribunal arbitral pode e deve decretar tais medidas desde que solicitado pelas partes. A intervenção do juiz permanece necessária para a execução das medidas.

b) Chile – artigo 17 da Lei 19.771/94

> *"Salvo acuerdo en contrario de las partes, **el tribunal arbitral podrá**, a petición de una de ellas, **ordenar a cualquiera de las partes que adopte las medidas provisionales cautelares que el tribunal arbitral estime necesarias respecto del objeto del litigio**. El tribunal arbitral podrá exigir de cualquiera de las partes una garantía apropiada en conexión con esas medidas."*

Segundo a lei chilena, o tribunal arbitral tem amplos poderes para decretar medidas cautelares desde que solicitado por uma das partes e respeitado o contraditório. A exemplo do regulamento UNCITRAL, a lei chilena também exige a medida seja *necessária* e que ela guarde *relação com o objeto do litígio.*

A lei Chilena possibilita ainda que os árbitros exijam garantais apropriadas como condição para decretar uma medida.

c) Mexico – artigo 1433 do Código de Comércio

*"Salvo acuerdo en contrario de las partes, **el Tribunal arbitral podrá**, a petición de una de ellas, **ordenar la adopción de las providencias precautorias necesarias respecto del objeto de litigio**. El Tribunal arbitral podrá exigir de cualquiera de las partes una garantía suficiente en relación con esas medidas."*

Indenegável é a influência da lei modelo nas legislações latino-americanas. O artigo 1433 do Código de Comércio Mexicano tem redação muito próxima do artigo 17 da lei chilena com a mesma exigência de necessidade e relação com o litígio.

Após esse rápido panorama dos principais regulamentos arbitrais internacionais e legislações nacionais, vejamos alguns exemplos de medidas cautelares decretadas pelos tribunais arbitrais e as condições exigidas para a decretação de tais medidas.

II. As medidas cautelares no procedimento arbitral

Considerando sua importância e influência, trataremos neste artigo exclusivamente das medidas cautelares na Lei Modelo da UNCITRAL.

A. *As medidas cautelares na Lei Modelo*

O artigo 17 da Lei Modelo[7] enuncia quatro categorias de medidas que o tribunal arbitral pode decretar a pedido das partes:
– medidas que visem preservar ou restaurar o *status quo* na espera da resolução do litígio;

---

[7] Artigo 17 – *"Power of the arbitral tribunal to order interim measures" (1) Unless otherwise agreed by the parties, the arbitral tribunal may, at the request of a party, grant interim measures. (2) An interim measure is any temporary measure, [...] the tribunal orders a party to: (a) maintain or restore the status quo pending determination of the dispute; (b) take action that would prevent, or refrain from taking action that is likely to cause, current or imminent harm or prejudice to the arbitral process itself; (c) provide a means of preserving assets out of which a subsequent award may be satisfied; or (d) preserve evidence that may be relevant and material to the resolution of the dispute."*

140   IV Congresso do Centro de Arbitragem da Câmara de Comércio e Indústria

– medidas que visem impedir um prejuízo imediato ou iminente ou um dano ao procedimento arbitral;

– medidas de preservação de bens que poderão servir a execução futura da sentença; e

– medidas de preservação de elementos de prova relevantes e indispensáveis para a resolução do litígio.

A Lei Modelo estabelece condições para a obtenção das medidas provisórias. A primeira questão que se coloca é a da conveniência ou utilidade em se fixar condições para a obtenção dessas medidas. A doutrina se divide entre aqueles que entendem que exigir condições restringiria a liberdade das partes e a flexibilidade dos árbitros e aqueles que, ao contrário, defendem um mínimo de condições como forma de garantir segurança às partes contra abusos e favorer a transparência do tribunal arbitral.

Assim, o artigo 17 A estabelece as condições nas quais as medidas provisórias serão concedidas.

"Article 17 A. Conditions for granting interim measures

(1) The party requesting an interim measure under article 17(2) (a), (b) and (c) shall satisfy the arbitral tribunal that:

(a) Harm not adequately reparable by an award of damages is likely to result if the measure is not ordered, and such harm substantially outweighs the harm that is likely to result to the party against whom the measure is directed if the measure is granted; and

(b) There is a reasonable possibility that the requesting party will succeed on the merits of the claim. The determination on this possibility shall not affect the discretion of the arbitral tribunal in making any subsequent determination." [...]

Com exceção das medidas de preservação de prova, duas condições são necessárias para a obtenção das demais medidas provisórias: (1) que a parte que solicita a medida prove que, se a medida não for decretada, o prejuízo que ela sofrirá não poderá ser adequadamente compensado na sentença final e que este prejuízo será superior ao prejuízo que a parte contrária poderá vir a sofrer se a medida for decretada; e (2) que a parte que solicita a medida prove que ela tem chances razoáveis de sucesso no pedido principal.

Com relação as medidas de preservação de elementos de prova, o tribunal arbitral é livre para determinar se as condições mencionadas acima devem se aplicar ou não.

Note-se que o artigo 17 A nada fala sobre o respeito do contraditório. Apesar de não mencioná-lo de forma expressa, é evidente que qualquer medida solicitada com fundamento no artigo 17 A deve ser objeto de contestação pela parte contra a qual tal medida é dirigida.

A lei modelo preferiu regular as chamadas medidas *ex parte*[8] em artigo à parte. Trata-se dos artigos 17 B e seguintes que estabelecem um regime próprio para as medidas decretadas sem o contraditório.

"Article 17 B. Applications for preliminary orders and conditions for granting preliminary orders

*(1) Unless otherwise agreed by the parties, **a party may, without notice to any other party, make a request for an interim measure together with an application for a preliminary order** directing a party not to frustrate the purpose of the interim measure requested.*

*(2) The arbitral tribunal may grant a preliminary order **provided** it considers **that prior disclosure of the request for the interim measure to the party against whom it is directed risks frustrating the purpose of the measure**.*

(3) The conditions defined under article 17A apply to any preliminary order, provided that the harm to be assessed under article 17A (1)(a), is the harm likely to result from the order granted or not."

O artigo 17 B permite as partes solicitar ao tribunal arbitral, sem conhecimento da outra parte, uma medida provisória acoplada de um pedido de ordem preliminar ordenando que a parte contrária se abstenha de frustar a execução da medida provisória solicitada.

A redação do artigo 17 B privilegia o sistema do "opt out", ou seja, não há necessidade que as partes tenham expressamente conferido ao tribunal arbitral poderes para decidir sobre uma medida *ex parte*. As partes podem, entretanto, optar por excluir dos poderes do tribunal arbitral a possibilidade de decretar tal medida.

---

[8] Medidas *ex parte* são aquelas decretadas pelo tribunal arbitral sem oitiva da parte contra a qual a medida está sendo solicitada. A denominação *ex parte* é utilizada notadamente em direito americano para qualificar as chamadas *"temporary restraining orders"*.

As condições para se obter uma medida *ex parte* são as mesmas para se obter uma medida provisória com a condição suplementar de provar o risco de frustração da execução da medida caso a parte contrária seja informada de sua existência.

O artigo 17 C estabelece um regime específico para as medida *ex parte*.

> *"Article 17 C. Specific regime for preliminary orders*
>
> *(1) Immediately after the arbitral tribunal has made a determination in respect of an application for a preliminary order, the arbitral tribunal shall give notice to all parties of the request for the interim measure, the application for the preliminary order, if any, and all other communications, including by indicating the content of any oral communication, between any party and the arbitral tribunal in relation thereto.*
>
> *(2) At the same time, the arbitral tribunal shall give an opportunity to any party against whom a preliminary order is directed to present its case at the earliest practicable time.*
>
> *(3) The arbitral tribunal shall decide promptly on any objection to the preliminary order.*
>
> *(4) A preliminary order shall expire after twenty days from the date on which it was issued by the arbitral tribunal. However, the arbitral tribunal may issue an interim measure adopting or modifying the preliminary order, after the party against whom the preliminary order is directed has been given notice and an opportunity to present its case.*
>
> *(5) A preliminary order shall be binding on the parties but shall not be subject to enforcement by a court. Such preliminary order does not constitute an award."*

Segundo este artigo, o tribunal arbitral deve, assim que ele se pronunciar sobre um pedido de medida *ex parte*, informar a parte contrária sobre a existência de tal pedido, divulgando inclusive o teor de toda comunicação escrita ou oral entre a parte solicitante da medida e o tribunal. O tribunal arbitral deve ainda permitir que a parte contra a qual tal medida foi decretada se manifeste e faça valer os seus argumentos o mais cedo possível no procedimento. Em caso de objeção, deve o tribunal arbitral decidir prontamente.

No tocante a medida, a lei modelo estabeleçe um prazo de expiração de 20 dias e descarta a possibilidade de execução forçada.

Outros limites foram fixados pela Lei Modelo para evitar abusos. Assim, conforme o artigo 17 D, o tribunal arbitral tem a possibilidade de modificar, suspender ou retirar a medida após ter dado a possibilidade da outra parte se manifestar. Ele pode ainda solicitar que garantias apropriadas sejam dadas (artigo 17 E). Quanto a parte que solicitar uma medida *ex parte*, ela tem uma obrigação de informação bastante ampla pois deve divulgar qualquer circunstância, em seu favor ou contra, de seu conhecimento ou que ela deveria conhecer, susceptível de ser relevante para a determinação do tribunal arbitral em decretar ou manter a medida solicitada. Tal obrigação permanece vigente até que a parte contra quem a medida foi decretada tiver tido oportunidade de se pronunciar (artigo 17 F). Enfim, o artigo 17 G atribui à parte que solicitar a medida a responsabilidade pelos custos e prejuízos resultantes de tal medida.

Como mencionado no início deste artigo, a questão principal hoje não é se o tribunal arbitral tem poderes para decretar medidas cautelares mas como garantir a executoriedade dessas medidas.

B. *A executoriedade das medidas decretadas*

Apesar do sucesso das medidas cautelares na arbitragem internacional, a executoriedade dessas medidas ainda não está plenamente assegurada. A doutrina invoca os seguintes argumentos: (1) a falta de *"imperium"* do tribunal arbitral; (2) a relatividade das decisões do tribunal arbitral que atingem somente as partes no procedimento arbitral; (3) o fato de que essas medidas são frequentemente decretadas através de ordem de procedimento e não sentenças arbitrais, o que facilitaria a sua execução[9].

Entretanto, todos esses argumentos podem ser derrubados facilmente. Na prática, na grande maioria dos casos, as partes executam de maneira voluntária as decisões dos árbitros, sejam estas de natureza cautelar ou definitiva. Isto se explica pela natureza consensual da arbitragem,

---

[9] Ordens de procedimento não são passíveis de execução pela Convenção de Nova Iorque. Vale notar que, segundo a Convenção de Nova Iorque, para ser qualificada como sentença, a decisão deve resolver de maneira definitiva a questão o que não é o caso das ordens de procedimento.

144   *IV Congresso do Centro de Arbitragem da Câmara de Comércio e Indústria*

pelo fato das partes terem de comum acordo decidido conferir ao tribunal arbitral a resolução de seus litígios. Existe um certo respeito pela autoridade dos árbitros porque são eles quem decidirão o mérito do litígio e nenhuma parte com algum bom senso deliberadamente ignoraria uma decisão proferida pelo tribunal arbitral. Como diria Eric Schwartz, *"the arbitrators' greatest source of authority lies in their position as "judges" of the merits of the dispute between the parties."*[10]

Não devemos esquecer que o tribunal arbitrall tem outros poderes de persuação em suas mãos. Um deles é acompanhar a medida decretada com penalidades para a parte que se recusar a executá-la ou executá-la com atraso (as chamadas *"astreintes"* em direito francês ou "multas" em direito brasileiro). Outro poder disuasivo não menos importante do tribunal arbitral é tirar as consequências na sentença final do comportamento da parte recalcitrante, por exemplo, imputando os custos da arbitragem a essa parte exclusivamente ou avaliando os prejuízos de maneira diferente.

A Lei Modelo traz uma contribuição significativa para o reconhecimento e execução das medidas cautelares porque ela permite a execução forçada dessas medidas.

Article 17 H – Recognition and Enforcement

(1) An interim measure issued by an arbitral tribunal shall be recognized as binding and, unless otherwise provided by the arbitral tribunal, enforced upon application to the competent court, irrespective of the country in which it was issued, subject to the provisions of article 17 I.

(2) The party who is seeking or has obtained recognition or enforcement of an interim measure shall promptly inform the court of any termination, suspension or modification of that interim measure.

(3) The court of the State where recognition or enforcement is sought may, if it considers it proper, order the requesting party to provide appropriate security if the arbitral tribunal has not already made a determination with respect to security or where such a decision is necessary to protect the rights of third parties.

---

[10] Eric Schwartz, *"Conservatory and Provisional Measures in International Arbitration"*, publicação CCI no. 519, 1993.

Os Poderes do Tribunal Arbitral para Decretar Medidas Cautelares   145

O artigo 17 H deve ser lido em conjunto com o artigo 36. De fato, o regime de reconhecimento e execução das medidas provisórias é calcado no regime de reconhecimento e execução das sentenças arbitrais. Assim, as razões para se recusar o reconhecimento e a execução das medidas provisórias são as mesmas para se recusar o reconhecimento e a execução das sentenças arbitrais, a saber (a) a **incapacidade** da parte em se submeter à arbitragem ou a **invalidade da cláusula arbitral** segundo a lei aplicável; (b) a **falta de notificação da nomeação de um árbitro ou da existência do procedimento arbitral** ou ainda **impossibilidade para a parte de apresentar a sua defesa**; (c) a existência de uma **decisão extra ou ultra petita**; (d) a **constituição defeituosa do tribunal arbitral;** (d) a **medida provisória foi derrubada ou suspendida** por um juiz nacional ou ainda (e) a **matéria objeto do litígio não é passível de resolução por via da arbitragem** e (f) o **reconhecimento e execução** da medida é **contrária à ordem pública** do país aonde o reconhecimeno e a execução são solicitados.

Conclusão

Esta breve palestra sobre o tratamento dado as medidas cautelares na arbitragem internacional mostra a diversidade de conceitos e conteúdos e a dificuldade em se adotar um tratamento único para a matéria. Em regra geral, podemos afirmar que os árbitros gozam de um poder bastante amplo para decidir sobre um pedido de medida cautelar e garantir a efetividade da medida decretada.

A Lei Modelo oferece aos praticantes da arbitragem internacional uma espécie de "carnet de route" no tocante as medidas *ex parte*. Os mais reticentes quanto à utilização dessas medidas dispõem de matéria abondante para distilar suas críticas enquanto que os defensores desse tipo de medidas não hesitarão em valer-se da Lei Modelo para fazer evoluir as práticas e mentalidades retrógradas.

A Lei Modelo têm ao menos o mérito de ser um documento detalhado e fruto de longos anos de reflexão e debate sobre a matéria. Resta averiguar qual será a sua verdadeira influência.

A PROVA NO PROCESSO ARBITRAL

MANUEL PEREIRA BARROCAS[*]

SUMÁRIO: 1. Introdução. 2. O Poder do Árbitro e o Poder do Juiz em Matéria Probatória. a. *Auctoritas vs. Potestas.* b. Modo de Resolução Judicial de Litígios. c. O *Compromisso Essencial* na Arbitragem. 3. A Arbitragem e o Código de Processo Civil. 4. A Influência da Cultura Jurídica no Exercício da Função Arbitral. 5. Generalidades Sobre a Prova em Arbitragem. a. Direito Substantivo Probatório e Direito Processual Probatório. b. Meios de Prova Utilizáveis. c. Prova em Poder de uma das Partes. d. Prova em Poder de Terceiro. e. Presunções Legais. f. As Presunções Arbitrais e o Artigo 351º CC. g. Ónus da Prova. 6. O Árbitro e a Prova. a. Poderes das Partes. b. Poderes do Árbitro. (i) Para Aceitar e Recusar Prova. (ii) Para Inverter o Ónus da Prova. (iii) Na Obtenção e Avaliação da Prova. (iv) Métodos de Obtenção de Prova. (v) Critérios de Avaliação da Prova. (vi) Sentença Salomónica. (vii) Em Geral. c. Deveres do Árbitro. d. Auxílio do Tribunal Judicial. 7. Medidas Cautelares em Matéria de Prova. 8. Inexistência de Obrigação do Árbitro de Considerar Provado um Facto Alegado por Uma Parte e Não Impugnado Especificadamente pela Outra Parte. 9. Inexistência de Obrigação do Árbitro de Considerar Provado um Facto ou Confessado o Pedido em Caso de Revelia. 10. A Questão do Facto Público e Notório em Arbitragem. 11. A Prova do Direito Consuetudinário, Local e Estrangeiro. 12. A Prova por Depoimento de Parte em Arbitragem.

---

[*] Advogado

148   *IV Congresso do Centro de Arbitragem da Câmara de Comércio e Indústria*

13. A Questão da Prova pelo Conhecimento Pessoal do Árbitro. 14. A Questão da Conferência pelos Advogados com Testemunhas. 15. A Admissibilidade de Depoimento Testemunhal Escrito em Arbitragem. 16. O Registo da Prova em Arbitragem. 17. A Confidencialidade dos Documentos. 18. Poder do Árbitro para Receber Juramento ou Compromisso de Verdade de Testemunhas ou de Partes. 19. Prova Electrónica. 20. Prova Pericial. 21. Parecer de Especialista e Audição Subsequente. 22. O Efeito da Equidade na Admissão e Avaliação da Prova. 23. A Prova na Arbitragem Internacional. a. A Questão da Cultura Jurídica dos Árbitros de Diferentes Nacionalidades e Sistemas Jurídicos. b. Lei Aplicável Não Escolhida Pelas Partes e o seu Efeito na Prova. c. A Lei-Modelo UNCITRAL e as Notas UNCITRAL Sobre a Organização de Processos Arbitrais. d. As Regras de Prova da IBA.

1. Introdução

O processo arbitral distingue-se do processo judicial, não tanto quanto aos princípios fundamentais, bastando comparar a similitude dos que estão definidos nas alíneas a), b) e c) do art. 16º da LAV com princípios idênticos do processo civil, mas sobretudo quanto ao regime legal.

Um aspecto fundamental a reter, desde já, deriva do princípio da equiparação do processo arbitral e do processo judicial. Por imperativo natural, o processo arbitral dever poder gozar da mesma eficácia de que goza o processo judicial, quer quanto ao valor jurídico da sentença arbitral, o que sucede em conformidade com o disposto no artigo 26º, número 2., da LAV, quer quanto aos actos processuais praticados ao longo do processo. A não ser assim, o processo arbitral revelaria menor interesse prático do que o processo judicial, contrariando flagrantemente a finalidade e a importância social da arbitragem.

Apesar das diferenças de regime assinaladas entre os dois processos, é, contudo, em matéria de prova que eles mais se aproximam na prática. Efectivamente, a demonstração da verdade dos factos constitui o pressuposto essencial da melhor decisão arbitral que se procura e, nesta matéria, não há muito para discutir sobre as diferenças existentes entre o processo arbitral e o processo judicial.

Muito embora o árbitro não disponha dos meios coercivos de que o juiz dispõe para fazer cumprir as suas decisões interlocutórias, o certo é que este aspecto não prejudica significativamente a eficácia do processo, pois o árbitro dispõe de outros meios que suprem aquela insuficiência.

Conclui-se assim que, quer quanto à espécie dos meios de prova, quer quanto à sua utilização, quer ainda quanto ao regime estabelecido na lei substantiva (artigos 341° a 396° do Código Civil e outras disposições como os artigos 786° e 787° do mesmo diploma) é de aplicar, tanto no processo judicial como no processo arbitral, o mesmo regime legal.

Saliente-se, contudo, que o Código do Processo Civil se mantém à margem deste regime, pois nem a enumeração dos meios legais de prova, nem o seu regime jurídico são definidos por este diploma legal, mas sim pelo Código Civil.

2. O Poder do Árbitro e o Poder do Juiz em Matéria Probatória

a. *Auctoritas vs. Potestas*

Efectuadas as observações preliminares que se deixam escritas na Introdução, vejamos agora como se caracteriza o poder do árbitro face ao poder do juiz.

Como titular de um órgão de soberania – o tribunal – o juiz dispõe do poder (*potestas*) que a organização do Estado lhe confere para exercer a sua função em plenitude.

Ao contrário, o árbitro não tem esse poder, mas apenas a autoridade (*auctoritas*) própria da sua função de julgador. As partes, ao preferirem a sua intervenção na resolução do litígio à do juiz, conferiram-lhe essa autoridade que a lei lhe reconhece.

Esse reconhecimento é feito, nos casos em que a mera *auctoritas* se revela insuficiente, a par da colocação ao dispor das partes do recurso auxiliar ao poder judicial, como se vê do disposto no artigo 18°, número 2., da LAV.

b. *Modo de Resolução Judicial de Litígios*

O Estado antevê a possibilidade de todos os litígios entre as partes que pleiteiem em tribunal judicial atingir os limites do seu estado mais

150   *IV Congresso do Centro de Arbitragem da Câmara de Comércio e Indústria*

agudo. Na verdade, a parte demandada é geralmente conduzida a tribunal contra a sua vontade e só intervém no processo com receio das consequências. O tribunal judicial é, assim, o lugar de eleição da litigância, designadamente dada a falta de predisposição, em geral, de uma ou mais das partes para o litígio ou, ao menos, no mesmo grau de *animus litigandi*.

Ao contrário, na arbitragem as partes estão de acordo em que o litígio seja resolvido por um árbitro e por isso estão, ao menos no momento da celebração do contrato que contém a cláusula compromissória, interessados em cooperar entre si e com o árbitro por forma a que o litígio obtenha uma solução arbitral.

Por aquela razão, o regime legal do processo civil contém, amiúde, ónus, cominações e sanções que trazem os demandados ao processo e, compelem as partes a manterem-se activas no processo civil e, se tal não suceder, a sofrer certas consequências.

c. O *Compromisso Essencial* na Arbitragem

No processo arbitral não existem ónus, cominações ou sanções legalmente fixados.

Cabe assim perguntar: de que se serve, então, o árbitro para obter a colaboração activa no processo das partes, sem prejuízo, obviamente, da defesa dos seus direitos e interesses?

Serve-se, fundamentalmente, de dois instrumentos:

1° Do que denominamos *Compromisso Essencial*, que não é mais do que um acordo implícito entre as partes e o árbitro ou árbitros que constituem o tribunal arbitral no sentido da afirmação do dever de colaboração das partes com estes por forma a não criar entraves desnecessários à regular marcha do processo, a prestação no processo das informações de que disponham e ao fornecimento dos meios de prova em termos idênticos aos que são devidos pelas partes perante o juiz no tribunal judicial.

Na verdade, se as partes preferiram a arbitragem ao tribunal judicial, tendo conhecimento prévio que o árbitro não dispõe dos meios cominatórios ou sancionatórios do juiz, contraria as regras da boa fé se não cooperarem com o árbitro naquele sentido. A isso estão elas obrigadas quer pela convenção de arbitragem, quer pelo contrato de árbitro e, ainda, pela lei que impõe às partes uma actuação consentânea com a boa fé.

2º Em segundo lugar, por efeito do *Compromisso Essencial*, o árbitro tem o direito de retirar as conclusões que melhor entender, em termos probatórios, da actuação negativa de uma parte. Isso constitui para esta uma cominação, atípica embora, mas eficaz.

O árbitro tem, por isso, o poder, de estabelecer no regulamento de arbitragem do tribunal arbitral esta cominação, como o têm igualmente as instituições de arbitragem no regulamento arbitral próprio.

O árbitro tem ainda o poder de estabelecer ou de concluir pela verificação de outros efeitos no caso de incumprimento pelas partes de certos ónus, bem como o efeito próprio, a título de exemplo, da falta de apresentação de defesa pelo demandado no processo arbitral ou a prática de certos actos contrários ao estabelecido em regulamento arbitral ou na convenção de arbitragem.

3. A Arbitragem e o Código de Processo Civil

O Código de Processo Civil, tal como qualquer outra lei processual, nacional ou estrangeira, não foi pensado, elaborado e publicado para regular a arbitragem em geral e o processo arbitral em particular, sob pena de se transpor para a arbitragem a complexidade, quando não discussões doutrinarias e jurisprudenciais que não têm a ver com a arbitragem, desvirtuando e retirando as vantagens que lhe são próprias.

Como já antes se sublinhou, o CPC obedece a pressupostos e entende-se num contexto bastante diferente do que é próprio da arbitragem.

É certo que o CPC traduz o pensamento de processualistas e, em muitos aspectos, constitui um repositório de importantes ensinamentos da experiência.

Estes valores não devem ser depreciados ou postergados em Arbitragem. Pelo contrário, conceitos trabalhados pelo processo civil como são os da competência, do caso julgado, da litispendência, revelia, excepção, reconvenção e muito outros podem e devem ser utilizados em processo arbitral.

No entanto, utilização de conceitos é uma coisa, outra bem diferente é a aplicação do regime jurídico positivo do CPC para regular os actos processuais arbitrais. Em resumo, o CPC não pode ser aplicado no processo arbitral, nem, em rigor, por via analógica pois não nos parece que procedam no processo arbitral as razões justificativas da regulamentação estabelecida no CPC.

Sem dúvida que o árbitro pode inspirar-se no CPC para, inexistindo normas convencionais estabelecidas pelas partes ou pelo próprio tribunal arbitral em concreto ou regulamentares de uma instituição arbitral a que o processo esteja afecto, aplicar conceitos e mesmo regime idêntico ao estabelecido no CPC na condução do processo arbitral. Mas, isso não só não é feito por via analógica, pois se tal fosse o caso ter-se-ia de admitir que o CPC era susceptível de aplicação à arbitragem, o que não é o caso, como ainda o árbitro tem sempre o poder de seguir solução diversa da apontada pela lei processual civil.

Em matéria de nulidade da sentença arbitral, por exemplo, têm-se visto algumas decisões judiciais proferidas sobre a matéria que tendem a aplicar o CPC na apreciação da validade de sentenças arbitrais, o que se nos afigura totalmente incorrecto.

Na verdade, os casos de nulidade da sentença arbitral estão regulados no artigo 27°, número 1.

Aparentemente, pela sua leitura, parece claro o carácter taxativo das causas legais de nulidade. E, muito embora não concordemos com esta aparente taxatividade,[1] o certo é que também entre os fundamentos atípicos da nulidade da sentença arbitral não figuram os que se baseiam no CPC para ferir de nulidade uma sentença judicial.

Em resumo, o árbitro, há falta de melhor critério e não existindo norma convencional ou regulamentar da arbitragem em contrário, pode, em geral, inspirar-se no processo civil, mas apenas isso. Não olvidamos o facto de, em boa consciência, o árbitro dever seguir a melhor e mais correcta solução. Não tendo outra melhor, as soluções apontadas pela lei processual civil, embora não obrigatórias para o árbitro, poderão ser, no caso concreto, as mais correctas a seguir. Compete ao árbitro decidir em concreto.

---

[1] Ver, a propósito, Manual de Arbitragem, Manuel Pereira Barrocas, Almedina, 2010, §§541 a 557, pág. 512 a 527.

4. A Influência da Cultura Jurídica no Exercício da Função Arbitral

O que acabámos de dizer conduz-nos à questão da importância dos valores da formação e da cultura jurídica do árbitro ou dos árbitros que compõem o tribunal arbitral.

É certo que, tratando-se de tribunal arbitral colectivo, a uniformidade cultural dos árbitros constitui um factor importante na formação da sua decisão, tendencialmente no sentido dos ensinamentos da sua cultura jurídica, isto é, da sua ordem jurídica por eles melhor conhecida. Isto é assim, não necessariamente, como acaba de se ver, por obrigatoriedade de aplicação pelos árbitros dessa lei, mas apenas por isso constituir um efeito natural da sua formação jurídica.

5. Generalidades Sobre a Prova em Arbitragem

a. *Direito Substantivo Probatório e Direito Processual Probatório*

No plano do direito aplicável, deve pois distinguir-se o Direito Substantivo Probatório do Direito Processual Probatório. O primeiro contém-se genericamente, no direito português, nos artigos 341° a 396° do Código Civil. O segundo, no artigo 513° e seguintes do CPC.

O Direito Substantivo Probatório regula o ónus da prova e os meios legais de prova, designadamente a enumeração dos meios de prova e a valoração tarifada probatória de cada um (prova bastante, plena ou pleníssima). É totalmente aplicável à arbitragem e o árbitro deve observar e fazer cumprir essas disposições legais, desde que, como é o caso da lei portuguesa, seja aplicável a lei substantiva de um determinado estado e nela se contenham as normas do direito probatório referidas.

O Direito Processual Probatório regula a produção de prova em tribunal judicial e, como tal, não é aplicável em arbitragem, salvo se as partes nisso acordarem.

Pode questionar-se se são de aplicação obrigatória pelo árbitro todas as normas jurídicas injuntivas do Direito Substantivo Probatório ou as supletivas relativamente às quais não exista acordo em contrário, com a alegação, segundo alguns comentadores, de que parte dessas normas assumem claramente natureza processual, apesar de se conterem no Código Civil.

154 *IV Congresso do Centro de Arbitragem da Câmara de Comércio e Indústria*

Não é, porém, essa a nossa opinião.

Efectivamente, a circunstância de se conterem neste diploma legal constitui um mero argumento formal. Na verdade, o que interessa é o facto de no comércio jurídico quotidiano dos cidadãos, estes terem necessidade de conhecer e ter em conta, no momento da prática dos actos jurídicos, não só as condições de validade formal e substancial e os efeitos jurídicos respectivos, mas também de que meios de prova, e qual o seu valor jurídico, as partes interessadas se devem precaver para os demonstrar, a quem compete o ónus da prova, etc., etc..

Ora, enquanto o Direito Processual Probatório interessa praticamente apenas aos técnicos do Direito (magistradoś, advogados e funcionários judiciais), pouco importando às partes conhecê-lo, e é certamente irrelevante no momento da celebração dos contratos ou da prática dos actos jurídicos regulados pelo direito substantivo, o Direito Substantivo Probatório está intimamente ligado à formação da vontade das partes, à sua exteriorização em acto jurídico e aos efeitos respectivos, nomeadamente quanto à sua validade formal e prova da sua existência.

Ora, tudo isto interessa ao trâmite jurídico substantivo fora de qualquer contexto processual judicial e, por isso, e bem, a sua regulação é feita pelo Código Civil.

Figuremos um caso: se não fosse de direito substantivo a fixação do efeito probatório de determinado meio de prova – a prova plena de uma escritura pública, por exemplo, segundo o artigo 371° CC – esse efeito probatório não vincularia o árbitro e, nesse caso, ele poderia entender que a força probatória de uma escritura não seria plena, mas sim, por exemplo, meramente prova bastante. Ora, este adulterado efeito probatório retiraria qualquer importância à escritura pública que passaria apenas a ter valor idêntico à de um vulgar documento particular, podendo por isso ser contrariado por simples prova testemunhal.

Esta solução repugnaria claramente e seria contrária aos valores da segurança jurídica.

Entre as matérias disciplinadas pelas disposições dos artigos 341° a 396° do Código Civil, apenas as presunções do julgador reguladas no artigo 351° C.C. poderiam aparentemente ser qualificadas de natureza processual. Mas, na verdade, nem isso sucede.

Não só porque o seu regime legal também interessa à arbitragem, e não apenas aos tribunais judiciais, mas também o facto de a lei condicionar a sua admissão aos casos e termos em que é admitida a prova testemunhal regulada pelo Código Civil, motivo que justifica a sua inserção no domínio do Direito Substantivo Probatório.

Numa outra óptica, as normas de direito probatório constantes do Código Civil português, aliás como sucede em grande parte de outros modernos códigos da mesma natureza em vigor noutros países, não se aplicam apenas no âmbito da competência dos tribunais cíveis ou comerciais, mas também nos tribunais administrativos, por exemplo. E, claro está, do mesmo modo no processo arbitral por força da aplicação do direito substantivo na resolução dos litígios a ele sujeitos por decisão das partes ou, supletivamente, por decisão do árbitro.

Ora, a aplicação das normas probatórias contidas no Código Civil fora do processo civil constitui, para além das necessidades próprias da regulação do comércio jurídico das partes antes assinaladas, uma razão adicional que justifica a sua desinserção de qualquer ideia de pertença ao domínio exclusivo do Direito Processual Probatório.

Em conclusão, não é indiferente aos sujeitos jurídicos, cuja actividade é regulada pelo Direito, conhecer e observar o regime regulador dos actos jurídicos que pratica, quer quanto à forma e validade, quer quantos aos efeitos jurídicos, mas também quanto ao ónus da prova, aos meios de prova e aos efeitos legalmente tarifados da prova. Desse modo, ao praticar os actos jurídicos, eles conhecem, no momento, as obrigações legais sobre a forma dos actos e de que cautelas ou precauções se devem rodear para assegurar a sua prova.

E isto não é tarefa apenas relevante se e quando for necessário pleitear em juízo ou em arbitragem os litígios que deles possam emergir.

Com o devido respeito, não têm assim razão os que defendem que o direito probatório, ou ao menos certas das suas disposições legais contidas no Código Civil português, são de natureza processual, consequência que, a ser verdadeira, impediria a obrigatoriedade da sua aplicação pelo árbitro na falta de acordo específico das partes nesse sentido.

Outra questão diversa desta respeita à possibilidade, ou não, de as partes acordarem em sentido diferente ou contrário ao que se encontra estabelecido na lei substantiva sobre a prova.

No estudo da matéria em direito comparado, vejamos o regime da admissão e avaliação da prova pelo árbitro. Sem excepção, na lei dos

156   *IV Congresso do Centro de Arbitragem da Câmara de Comércio e Indústria*

países estudados,[2] o árbitro é livre de aceitar ou recusar as provas oferecidas pelas partes e, bem assim, é livre na apreciação do seu valor.

A ampla liberdade de aceitação ou recusa de meios de prova oferecidos tem, porém, uma forte limitação: essa liberdade só pode ser exercida até ao ponto em que não seja recusada prova que se revele essencial para a descoberta da verdade, pois se isso suceder o árbitro pode causar a invalidação da sentença arbitral.[3]

É este também o regime que deve ser observado na arbitragem a que seja aplicada a lei portuguesa, designadamente, tal como sucede na generalidade das leis estrangeiras, o poder do árbitro de *sponte sua* determinar às partes, salvo acordo em contrário destas efectuado antes da aceitação da nomeação pelo árbitro ou pelo primeiro árbitro nomeado, atento o disposto no artigo 18°, n° 2, da LAV, a produção de documentos na sua posse ou a prestação de informações sobre factos do seu conhecimento ou a nomeação de perito ou peritos como se verá adiante ou, ainda, a realização de uma inspecção arbitral ou investigação pericial, etc..

O regime do ónus da prova, a finalizar, encontra-se em geral regulado pelo Direito Substantivo Probatório. Daí que seja igualmente obrigatória a sua observância. Depende, porém, da natureza injuntiva ou supletiva das suas normas a possibilidade de serem afastadas por vontade das partes ou por decisão do árbitro na falta de acordo das partes em contrário. Vidé, igualmente, o estudo desta matéria em 6b (ii).

b. *Meios de Prova Utilizáveis*

Todos os meios de prova admitidos em Direito são utilizáveis em arbitragem. A LAV diz isso de uma forma elucidativa no artigo 18°, número 1., embora expressando-se defeituosamente porque refere-se a meios de prova admitidos pela lei de processo civil, quando é certo que, como se viu, os meios de prova no direito português estão contidos num diploma – o Código Civil – que não constitui lei adjectiva.

---

[2] Alemanha, Áustria, Bélgica, Estados Unidos, França, Holanda, Inglaterra, Itália, Suécia e Suíça.

[3] No direito inglês, por exemplo, comete *error of law*, o árbitro que não tenha admitido um meio de prova essencial para a prova do facto, fundamentando a possibilidade de interposição de um recurso.

Acresce, que o artigo 345°, número 2, do CC tem, como é óbvio, plena aplicação em arbitragem. Dispõe o preceito que é nula a convenção que exclua certos meios legais de prova ou que admita um meio de prova diverso dos meios legais, no caso de se tratar de direito indisponível ou se as determinações legais quanto à prova forem de ordem pública.

c. *Prova em Poder de uma das Partes*

Do mesmo modo que é concedido ao juiz notificar qualquer das partes para, a requerimento de uma delas ou *ex officio*, ordenar a uma das partes a junção ao processo da prova em seu poder ou informação de que disponha, também esse poder é reconhecido ao árbitro nos termos do citado artigo 18°, n° 2, da LAV. Se a parte não cumprir, apesar das dificuldades de concretização desse dever, pode a parte interessada requerer ao juiz a intimação da contra-parte para produzir a prova requerida. Do mesmo modo, pode o árbitro determinar a parte que detenha a prova a produzi-la no processo, mas dados os termos limitados do artigo 18°, N° 2, da LAV não parece que o árbitro possa *ex officio* requerer ao juiz essa prova se a parte notificada não cooperar. O árbitro tem, obviamente, a faculdade de apreciar a falta de cooperação injustificada da parte como melhor entender.

d. *Prova em Poder de Terceiro*

O árbitro não tem o poder de impor a terceiros o dever de cooperação com o tribunal arbitral na obtenção de prova em seu poder, dado o carácter privado e convencional da arbitragem, mas nada impede que qualquer das partes requeira a tribunal judicial essa diligência, ainda nos termos do artigo 18°, n° 2, da LAV.

Embora não dispondo o árbitro, na lei portuguesa, do poder de exigir a cooperação de terceiros na produção de prova, nada impede que a solicite a terceiros, sob pena de poder ser-lhe exigida pelo juiz a pedido de qualquer das partes.

Este é também o regime legal na lei dos países estudados.

e. *Presunções Legais*

As presunções legais *juris tantum* e *juris et de jure* são de direito substantivo e como tais devem ser observadas pelo árbitro.

f. *As Presunções Arbitrais e o Artigo 351° CC*

Não existe fundamento legal para recusar ao árbitro a formulação, na sua decisão, de presunções arbitrais nos mesmos termos que o artigo 351° CC as permite ao juiz.

Na verdade, elas constituem ilações, baseadas na experiência prática, retiradas de certos factos conhecidos para estabelecer outros factos desconhecidos com os quais os primeiros estão numa relação lógica necessária. Recorde-se, que só são admitidas, como estatui o referido artigo 351° CC, relativamente a factos que podem ser provados por testemunhas.

g. *Ónus da Prova*

Trata-se, igualmente, de matéria de Direito Substantivo Probatório, motivo por que o árbitro deve aplicar os artigos 342° e 343° CC. Remete-se esta matéria para os números 5a. *supra* e 6 b. (ii) *infra*.

6. O Árbitro e a Prova

a. *Poderes das Partes*

Vejamos, em primeiro lugar, o poder das partes em matéria de prova para, de seguida, examinarmos o quadro de poderes do árbitro, uma vez que este se encontra vinculado a obedecer à convenção de arbitragem, embora dela não seja parte, por via quer da lei arbitral quer do contrato de árbitro, tendo em atenção que esses três meios reguladores da arbitragem definem o estatuto do árbitro.

Antes de mais, compete salientar que as partes têm o direito de estabelecer os meios de prova que o árbitro deve considerar, e apenas esses.

Também podem acordar na obrigatoriedade do árbitro ficar vinculado a uma certo critério definido pelas partes de aplicação de certas regras de direito relativas à prova, como, por exemplo, uma convenção das partes sobre o ónus da prova.

Também as partes podem acordar:

– na utilização de peritos, quer quanto ao número, quer quanto ao seu perfil
– no recurso a uma segunda perícia
– na utilização de depoimentos escritos prévios de testemunhas ou de especialistas (que no direito anglo-saxónico assumem a forma de *affidavit*) , a confirmar (ou não) oralmente em audiência
– na própria escolha da equidade como critério de julgamento que, assim, pode determinar uma particular avaliação da prova dos factos pelo árbitro (em geral, requerendo um menor grau de formalismo probatório), como melhor se pode ver *infra* número 22.
– na solicitação de apoio judicial em matéria de prova.

b. Poderes do Árbitro

(i) Para Aceitar e Recusar Prova

O árbitro detém estas faculdades dentro dos poderes de direcção e de condução do processo como já se viu anteriormente (nº 5a.).

Assim, entre outros poderes, pode recusar prova se a julgar impertinente ou tardia e se ela não for decisiva para a dirimição do litígio, tal como pode ordenar a produção de prova não oferecida pela parte se não existir acordo prévio em contrário das partes e a diligência probatória ordenada pelo árbitro se revelar essencial para a descoberta da verdade. Remetemos, aliás, para aquele lugar acima citado.

Estamos, na verdade, no campo jurisdicional do árbitro e não no domínio contratual das relações, corporarizadas no contrato de árbitro, entre as partes e o árbitro.

No entanto, o árbitro não pode nunca esquecer o princípio do dispositivo e da igualdade das partes, bem como o dever de utilização de todos os meios para decidir correctamente e de forma expedita.

160 IV Congresso do Centro de Arbitragem da Câmara de Comércio e Indústria

(ii) Para Inverter o Ónus da Prova

O árbitro pode, em nossa opinião, considerar invertido o ónus da prova com fundamento no artigo 345º CC se uma parte faltar ao dever de colaboração com o tribunal arbitral e, assim, se incumprir o *Compromisso Essencial*.

Não o poderá fazer se a inversão do ónus importar para a parte susceptível de ser sancionada uma prova excessivamente onerosa do seu direito (artigo 345º CC).

Também não poderá inverter o ónus da prova quando o fundamento legal da atribuição do ónus se basear em razões de ordem pública (*ibidem*).

Para além do disposto no artigo 344º CC, que é aplicável à Arbitragem na sua plenitude, a inversão do ónus da prova pelo árbitro só é de admitir, nos termos do artigo 345º CC, quando existir regulamento arbitral institucional ou regulamento do processo arbitral em questão que a preveja.

(iii) Na Obtenção e Avaliação da Prova

O árbitro dispõe nesta matéria dos mesmos poderes que o juiz, como já antes se disse, nomeadamente as presunções arbitrais (por equiparação com as presunções judiciais do artigo 351º CC).

Acrescem, os poderes relativos à utilização de todos os meios legais de prova, as presunções legais, o regime do ónus da prova acabado de analisar, etc..

(iv) Métodos de Obtenção de Prova

Numa análise de direito comparado, os métodos comummente utilizados em arbitragem, como aliás no processo judicial, são:
- o *Método Inquisitoriante*. Segundo ele, o árbito tem um papel mais activo e a própria iniciativa na obtenção de prova; e, com esse objectivo, inquire as testemunhas, permitindo aos advogados das partes obter esclarecimentos.

  É típico dos países do continente europeu
- o *Método Adversariante*. É, por seu turno, tipicamente anglo-saxónico, de que os Estados Unidos são ainda hoje o principal representante.

Assenta no método de inquirição de testemunhas conhecido por *cross examination*. Confere maior relevância à prova testemunhal sobre a prova documental, ao invés do método inquisitoriante. Admite as *depositions* (que são, essencialmente, depoimentos escritos de testemunhas perante advogados) e a sua posterior junção ao processo. Inclui, igualmente, sobretudo no processo judicial e muito reduzidamente em arbitragem, o método de *discovery*, isto é, muito sinteticamente, a revelação, prévia à instauração da acção, por uma parte à outra dos meios de prova com que pretende fazer valer o seu direito.[4]

– o *Método Misto*. É muito utilizado na arbitragem internacional. Constitui, como a designação indica, um misto dos dois métodos anteriores. Fora dos Estados Unidos, o *discovery* não é poém praticamente utilizado se a arbitragem internacional não tiver a sua sede naquele país.

(v) Critérios de Avaliação da Prova

– *Critério da Prova Preponderante*. Prevalece a prova que se revelar mais convincente ao árbitro. Constitui o critério em geral aplicável se as partes não lhe tiverem imposto, por acordo, diferente critério.

– *Critério da Prova Para Além da Dúvida Razoável*. É utilizado, como se sabe, sobretudo em processo penal e não em questões cíveis ou comerciais. Nada impede, porém, que as partes, por acordo entre elas anterior à aceitação do encargo pelo árbitro ou pelo primeiro árbitro, o imponham a estes, embora na prática seja improvável o acordo das partes nesse sentido, dada a contraposição de interesses, também em matéria de prova, que o litígio pressupõe.

---

[4] O método de *discovery* releva-se excessivamente oneroso em tempo consumido e dispendioso face aos resultados que se obtêm. Não são significativos os litígios que terminam antes de se iniciar o processo judicial ou arbitral pela circunstância de a prova ser previamente revelada por uma parte à outra, nem particularmente reduzido o tempo de produção da prova em audiência.

Acresce, que a maior crítica que lhe é feita por juristas oriundos do sistema continental europeu consiste no risco de quebra de confidencialidade de documentos.

162   *IV Congresso do Centro de Arbitragem da Câmara de Comércio e Indústria*

– *Critério Intermédio*. Como a designação indica, constitui um misto dos anteriores. Claramente, apenas é aplicável quando as partes tiverem acordado a sua aplicação nos termos vistos a propósito do critério anterior.

Em conclusão, o árbitro, salvo acordo das partes em contrário, é livre de escolher o critério que melhor entenda, desde que os princípios fundamentais do processo arbitral sejam respeitados.

(vi) Sentença Salomónica

O árbitro deve firmemente recusar proferir sentenças deste tipo que, na verdade, não constituem um correcto exercício da função arbitral.

(vii) Em Geral

O árbitro detém, ainda, os seguintes poderes:
– de dirigir e conduzir o processo arbitral, de forma diligente e utilitária, sem delongas desnecessárias, com ponderação e bom senso e finalizá-lo dentro do prazo estipulado
– de atender a factos jurídicos supervenientes
– de tomar a iniciativa de efectuar a prova que se mostre necessária para a descoberta da verdade, nomeadamente o poder de ordenar a uma parte que preste depoimento ou esclarecimentos, junte prova documental ou se submeta a inspecção arbitral; não tem esse poder relativamente a terceiros, mas pode sugerir à parte interessada que o requeira ao juiz
– de tirar conclusões probatórias pela falta de colaboração das partes
– de nomear perito ou consultor para o assistir, ouvidas previamente as partes.

c. *Deveres do Árbitro*

São os seguintes os deveres do árbitro em questões de prova:
– de cumprimento do princípio do dispositivo
– de controlo do tempo na produção da prova
– de diligência e cumprimento de prazos

A *Prova no Processo Arbitral* 163

– de audição das partes sempre que as suas decisões possam causar custos não previstos

d. *Auxílio do Tribunal Judicial*

Nos termos do artigo 18º da LAV, pode qualquer das partes requerer ao tribunal judicial competente, com a autorização prévia do árbitro, a produção de qualquer prova que possa ser produzida em tribunal judicial, quando a prova a produzir dependa da vontade de uma das partes (incluindo assim o depoimento de parte), ou de terceiro, incluindo peritos, e estes recusem a necessária colaboração.

Uma vez produzida judicialmente a prova, os seus resultados são remetidos ao tribunal arbitral.

Como já antes ficou aflorado, em face dos termos rígidos definidos no artigo 18º, número 2., da LAV acabado de referir, e tendo em atenção os princípios do dispositivo e da igualdade das partes, não é de admitir que compita ao árbitro solicitar *ex officio* este auxílio probatório ao juiz.

No entanto, essa faculdade atribuída ao árbitro encontra-se consagrada na lei de outros países, como é o caso da Inglaterra e da Suécia. As leis arbitrais da Áustria, Bélgica, França e Alemanha apenas prevêm essa possibilidade a pedido das partes.

7. Medidas Cautelares em Matéria de Prova

O árbitro pode decretar medidas cautelares em matéria de produção antecipada de prova, bem como pode decretar medidas de conservação de prova.

Qualquer das partes pode também solicitar ao juiz qualquer desses meios cautelares de prova, mediante autorização prévia do árbitro.

Na verdade, também aqui o processo arbitral não pode ser deficitário relativamente ao processo judicial nesta matéria.

Assim, qualquer das partes pode solicitar ao árbitro, em termos idênticos aos previstos no artigo 520º CPC, a produção antecipada de prova.

Na verdade, o princípio da equiparação do processo arbitral e do processo judicial justifica a aplicação do regime do artigo 520º CPC. Não

164   *IV Congresso do Centro de Arbitragem da Câmara de Comércio e Indústria*

por ser obrigatório observar o CPC ou, sequer, pela sua aplicação analógica, mas sim porque ao processo arbitral deve ser reconhecida a mesma eficácia que a lei concede ao processo arbitral. Porém, o árbitro é livre de melhor julgar o pedido de produção antecipada de prova que lhe seja feito, nomeadamente alargando ou reduzindo os fundamentos que o artigo 520 CPC estabelece para o juiz.

A LAV nada diz sobre o poder do árbitro para decretar medidas cautelares em geral e, em especial, em matéria probatória. Entendemos, porém, que esse poder lhe está implicitamente conferido pelas partes e desde que se demonstre que as medidas cautelares requeridas são necessárias para a boa e eficaz decisão da causa.[5]

8. Inexistência da Obrigação do Árbitro de Considerar Provado um Facto Alegado por Uma Parte e Não Impugnado Especificadamente pela Outra Parte

No processo civil, o regime deste ónus está previsto no artigo 490° CPC. A LAV nada diz a propósito e nem teria de dizer, dado que compete às partes, em primeiro lugar, e ao árbitro, se aquelas nada tiverem acordado, regular esta matéria no regulamento arbitral.[6]

No silêncio das partes, do árbitro ou de regulamento institucional, não existe este ónus em arbitragem.

Nestas condições, o árbitro é livre de apreciar a omissão de impugnação especificada no conjunto dos factos alegados e da prova produzida. Pode, assim, no balanço global da apreciação da prova, considerar que a omissão significa aceitação ou não do facto alegado pela parte contrária, dependendo da sua convicção quanto ao carácter positivo e claro da sua admissão pelo demandado, mediante a não impugnação especificada, no contexto geral da sua posição no processo ou no contexto geral da causa.

---

[5] Sobre a matéria, ver *idem* Manual de Arbitragem, §§ 266 a 268, págs. 241 a 245.

[6] Sem prejuízo de os regulamentos de instituições arbitrais poderem igualmente disciplinar a matéria, o que todavia não é usual, dada a maior abertura do processo arbitral à vontade das partes ou do árbitro do que sucede no processo judicial.

9. Inexistência de Obrigação do Árbitro de Considerar Provado um Facto ou Confessado o Pedido em Caso de Revelia

Do mesmo modo, em caso de revelia do demandado, ela, só por si, não implica nem a confissão de factos nem a confissão do pedido.

Na verdade, a função do árbitro é a de decidir o litígio no conjunto geral dos factos trazidos ao processo, do mérito da sua prova e do valor jurídico do pedido.

A arbitragem constitui um meio de resolução de litígios relativamente ao qual o demandado revel, ao aceitar a convenção de arbitragem, também manifestou a sua vontade em que seja resolvido o litígio por esse meio jurisdicional.

Mesmo que o demandado revel não tenha nomeado árbitro, nem participado na escolha do terceiro árbitro, nem por isso o árbitro ou os árbitros nomeados deixam de ter o encargo estabelecido na convenção de arbitragem de resolver o litígio nos termos gerais como se não existisse revelia.

No processo judicial, o réu não intervém, normalmente, no sentido de determinar que seja o tribunal judicial a resolver o litígio, pois é desnecessário fazê-lo dado que isso resulta da lei, se as partes não tiverem escolhido a arbitragem. É à lei que o juiz deve obediência nos termos que ela determinar, designadamente no sentido de dever considerar aceites os factos não impugnados por efeito da revelia ou de condenar de preceito nos processos de menor valor.

No processo arbitral, ao contrário, o árbitro não pode ignorar a convenção de arbitragem que é, aliás, a fonte da sua função jurisdicional e da sua competência material.

Na ausência na LAV, e bem, de norma que estabeleça uma cominação pela falta de contestação do demando revel, a acção arbitral deve ser instruída e apreciada nos termos gerais de qualquer acção arbitral e, a final, proferida decisão que tenha em conta os factos alegados pelo demandante, apreciada a prova e o valor jurídico do pedido e, em suma, aplicado o direito aos factos. Designadamente, o árbitro não pode deixar de ter em conta a prova que interessa ao demandado revel e do conhecimento do árbitro no processo.

Acresce que, apesar de o demandado revel não ter intervindo desde o início no processo, tal facto não o impede de o fazer a partir de qualquer altura posterior, aceitando o processo na situação em que se encontra

IV Congresso do Centro de Arbitragem da Câmara de Comércio e Indústria

no momento da sua intervenção. Ao árbitro competirá apreciar a pertinência e a oportunidade dessa intervenção, designadamente da sua influência na marcha do processo.

10. A Questão do Facto Público e Notório em Arbitragem

De novo, salientamos o imperativo de o processo arbitral não poder ficar limitado, na sua eficácia, em relação ao processo judicial. Pelo contrário, deve ter mesmo maior elasticidade de meios para que possa ser diferente.

Por isso, o árbitro pode e deve ter em consideração, há falta de outra prova melhor, a evidência dos factos públicos e notórios.

11. A Prova do Direito Consuetudinário, Local e Estrangeiro

O regime do artigo 348º CC tem plena aplicação em arbitragem por se tratar de direito substantivo, obviamente se a lei portuguesa for a aplicável. Nem de outro modo poderia ser.

Deve, no entanto, observar-se que o árbitro não pode socorrer-se dos meios oficiais à disposição do juiz para obtenção de informações sobre o conteúdo de direito estrangeiro ou comunitário.

No entanto, tal facto não o dispensa de tentar, razoavelmente, indagar conhecer o direito consuetudinário, local e estrangeiro, designadamente com a cooperação da parte interessada se isso for assim por ele entendido.

12. A Prova por Depoimento de Parte em Arbitragem

Na maioria das leis analisadas de vários países, designadamente do Continente Europeu, não existe distinção em processo arbitral entre prova testemunhal e prova por depoimento de parte.

De resto, em Portugal, apesar de divergir o regime e a finalidade destes dois meios de prova, são ambos regulados pelo direito substantivo e, como tal, se o direito português tiver sido o escolhido, não poderá deixar de ser observado pelo árbitro.

13. A Questão da Prova pelo Conhecimento Pessoal do Árbitro

A arbitragem é escolhida pelos conhecimentos e experiência prática dos árbitros. Seria assim injustificado que se desaproveitasse esse manancial.

É claro que o árbitro não pode decidir a causa apenas baseado em factos provados pelo seu conhecimento pessoal, servindo este critério apenas como elemento de prova integrador ou complementar da prova obtida por outros meios, sobretudo a prova pericial. No entanto, na Suécia, está interdito ao árbitro aquela possibilidade, salvo no caso de factos públicos ou notórios.

O árbitro deve, porém, quando utiliza esse critério dar conhecimento fundamentado às partes, em último caso na decisão arbitral de que essa prova resulta do seu conhecimento pessoal.

É este o regime na generalidade da prática arbitral nos países consultados.

14. A Questão da Conferência pelos Advogados com Testemunhas

Depende, obviamente, do regime legal de cada país. Em Portugal, são conhecidas as limitações legais e ético-profissionais nesta matéria.

Na maioria dos países analisados (incluindo França, Alemanha, Holanda, EUA e Inglaterra), o advogado, em matéria cível ou comercial (mas não em direito criminal), pode conferenciar com as testemunhas indicadas pelo seu constituinte para lhe dar a conhecer o objecto do litígio, os factos pertinentes, etc., mas não pode influenciar o seu conhecimento dos factos ou induzir o seu depoimento.

Diversa dessa questão é a possibilidade de, mediante acordo das partes e a concordância do árbitro, ser efectuada uma conferência prévia dos advogados das partes e do árbitro com testemunhas para melhor preparação da audiência de produção de prova.

15. A Admissibilidade do Depoimento Testemunhal Escrito em Arbitragem

Não existe, em Portugal, tal como em qualquer dos países consultados, lei que o proíba. Fica ao critério do árbitro admiti-lo ou não.

De qualquer modo, sendo admitido, deve possibilitar-se às partes o direito de pedir a inquirição oral dos depoentes para prestação de esclarecimentos ou complementação do depoimento escrito, pois isso é imposto pelo princípio que reconhece às partes o direito de ampla participação no processo arbitral.

A prática de produção de depoimento escrito da testemunha e a sua posterior inquirição oral em audiência é muito utilizada na arbitragem internacional.

16. O Registo da Prova em Arbitragem

Qualquer forma de registo das audiências pode ser praticado, como a gravação, a transcrição integral, a transcrição resumida, etc..

Não existe lei sobre a matéria, ficando reservado à decisão do árbitro ou ao regulamento arbitral aplicável a escolha da forma de registo dos actos processuais em audiência.

17. A Confidencialidade dos Documentos

Estão sujeitos a confidencialidade os documentos dessa natureza utilizados para prova no processo arbitral, o que significa um duplo efeito: (1) pode ser recusada a sua junção a um processo arbitral e (2) se tiver sido junto ao processo arbitral, pode ser solicitada pela parte interessada a sua confidencialidade estrita. De resto, como se sabe, o processo arbitral fora desta situação especial, goza em geral de reserva de confidencialidade, não devendo o árbitro proceder à divulgação do seu conteúdo sob pena de poder ser responsabilizado por perdas e danos. A confidencialidade estrita não consente que o documento que goze desse regime seja mantido no processo devendo ser devolvido à parte dele titular logo que utilizado. A parte contrária, bem como o árbitro, estão obviamente sujeitos a responsabilidade civil se não observarem o carácter estritamente confidencial do documento.

18. Poder do Árbitro de Receber Juramento ou Compromisso de Verdade de Testemunhas ou de Partes

A lei portuguesa não prevê essa possibilidade, pela razão simples de que o árbitro não representa a Comunidade, não tendo assim legitimidade para exigir e receber compromissos sobre o cumprimento pelos cidadãos de deveres cívicos.

Algumas leis de certos países prevêm, porém, essa possibilidade (é o caso dos países anglo-saxónicos) e, ainda, a de outros países que deixam ao critério da testemunha a aceitação ou não da prestação de juramento, como é o caso da Itália.

A nosso ver, o árbitro pode, porém, tomar o compromisso de verdade em depoimentos de testemunhas e peritos.

A prestação de falsas declarações perante árbitro fica sujeito à lei criminal.

19. Prova Electrónica

A lei portuguesa nada diz sobre a prova electrónica (*e-discovery* como é conhecida na arbitragem internacional). Ela deve ser examinada em dois aspectos distintos:

- um aspecto meramente instrumental, que é a produção de prova via internet (e mesmo a realização de audiências pelo sistema de videoconferência)
- outro aspecto, relativo ao valor probatório de documentos electronicamente preparados e guardados, tais como:
  * emails
  * minutas de contrato ou outros documentos
  * alterações a documentos não salvados
  * documentos apagados mas susceptíveis de recuperação
  * mensagens deixadas em *voice mail*
  * ficheiros apagados (*spreadsheets*)

Os documentos electrónicos fazem prova com o mesmo valor de qualquer outro documento particular.

Depende, sobretudo, da existência de normas processuais fixadas em regulamentos de instituições arbitrais a possibilidade dada ao árbitro de exigir das partes a produção de prova electrónica, como é o caso do art. 20 (1) das Regras da CCI e o art. 22 das Regras do London Court of International Arbitration (LCIA).

Na arbitragem *ad hoc*, alguma sofisticação técnica de meios que a prova desta natureza requer pode criar dificuldades acrescidas ou conferir a uma das partes, melhor apetrechada, meios que podem não estar ao alcance da outra parte, motivo por que, salvo acordo das partes em contrário, deve aconselhar-se prudência ao árbitro.

Todavia, na arbitragem internacional, em que a utilização de meios electrónicos na vida comercial dos agentes económicos se encontra generalizada e, ainda, por necessidade de conferir celeridade e informalismo ao processo arbitral, a prova electrónica é largamente utilizada.

20. Prova Pericial

O árbitro tem o poder de nomear um ou mais peritos para o assistir. Na verdade, ele tem a obrigação de decidir o litígio correctamente. Se se demonstrar que a prova pericial é justificada, pode nomear peritos mesmo sem o acordo das partes. Deve, no entanto, justificar a sua necessidade. De resto, as partes têm o direito de impugnar a nomeação de peritos com fundamentos análogos aos da impugnação do árbitro.

As partes, se não tiverem sido elas a requerer a prova pericial, podem solicitar a nomeação de peritos de parte, mas o árbitro tem o direito de não os admitir, pois pode não ser particularmente contraditória a matéria a ponto de justificar a intervenção de mais de um perito ou podem existir intuitos dilatórios da parte requerente. Este ponto é, porém, controvertido no direito comparado no caso de ambas as partes se encontrarem de acordo na nomeação de peritos de parte.

Deve ser prestada atenção particular, e ter em conta na avaliação da prova produzida, o facto de alguns peritos nomeados pelas partes tenderem a "advogar" na perícia em favor da parte que os nomeou.

Muito embora a prática indique que, na maioria dos casos, se segue a tradição de nomeação de três peritos, um por cada parte e um terceiro pelo tribunal arbitral, o certo é que, salvo acordo prévio em contrário das partes (isto é, até à aceitação do encargo pelo árbitro único ou pelo primeiro árbitro nomeado), nada impede que o árbitro possa, inicialmente, admitir apenas dois peritos nomeados pelas partes, sujeito à nomeação de um terceiro perito pelo árbitro se se mostrar necessário para desempatar ou obter melhor prova. Devem, porém, ser observados os seguintes aspectos:

- As partes têm, em todos os casos, o direito de seleccionar os factos a submeter aos peritos, dado o princípio do dispositivo, sem prejuízo do poder do árbitro de admitir, ou não, certos factos seleccionados pelas partes se os julgar impertinentes e, bem assim, o de incluir outros factos que repute pertinentes para submissão aos peritos.
- Os peritos devem ser independentes. Os fundamentos de impugnação dos peritos são, *mutatis mutandis*, os mesmos que podem ser opostos aos árbitros, como antes se disse.
- Por fim, a nossa lei não regula a questão da conferência das partes ou dos seus advogados com peritos. Deve ser deixado à consciência dos peritos aceitar ou não conferenciar com a parte ou o seu advogado, mas é normal que assim suceda, tratando-se de perito nomeado pela parte.

É, sem dúvida, este um dos motivos que deve justificar a nomeação de um terceiro perito pelo árbitro.

As partes não têm, evidentemente, o direito de influenciar o perito, nem de interferir no sentido do laudo pericial.

21. Parecer de Especialista e Audição Subsequente

Não há razão para não admitir no processo pareceres de especialistas, sobretudo tratando-se de árbitros não juristas (neste caso, pareceres jurídicos), ou sobre questões técnicas com alguma complexidade, que é aliás tema frequente em arbitragem.

22. O Efeito da Equidade na Admissão e Avaliação da Prova

A equidade como critério de julgamento escolhido pelas partes pode ter também influência na decisão do litígio, para além do conteúdo substantivo decisório. Na verdade, também os aspectos processuais do processo arbitral podem sofrer um efeito atenuatório do rigor formal em virtude da aplicação do critério geral da equidade.

As partes podem, assim, acordar, até à aceitação do encargo pelo árbitro ou pelo primeiro árbitro nomeado, que sejam observados por ele certos critérios de desformalização dos actos jurídicos submetidos a decisão arbitral, sem prejuízo da salvaguarda de interesses de ordem pública e desde que não haja subversão da disciplina processual.

Tal como pode o árbitro, independentemente do acordo das partes, mas desde que o critério de julgamento a observar seja a equidade, dispensar, por exemplo, que certos actos processuais menos importantes que incumbe às partes praticar sejam excepcionalmente praticados alguns dias para além do termo do prazo assinalado ou estabelecido, desde que tenham sido alegadas razões justificativas para tanto ou, ainda, que seja usada de certa latitude na produção da prova.

Também aqui a equidade desempenha, pois, o seu papel.[7]

23. A Prova na Arbitragem Internacional

a. *Questão da Cultura Jurídica dos Árbitros de Diferentes Nacionalidades e Sistemas Jurídicos*

- Percorrendo a lei e a prática arbitral em muitos dos países consultados, verifica-se existir muitas semelhanças (certamente, na maioria dos casos) e algumas diferenças sobre as matérias anteriormente vistas.
- Neste particular, imagine-se a dificuldade que pode existir em criar uma plataforma de identidade conceptual entre todos os árbitros sobre as matérias analisadas anteriormente.
- E se se tratar de sistemas jurídicos acentuadamente diferentes, figure-se, por exemplo, o regime de "discovery" ou o valor probatório da "depositions" no sistema continental europeu, a situação agrava-se.
- Pode, por isso, ser diferente o tratamento jurídico da prova, na prática, entre a arbitragem doméstica e a arbitragem internacional. Este é, aliás, em regra, mais expedita no aproveitamento do tempo e menos formalista.

---

[7] Ver *idem* Manual de Arbitragem, §505, pág. 481.

A doméstica tende a aproximar-se dos métodos e usos judiciais de produção da prova.

b. *Lei Aplicável Não Escolhida Pelas Partes e o seu Efeito na Prova*

- Neste caso, o árbitro é livre de escolher a lei aplicável à decisão da causa, o que o pode afastar de um determinado regime de direito substantivo probatório, e, por isso, torna mais indefenido o regime da produção da prova.
- Todavia, existem *standards* padronizados de métodos e práticas de produção de prova na arbitragem internacional, recomendando-se, sempre, a escolha de árbitros e advogados com experiência na arbitragem internacional.

c. *A Lei-Modelo UNCITRAL e as Notas UNCITRAL Sobre a Organização de Processos Arbitrais*

- É conveniente conhecer estas normas quando a lei reguladora do processo arbitral (doméstico ou internacional) seja inspirada naquela lei.
  A Lei-Modelo constitui um quadro muito actualizado e completo da regulação da arbitragem, quer doméstica, quer internacional.
  As Notas UNCITRAL têm igualmente muito interesse prático.

d. *As Regras de Prova da IBA*

As Regras de Prova da IBA (International Bar Association) constituem, hoje, um dos mais importantes conjuntos de regras de natureza convencional de regulação da prova.

As partes podem, quer se trate de arbitragem internacional, quer doméstica,[8] escolher as Regras da IBA para disciplinar a produção de prova no processo arbitral.

---

[8] No caso da arbitragem doméstica, porém, é menos frequente a sua escolha, dada a tendência, já assinalada neste trabalho, de se seguir métodos e usos aproximados à prática judicial em matéria de prova em resultado da formação jurídica dos árbitros.

- Sinteticamente, elas fazem a ponte entre o sistema inquisitoriante (continental europeu) e o adversariante (anglo-saxónico), com maior aproximação ao primeiro.
- É conveniente efectuar a escolha na convenção de arbitragem das Regras de Prova da IBA; elas representam um porto seguro, se a isso não se opuser o regime de algum regulamento institucional que também tiver sido escolhido, o que, deve dizer-se, normalmente não sucede.

A PROLAÇÃO DA DECISÃO:
SEUS EFEITOS NA INSTÂNCIA ARBITRAL[1]

MIGUEL ESPERANÇA PINA[2]

1. Introdução

A Lei nº 31/86, de 29 de Agosto ("LAV") estava em vigor há 10 anos, quando participei pela primeira vez, como advogado, numa arbitragem doméstica *ad hoc*: tinha por objecto um contrato de construção.

Era advogado há 5 anos e a arbitragem era algo de desconhecido (porque esse tema nem sequer era abordado na Faculdade) e, em certa medida, assustador. Mas, rapidamente, fiquei com a impressão que, afinal, não havia grande diferença para o Processo Civil. Desde então, nos últimos 15 anos, intervim intensamente em arbitragens nacionais e internacionais, normalmente como advogado e, em algumas, como árbitro.

Neste percurso, apercebi-me de duas coisas que por ora relevam: a arbitragem em Portugal é profundamente influenciada pela cultura processualista portuguesa (daí a minha impressão inicial); a arbitragem internacional tem regras *sui generis* transnacionais que permitem uma agilização dos procedimentos decisórios e probatórios, o que lhe confere uma especificidade, em resultado do que a arbitragem se torna uma via de resolução das disputas verdadeiramente alternativa e diferente da tradicional via forense...

---

[1] O presente texto corresponde, com ligeiras adaptações e desenvolvimentos, à intervenção proferida pelo autor no IV Congresso do Centro de Arbitragem da Câmara de Comércio e Indústria Portuguesa em 15/7/2010.

[2] Advogado; Sócio da *Cuatrecasas, Gonçalves Pereira RL.*

176   *IV Congresso do Centro de Arbitragem da Câmara de Comércio e Indústria*

Isto para dizer que a arbitragem nacional não é uma realidade transcendental e inatingível; mas a prática internacional, crescentemente acolhida pela arbitragem nacional, é bem diferente da realidade forense portuguesa.

Esta dicotomia estará presente nas breves notas que vos transmitirei sobre o tema proposto: a prolação da decisão e os seus efeitos na instância arbitral.

Serve ainda esta nota introdutória para sublinhar que estas breves considerações são fruto da análise de um prático da arbitragem e não de um académico, e valem nessa estrita medida; não mais do que isso...

2. Prolação da decisão

2.1. *Enquadramento*

Atenhamo-nos, em primeiro lugar, no significado da palavra "Prolação". É o substantivo correspondente aos verbos "proferir" ou "pronunciar". Significa assim declarar, dizer. A expressão da gíria forense "prolação da decisão" refere-se, assim, ao momento em que é declarado pelo Tribunal o Direito aplicável[3]. Trata-se assim do momento crucial do processo, de qualquer processo, seja judicial ou arbitral, em que é dirimido o conflito.

É o momento em que se cumpre a função jurisdicional, um dos vectores basilares e estruturantes do Estado de Direito.

Por assim ser, o tratamento desta matéria tem assento constitucional, designadamente nos artigos 202º e seguintes da Constituição da República Portuguesa (CRP). Este aspecto por constituir o pano de fundo da matéria em causa e o referente em termos de raciocínio jurídico deve ser, desde já, realçado.

Nos termos da CRP, a administração da justiça, e mormente o dirimir de conflitos, é confiada aos tribunais que são órgãos de soberania: o Poder Judicial (para usar a arreigada expressão da teoria da separação dos poderes).

---

[3] Sobre a possível ambiguidade dos termos "prolação" ou "proferimento" da decisão, bem como do próprio conceito de "decisão" na LAV *vide* Frederico Bettencourt Ferreira, «O Prazo Para a Decisão Arbitral", Themis, IX, 16, 2009, pág. 164 a 166.

A Prolação da Decisão: Seus Efeitos na Instância Arbitral

Porém, a CRP prevê a existência de tribunais arbitrais (artigo 209°, n° 2, da CRP). A LAV regulamenta o modo de constituição e funcionamento dessa categoria de tribunais.

Trata-se de tribunais que exercem a função jurisdicional, mas que não são órgãos de soberania. Para o exercício dessa função, detêm, temporariamente e apenas para julgar o conflito que lhes é submetido, algum poder jurisdicional. São constituídos e regulados por convenção das partes, mas a sustentabilidade jurídica dessa convenção privada radica na CRP e na LAV. Porque o que está em causa é o exercício de uma parcela da soberania, confiada temporária e limitadamente a particulares, esse aspecto terá de constituir um referente hermenêutico que nunca por nunca poderá ser perdido de vista.

Enquadrada a questão, vejamos então quais os efeitos da declaração do direito aplicável (i.e. a prolação da decisão) na instância (unidade intrínseca do processo) arbitral.

2.2. Regime

Nos termos do artigo 23° da LAV, a decisão final deverá conter um determinado número de elementos, que para o tema estudado não importa enumerar. Destaca-se apenas que na decisão final constará a fixação e repartição pelas partes dos encargos resultantes do processo, posto que esta questão, a dos custos da arbitragem, poderá influir na instância arbitral após a prolação da decisão, como adiante se verá.

Nos termos do artigo 24°, n° 1, da LAV, o presidente do tribunal manda notificar a decisão a cada uma das partes, remetendo-lhes um exemplar da mesma.

Nos termos do artigo 24°, n° 2, da LAV, o original da decisão é depositado na secretaria do tribunal judicial do lugar da arbitragem, excepto se:

- as partes dispensarem esse depósito na convenção da arbitragem ou em escrito posterior;
- o regulamento, nas arbitragens institucionais, previr outra modalidade de depósito.

Nos termos do artigo 24°, n° 3, da LAV, o presidente do tribunal notificará as partes do depósito da decisão.

178 IV Congresso do Centro de Arbitragem da Câmara de Comércio e Indústria

Da letra e da sistematização deste artigo, parece poder concluir-se que o presidente notifica a decisão num primeiro momento e só posteriormente notifica as partes do depósito da decisão. Se o depósito fosse feito imediatamente, o preceito teria previsto a notificação simultânea da decisão e do depósito da mesma.

3. Efeitos da prolação da decisão

3.1. *Extinção do Poder Jurisdicional*

O artigo 25º da LAV estatui que o poder jurisdicional dos árbitros finda:
- com a *notificação do depósito* da decisão final;
- com a *notificação da decisão final*, quando seja dispensado o depósito.

Isto significa que, no regime-regra legal (i.e. quando há depósito), mediará um determinado lapso temporal entre a notificação da decisão e a extinção do poder jurisdicional, o qual apenas ocorrerá com a notificação do depósito da decisão. Assim, após a prolação da decisão final, e até à notificação do depósito da decisão, o tribunal manterá o poder decisório que lhe foi conferido.

3.1.1 Rectificação, esclarecimento e reforma da decisão

Esta capacidade decisória a que acaba de aludir-se é extremamente relevante para efeitos de Rectificação, Esclarecimento e Reforma da decisão final pois, extinguindo-se o poder jurisdicional, parece difícil defender que o tribunal arbitral possa rectificar erros, suprir nulidades, esclarecer dúvidas e reformar a decisão.

Valem aqui as considerações tecidas acerca da génese constitucional e legal dos tribunais arbitrais: não são órgãos de soberania que exerçam o poder jurisdicional de forma continuada; são particulares a quem se comete temporária e limitadamente a resolução de um determinado conflito. O seu poder é limitado e, dir-se-ia, excepcional.

Assim, não estando prevista a competência para rectificar, esclarecer e reformar a decisão (como não está na actual LAV), o tribunal só pode fazê-lo enquanto conservar o poder jurisdicional.

A *Prolação da Decisão: Seus Efeitos na Instância Arbitral*   179

Alguns autores defendem que o tribunal arbitral pode rectificar, esclarecer e reformar a decisão depois de o poder jurisdicional findar, isto é, depois da notificação do depósito da decisão ou depois da notificação da decisão quando for dispensado o depósito da decisão[4]. Esses autores invocam, em regra, o regime consignado nos artigos 666° e seguintes do Código de Processo Civil (CPC). Argumentam que, apesar do poder jurisdicional do juiz também se esgotar com a prolação da sentença, esse regime legal permite que o mesmo juiz rectifique, supra, esclareça ou reforme a decisão (cfr. artigo 666°, nºs 1 e 2 do CPC). Mais argumentam que a correcção e reforma da sentença mais não são do que um complemento do acto de prolação da decisão (nesse sentido, temos o artigo 670, n° 2, *in* fine, que estatui que a decisão rectificativa se considera complemento e parte integrante da sentença).

Esta argumentação parece esquecer que as regras de processo civil português não são aplicáveis à arbitragem (a tal mentalidade de que falávamos no início); também parece esquecer a diferente natureza das entidades em causa: o tribunal judicial é um órgão de soberania, que exerce permanentemente o poder jurisdicional; o tribunal arbitral detém um poder jurisdicional precário. Aliás essa diferença é evidenciada na lei: o artigo 666°, n° 1, do CPC prevê que o poder jurisdicional se esgota com a prolação da sentença, *quanto à matéria da causa*; o artigo 25° da LAV estatui que o poder dos árbitros se extingue com a prolação, *sem estabelecer qualquer reserva*.

O CPC estabeleceu expressamente uma excepção à extinção do poder jurisdicional, em resultado da prolação da decisão, para o juiz poder rectificar, esclarecer e reformar a sentença, tendo ainda regulado a tramitação desses actos eventuais. Ou seja, esta excepção foi consagrada e regulada legalmente no processo civil; a LAV não a consagrando, é muito duvidoso que, *de iure condito*, seja defensável a sua aplicação estando o poder jurisdicional esgotado, mesmo que essa excepção seja geralmente reconhecida noutros ordenamentos jurídicos[5].

---

[4] Cfr. Lima Pinheiro, "Arbitragem Transnacional", Almedina, págs. 153 e 154; Manuel Barrocas, "Manual de Arbitragem", Almedina, parágrafos 517 e 519, pág. 492 e 493. Em termos dubitativos, Frederico Bettencourt Ferreira, "O Prazo Para a Decisão Arbitral" cit., pág. 171, nota 70.

[5] Em regra, com consagração legal expressa, o que sucede, por exemplo, no direito do Reino Unido (artigo 57° do Arbitration Act de 1996), Brasil (artigo 30° da Lei

180   IV Congresso do Centro de Arbitragem da Câmara de Comércio e Indústria

No que respeita às nulidades, as partes têm sempre a hipótese de lançar mão da acção de anulação prevista no artigo 27º da LAV, logo, havendo esse meio, não faz sentido que questões que revestem a gravidade das que dão origem a nulidade, sejam julgadas pelo mesmo tribunal que as desconsiderou, podendo haver uma sindicância por uma outra entidade[6].

Quanto ao mais, na lógica da LAV, em princípio, as restantes questões sempre poderiam ser resolvidas em sede de recurso, o qual só não existiria se as partes renunciassem. Sucede que, na prática, na generalidade das arbitragens não há lugar a recurso o que desvirtua o figurino legal. Verifica-se assim um problema prático no que respeita à possibilidade de rectificar, completar, esclarecer ou reformar a decisão.

A inexistência de regulação expressa leva ainda a outra dúvida: na falta de um prazo geral, qual seria o prazo para apresentar o requerimento para rectificar ou reformar a decisão? Não alcanço qual pudesse ser esse prazo.

E, além disso, não vislumbro como se conciliaria essa faculdade com o disposto no artigo 26º da LAV, nos termos do qual a decisão notificada às partes ou, quando seja o caso, depositada no tribunal judicial, transita em julgado, logo que não seja susceptível de recurso.

Em face desta falta de regulação legal, é interessante aferir como a arbitragem institucionalizada resolveu, ou tentou resolver, o problema.

Por ser o mais utilizado, analisarei o Regulamento do Centro de arbitragem da Câmara de Comércio e Indústria Portuguesa:

– o de 1987, no seu artigo 30º, nº 1, previa que *"O Presidente do Tribunal mandará notificar as partes da pronúncia da decisão e do depósito do original no Secretariado do Centro."*

---

nº 9.307, de 23/9/96) e França (artigos 1485º e 1505º do *Code de Procédure Civile* com a redacção do Décret nº 2011-48, de 13/1/2001, com entrada em vigor em 1/5/2011).

[6] A este respeito vide Acórdão do Supremo Tribunal de Justiça de 5/12/2002: «*não cabe já aos árbitros – ao contrário do que anteriormente resultava da conjugação dos arts. 1522º, 716º, 66º e 668º do CPC – superar as nulidades de natureza processual de que decisão eventualmente padeça. E o meio a usa para ultrapassar essas nulidades – enunciadas nas diversas alíneas do art. 27º, nº 1 – é o pedido da respectiva anulação pelo tribunal judicial, ou em via de recurso, ou em acção de anulação intentada para o efeito se o recurso não for possível ou, sendo-o, não for interposto*» (CJ, Acs. STJ., Tomo III/2002, pág. 154). Em sentido contrário veja-se Lima Pinheiro, "Arbitragem Transnacional", cit. , pág. 154.

– o de 2008, no seu artigo 39°, n° 1, prevê que, uma vez *"Proferida a decisão, o Secretariado do Centro notifica as partes da sua pronúncia (...)"* e o n°2 estipula que "(...) *o tribunal arbitral poderá rectificar erros materiais ou esclarecer alguma obscuridade ou ambiguidade"*

Na actual versão, foi introduzido este n° 2 que prevê expressamente a possibilidade de rectificar a decisão quanto a erros materiais ou de esclarecer obscuridades, mas que fica muito aquém do regime de rectificação e reforma previsto no Código de Processo Civil.

A notificação de que o Tribunal se pronunciou não constitui a notificação da decisão, mas apenas de que o Tribunal decidiu. Ora, a LAV considera que o poder jurisdicional se extingue com a notificação da decisão e não com a notificação a comunicar que já houve decisão. Assim, até à notificação da decisão a solução do Regulamento não oferece dúvidas. Após a notificação da decisão às partes, i.e., após a extinção do poder jurisdicional, já tenho mais dúvidas sobre a bondade legal desta solução, tendo em conta o já referido.

A 2ª proposta de lei apresentada ao governo pela Associação Portuguesa de Arbitragem (APA) prevê mecanismos de resolução deste problema no seu artigo 45°. No respectivo n°1, prevê a rectificação de erros materiais; no n° 2 o esclarecimento de obscuridades ou ambiguidades; no n° 5, a possibilidade de uma sentença adicional para suprir defeito de pronúncia. Não me parece que esta disposição proposta abarque todas as situações que cabem nesta sede da rectificação, esclarecimento e reforma da sentença. Mas, o que se prova é que se trata de uma matéria que carece de regulamentação legal.[7]

---

[7] A proposta da APA deu origem, com diversas alterações que esta associação criticou, à proposta de Lei n° 48/XI, aprovada na Assembleia da República, na generalidade, em Janeiro de 2011, mas que acabou por caducar em 6/4/2011, na sequência da dissolução da Assembleia da República. Uma das inovações apontadas no preâmbulo da proposta de Lei n.° 48/XI era precisamente esta: «(...) *possibilita-se a rectificação de erros materiais e o esclarecimento de ambiguidades da sentença, bem como a possibilidade de ser proferida sentença adicional sobre partes do pedido ou pedidos formulados no processo e omitidas na sentença»* (sublinhado nosso).

3.1.2 Liquidação de condenações genéricas

Nos termos do artigo 26°, n° 2, da LAV, a decisão arbitral tem a mesma força executiva que a sentença do tribunal judicial de 1ª instância. O artigo 30° da LAV dispõe que a execução corre nos termos da lei de processo civil. Por sua vez, o artigo 48°, n° 2, do CPC determina que as decisões arbitrais são exequíveis nos mesmos termos em que o são as decisões dos tribunais comuns. Há, assim, uma equiparação, para efeitos de execução, das sentenças arbitrais às sentenças judiciais.

O artigo 378°, n° 2, do CPC dispõe que *"O incidente de liquidação pode ser deduzido depois de proferida sentença de condenação genérica, nos termos do n° 2 do artigo 661°, e, caso seja admitido, a instância extinta considera-se renovada"*

Assim, poder-se-ia defender que, em caso de condenação genérica, o incidente de liquidação teria lugar na instância arbitral, que se renovaria[8].

Sucede que quando o problema se coloca o poder jurisdicional já se extinguiu e não há na LAV nenhuma norma idêntica à do n° 2 do artigo 378° do CPC, nos termos do qual a instância extinta considera-se renovada em caso de incidente de liquidação.

A alteração operada pelo Decreto-Lei n° 226/2008, de 20/11 à letra do artigo 805°, n° 4 do CPC[9], veio, a meu ver, confirmar que o incidente da execução previsto nesse preceito abrange decisões arbitrais, devendo então a liquidação ocorrer em sede de execução[10].

Sendo esta a solução de *iure condito*, acrescente-se ainda que, em homenagem ao princípio da economia processual, não faria sentido instaurar um novo processo declarativo com o propósito exclusivo de liquidar a condenação genérica.

---

[8] Cfr. Veja-se o Acórdão do Tribunal da Relação de Lisboa de 7/7/2009 e o voto de vencido aí exarado.

[9] Tal como havia sugerido Lebre de Freitas em "Apreciação do projecto de diploma da reforma da acção executiva", ROA, 68, Janeiro 2008, pág. 44.

[10] Neste sentido veja-se Cortes Martins, "Decisão Arbitral: Questões Suscitadas pela Condenação em Pedidos Genéricos", III Congresso do Centro de Arbitragem da Câmara de Comércio e Indústria Portuguesa, Almedina, pág. 129.

3.2. Fixação e Repartição das Custas

Como se disse, nos termos do artigo 23º, nº 4, da LAV, da decisão final constará a fixação e a repartição dos encargos do processo. Importa indagar em que medida esta questão pode influir na instância arbitral.

A LAV é omissa quanto à possível influência dos encargos na instância arbitral. Contudo, o Regulamento do Centro de arbitragem da Câmara de Comércio e Indústria Portuguesa, no seu artigo 39º, nº 1, prevê que a cópia da decisão é enviada às partes, *"logo que se acharem integralmente pagos por ambas (...) ou por qualquer delas os encargos resultantes do processo"*[11].

Ou seja, o não pagamento integral dos encargos paralisa a instância arbitral.

Este mecanismo parece ser excessivo para quem tenha pago os encargos que lhe cabiam, mas não tiver pago os que cabiam à outra parte, designadamente por não o ter feito por insuficiência económica. No limite afigura-se que este mecanismo poderá violar, em certas situações, o princípio constitucional que proíbe a denegação de justiça por insuficiência económica (artigo 20º, nº 1, da CRP)[12]. Tanto mais que o Tribunal Arbitral comunga de uma parcela do poder jurisdicional que compete constitucionalmente aos Tribunais, enquanto órgãos de soberania.

Acresce que não se prevê um prazo para esta paralisação da instância. O prolongamento por um tempo indeterminado não poderá ser equiparado ao não proferimento de uma decisão dentro do prazo estabelecido para arbitragem, que implica a caducidade da convenção (artigo 4º da LAV)?

---

[11] A versão de 1987 continha uma versão similar no seu artigo 30º, nº 2.

[12] As consequências da incapacidade de suportar os custos de um processo arbitral têm originado uma crescente produção doutrinária e jurisprudencial. Pela sua relevância, veja-se o Acórdão do Tribunal Constitucional nº 311/2008, que, em síntese, considerou inconstitucional o artigo 494º, alínea j), do CPC quando interpretado no sentido de que a excepção de preterição de tribunal arbitral é oponível a uma parte em situação de superveniente de insuficiência económica, justificativa de apoio judiciário, por violação do artigo 20º da CRP. Veja-se ainda a anotação de José Miguel Júdice a este Acórdão na Revista Internacional de Arbitragem e Conciliação, Almedina, 2009, págs. 161 e segs.. Mais recentemente, veja-se, a título exemplificativo, o Acórdão do Tribunal da Relação de Lisboa de 2/11/2010, no qual este Tribunal reconheceu a possibilidade de afastar o efeito negativo da convenção de arbitragem devido à insuficiência económica superveniente de uma sociedade comercial, não o tendo feito apenas por falta de prova dessa insuficiência (proc. 454/09.0TVLSB.L1-7).

184 IV Congresso do Centro de Arbitragem da Câmara de Comércio e Indústria

Além disso, a LAV determina, no artigo 24°, n° 1, que o presidente do tribunal mandará notificar a decisão a cada uma das partes. Os termos deste preceito parecem imperativos e, sobretudo, não é estabelecida qualquer ressalva que legitime condicionar a comunicação da decisão ao pagamento dos encargos.

A aplicabilidade do instituto da excepção de não cumprimento, fundada na eventual natureza sinalagmática da relação entre os árbitros e as partes, é claramente afastada pela natureza pública do exercício da função jurisdicional, ainda que "delegada" em particulares.

4. Efeitos da anulação da decisão arbitral na instância

A acção de anulação da decisão arbitral tem um escopo puramente cassatório, pelo que, em caso de anulação da decisão, o tribunal judicial não irá proferir uma nova decisão que substitua a do tribunal judicial.

Porém, como o poder jurisdicional se esgota com a notificação da decisão ou com a notificação do depósito respectivo, ter-se-á que se constituir um novo tribunal arbitral. Assim sendo, a instância arbitral originária permanecerá extinta[13].

A anulação da decisão arbitral pode ser parcial, se o vício apenas se verificar relativamente a uma parte da decisão que seja dissociável do restante[14]. Apesar de não estar prevista expressamente, é a solução que melhor se adequa ao princípio do máximo aproveitamento dos actos jurídicos.

A proposta de Lei da APA prevê, no seu artigo 46°, n° 8, que o tribunal onde corre a acção de anulação pode suspender o processo para que o tribunal arbitral possa tomar qualquer medida susceptível de eliminar os fundamentos da anulação.

---

[13] No sentido de que a convenção de arbitragem não caduca com o proferimento da decisão arbitral veja-se Lima Pinheiro, "Arbitragem Transnacional", cit. pág. 172. PAULA Costa e Silva, em "Anulação e Recursos da Decisão Arbitral", ROA 52, 1992, págs. 964 e 965, defende, de modo contrário, que a prolação de uma decisão final dos árbitros preenche o objecto da convenção, que assim caducaria e seria insusceptível de originar nova arbitragem em caso de anulação da decisão.

[14] Neste sentido veja-se Lima Pinheiro, "Recurso e Anulação da Decisão Arbitral", I – Congresso do Centro de Arbitragem da Câmara de Comércio e Indústria, Almedina, pág. 191.

Neste caso a instância arbitral não se extinguiria com a prolação da decisão e, nessa mesma instância, seriam supridas as eventuais nulidades. Parece uma solução eficaz, em homenagem ao princípio da economia processual.

5. Conclusão

A lei actual extingue a instância arbitral com a prolação da Decisão e não contém mecanismos claros que permitam a supressão de deficiências patentes da Decisão que não constituam fundamento de anulação, podendo originar situações de indefinição ou impasse.

Há que suprir esta falta legislativa, acolhendo a prática de outros sistemas e da arbitragem internacional.

A EVOLUÇÃO DA ARBITRAGEM INTERNACIONAL NO BRASIL

Arnoldo Wald[1]

> Sumário. I. Introdução. II. A arbitragem no Brasil antes de 1996. III. O desenvolvimento da arbitragem no Brasil: a Lei n. 9.307 de 1996, a Convenção de Nova Iorque e a jurisprudência. III.1. Os pilares da arbitragem no Brasil. III.2. O Brasil na Corte Internacional de Arbitragem da CCI. III.3. A jurisprudência brasileira adota posição pró-arbitragem. IV. Questões controvertidas. IV.1. A cláusula compromissória "tácita" ou incorporada por referência. IV.2. Conflitos de competência entre juízes e árbitros. IV.3. Questões que ainda não foram decididas. V. Conclusão.

I. Introdução

1. A arbitragem internacional no Brasil tem experimentado um vigoroso e contínuo crescimento nos últimos 15 anos. Uma das principais razões para esse movimento foi a grande expansão da economia brasileira e a abertura comercial durante esse período, no contexto da globalização e da crescente complexidade da vida econômica.

---

[1] Sócio fundador de Wald (São Paulo, Rio de Janeiro e Brasília, Brasil). Árbitro. Professor Catedrático de Direito Civil da Universidade do Estado do Rio de Janeiro (UERJ). Doutor *honoris causa* pela Universidade de Paris II. Membro da Corte Internacional de Arbitragem da Câmara de Comércio Internacional (CCI).

2. Esse período de crescimento excepcional começou no início dos anos 90, com o processo de abertura econômica implementado por meio de uma dramática redução das tarifas e barreiras comercias, da estabilização monetária e de um amplo programa de privatização, bem como com a delegação de serviços públicos a agentes privados e parcerias público-privadas.

3. Esse processo foi responsável pelo significativo aumento dos volumes de investimento estrangeiro no país, principalmente em áreas relacionadas à infraestrutura, tais como telecomunicações, eletricidade, transporte e portuária. Entre 2007 e 2009, o Brasil recebeu investimentos estrangeiros diretos da ordem de US$ 108 bilhões[2]. Em 2010, o volume de investimentos estrangeiros diretos recebidos pelo país bateu recorde, ultrapassando US$ 48 bilhões[3], volume bem superior aos US$ 37 bilhões[4] que haviam sido estimados para aquele ano.

4. Essas reformas criaram as bases para a atual expansão da economia brasileira. Hoje, o Brasil é a oitava maior economia do mundo de acordo com as estatísticas do Banco Mundial, e experimentou um índice de crescimento do PIB de 6,1% e 5,1% em 2007 e 2008, respectivamente. Após uma leve retração de 0,2% em 2009, o PIB brasileiro cresceu 7,6% em 2010, e deve crescer 4,5% em 2011[5].

5. As projeções para o futuro são ainda mais positivas. A descoberta das reservas de petróleo no pré-sal, a realização da Copa do Mundo de

---

[2] Dado divulgado pelo Banco Central do Brasil, disponível em http://www.bcb.gov.br/rex/IED/Port/ingressos/htms/index3.asp?idpai=invedir, acesso em 11 de janeiro de 2011.

[3] "Investimentos estrangeiros diretos atingem recorde de US$ 48,4 bilhões em 2010", disponível em http://www.brasil.gov.br/noticias/arquivos/2011/01/25/investimentos-estrangeiros-diretos-atingem-recorde-de-us-48-4-bilhoes-em-2010, acesso em 8 de abril de 2011.

[4] "Investimentos no Brasil cresceram três vezes mais que média emergente em 2010", disponível in http://www.bbc.co.uk/portuguese/noticias/2011/01/110106_investimentos_eiu_pu.shtml?, acesso em 11 de janeiro de 2011.

[5] "CNI prevê crescimento de 4,5% do PIB brasileiro em 2011", disponível em http://www.brasileconomico.com.br/noticias/nprint/95546.html, acesso em 11 de janeiro de 2011.

A Evolução da Arbitragem Internacional no Brasil 189

Futebol de 2014 e dos Jogos Olímpicos de 2016 no Brasil, e a implementação do Programa para Aceleração do Crescimento (conhecido como "PAC"), que objetiva o desenvolvimento da infraestrutura, têm gerado uma necessidade maciça de investimentos e a criação de *joint ventures*. Em função desse novo panorama, o fluxo de capitais estrangeiros diretos e indiretos para o país tende a crescer. Por outro lado, os investimentos diretos de brasileiros no exterior também aumentaram exponencialmente nos últimos anos. Esses fatores certamente impulsionarão um desenvolvimento ainda maior da arbitragem no Brasil nos próximos anos[6].

6. Outras circunstâncias também têm contribuído para o contínuo desenvolvimento da arbitragem no Brasil. Efetivamente, o Poder Judiciário brasileiro tem atravessado uma verdadeira crise, não conseguindo fazer face ao número excessivo de casos que chegam aos juízes e tribunais a cada ano. Atualmente, existem 90 milhões de casos pendentes nos tribunais brasileiros (aproximadamente 1 para cada 2 pessoas). Entre 2005 e 2010, foram distribuídos, em média, por ano, 260 mil novos casos no Superior Tribunal de Justiça e 75 mil casos no Supremo Tribunal Federal, muitos dos quais repetitivos. Como resultado desse cenário, demora cerca de 10 anos para que um caso seja finalmente decidido pelos tribunais brasileiros. Tal situação, como esperado, tem sido extremamente prejudicial à efetividade do direito ao acesso à Justiça, contemplado na Constituição Federal brasileira, e para o curso normal dos negócios.

7. Como reação, o Judiciário brasileiro e o Congresso têm se esforçado para encontrar alternativas que possam ajudar o país a superar essa situação. Dentre elas, há o anteprojeto de novo Código de Processo Civil e outras reformas legislativas, com o fim de limitar o número de casos que chegam aos tribunais superiores. Nesse sentido, a Emenda Constitucional n. 45, de 30 de dezembro de 2004, e outras leis foram promulgadas criando mecanismos como *(i)* o bloqueio de recursos repetitivos interpostos perante o STJ, em relação a matérias que já tenham sido decididas; *(ii)* a criação da chamada "súmula vinculante" (similar à regra do precedente dos países de *common law*, tendo por objeto matérias sobre as

---

[6] "Investing Across Borders 2010" atribuiu 84,9/100 à força da Lei de Arbitragem brasileira (*Investing Across Borders 2010: Indicators of foreign direct investment regulation in 87 economies*, Washington, The World Bank, 2010, p. 93).

190 *IV Congresso do Centro de Arbitragem da Câmara de Comércio e Indústria*

quais já haja um entendimento consolidado da Corte); e *(iii)* a necessidade de repercussão geral para que um recurso extraordinário seja admitido pelo STF[7].

8. Também foi implantado um programa para melhorar a gestão do Poder Judiciário, com o estabelecimento de 30 metas a serem atingidas em cinco anos. Adicionalmente, muitos estudiosos, membros da Administração Pública e do próprio Judiciário têm defendido uma redução da litigiosidade. No entanto, apesar desses esforços, os tribunais brasileiros ainda não conseguem atender às necessidades da crescente e complexa estrutura econômica, que requer rapidez e especialização dos mecanismos de resolução de disputas.

9. Nesse contexto, métodos alternativos de solução de controvérsias, tais como a arbitragem, a mediação e a conciliação, ganharam importância ao longo dos últimos anos em todos os níveis da sociedade brasileira. Muitas instituições de mediação, conciliação e arbitragem[8] foram criadas e a solução extrajudicial de disputas foi incentivada pelos tribunais estaduais e federais, havendo uma cooperação cada vez maior entre os árbitros e o Poder Judiciário. O Presidente do STF, Ministro CEZAR PELUSO, ressaltou, em seu discurso de posse no mais alto cargo da Corte Suprema, a importância dos meios alternativos de solução de litígios no Brasil,

---

[7] A súmula vinculante está prevista no art. 103-A da Constituição Federal, incluído pela Emenda Constitucional n° 45/2004, e no art. 70, § 1°, do Regimento Interno do Supremo Tribunal Federal, incluído pela Emenda Regimental n° 34/2009. Está regulamentada pela Lei n. 11.417/2006, e pelas Resoluções n° 381 e 388, ambas de 2008, do Supremo Tribunal Federal. A exigência de repercussão geral para a admissão do recurso extraordinário pelo Supremo Tribunal Federal está prevista no art. 102, § 3° da Constituição Federal, também incluído pela Emenda Constitucional n° 45/2004, bem como nos arts. 543-A e 543-B do Código de Processo Civil, que foram incluídos pela Lei n° 11.418/2006. A necessidade de repercussão geral está regulamentada pelo Regimento Interno do Supremo Tribunal Federal, conforme modificado pelas Emendas Regimentais n° 21/2007, 44/2008, 29/2009 e 31/2009. A disciplina dos recursos repetitivos está prevista no art. 543-C do Código de Processo Civil, incluído pela Lei n° 11.672/2008.

[8] Além da mediação e da conciliação, os chamados *dispute resolution boards* também passaram a ser mais utilizados. Vide, a respeito, Arnoldo Wald, "A arbitragem contratual e os *dispute boards*", *Revista de Arbitragem e Mediação*, n. 6, Jul.-Set./2005, p. 9 e ss.

A Evolução da Arbitragem Internacional no Brasil

considerando a impossibilidade de o Poder Judiciário resolver todas as disputas que lhe são submetidas em prazo razoável[9].

10. Além disso, beneficiando-se de uma abordagem favorável das cortes brasileiras e do desenvolvimento de uma comunidade legal competente na área, a arbitragem tem sido largamente utilizada para solucionar conflitos de natureza diversa, envolvendo desde pequenas causas (principalmente na área trabalhista, cuja arbitrabilidade tem sido objeto de discussões nos tribunais brasileiros) até complexas disputas contratuais, industriais e societárias, envolvendo construção, *joint ventures*, concessões, mercado de capitais e parcerias público-privadas.

II. A Arbitragem no Brasil Antes de 1996

11. Embora o Brasil nunca tenha adotado a doutrina Calvo, diferentemente de outros países latino-americanos, até o final do século XX, a arbitragem em nosso país ainda era objeto de muita desconfiança[10], que se devia, principalmente, a ideias nacionalistas, segundo as quais a arbitragem poderia ser contrária aos interesses nacionais e limitar os poderes do Judiciário. Ainda em 1991, o Ministro SÁLVIO DE FIGUEIREDO TEIXEIRA, do STJ, afirmou que *"nosso ordenamento jurídico, ao contrário de outros sistemas jurídicos, não abrange a arbitragem, e privilegia o monopólio da jurisdição estatal"*[11].

12. Embora a Lei de Arbitragem brasileira (Lei n° 9.307, de 23 de setembro de 1996) tenha sido promulgada apenas em 1996, a possibilidade de recorrer à arbitragem como meio legítimo para a resolução de litígios já era prevista nas Ordenações portuguesas (em vigor no Brasil até o século XIX) e na primeira Constituição brasileira, de 1824. A arbitragem

---

[9] Vide o discurso de posse do Min. Peluso como presidente do STF, proferido em 23 de abril de 2010, disponível em http://www.stf.jus.br/arquivo/cms/noticiaNoticiaStf/anexo/discursoPeluso.pdf, acesso em 11 de janeiro de 2011.

[10] Bernardo Cremades, "State contracts in Brazil: an international arbitration perspective", *Revista de Arbitragem e Mediação*, n. 9, Abr./Jun. 2006, pp. 56-57.

[11] STJ, 4ª Turma, REsp n. 15.231, Rel. Min. Sálvio de Figueiredo Teixeira, j. 12.11.1991, *Revista de Arbitragem e Mediação*, n. 27, out./dez. 2010, p. 261.

192   *IV Congresso do Centro de Arbitragem da Câmara de Comércio e Indústria*

também estava prevista no Código Comercial de 1850 e no Regulamento 737 (que disciplinava os atos de comércio), bem como nos Códigos de Processo Civil de 1939 e 1973. Todavia, era raramente utilizada para a resolução de conflitos envolvendo direito privado e o comércio internacional, sendo predominantemente utilizada para a solução de conflitos em matéria de delimitação de fronteiras. Por essa razão, até 1940, havia poucas decisões proferidas pelos tribunais brasileiros em matéria de homologação de sentenças arbitrais estrangeiras, que somavam apenas nove até 1980[12].

13. Ademais, no sistema legal anterior a 1996, a arbitragem no Brasil sofria importantes limitações legais no que tange à sua aplicabilidade e eficácia, como, por exemplo, a inexequibilidade da cláusula compromissória (o que levava à sua resolução em perdas e danos caso uma das partes se recusasse a se submeter à arbitragem em caso de litígio) e a necessidade de homologação judicial das sentenças arbitrais (o que levava à exigência de duplo *exequatur* em relação às decisões estrangeiras, uma vez que estas deveriam ser previamente reconhecidas pelo Poder Judiciário do local onde foram proferidas para que a decisão judicial homologatória pudesse ser reconhecida no Brasil).

III. O Desenvolvimento da Arbitragem no Brasil: a Lei n. 9.307 de 1996, a Convenção de Nova Iorque e a Jurisprudência

III.1. *Os pilares da arbitragem no Brasil*

14. Os quatro pilares da arbitragem no Brasil são: (*i*) a promulgação da Lei n. 9.307/96, (*ii*) a declaração de sua constitucionalidade pelo STF em 2001[13]; (*iii*) a ratificação da Convenção de Nova Iorque sobre o

---

[12] Irineu Strenger, *Contratos internacionais do comércio*, São Paulo, Revista dos Tribunais, 1986, pp. 249-253.

[13] STF, Plenário, AgRg na SEC 5206/ES, Rel. Min. Sepúlveda Pertence, j. 12.12.2001, *Revista Trimestral de Jurisprudência*, n. 190, Out./Dez. 2004, pp. 908-1027. Para uma análise mais detalhada da decisão que declarou a constitucionalidade da Lei de Arbitragem, vide Arnoldo Wald, "Da constitucionalidade da Lei 9.307/96", *Revista de Direito Bancário, do Mercado de Capitais e da Arbitragem*, a. 3, n. 7, Jan./Mar. 2000, pp. 323-334.

Reconhecimento e a Execução de Sentenças Arbitrais Estrangeiras de 1958 em 2002[14]; e (*iv*) a jurisprudência, sobretudo do STJ.

15. A Lei de Arbitragem de 1996 eliminou os gargalos da legislação anterior e, consequentemente, a arbitragem se tornou cada vez mais conhecida, estudada e utilizada no Brasil, com contribuições importantes do STF e do STJ. Este último, em particular, adotou uma posição bastante favorável à arbitragem e estabeleceu precedentes importantes sobre temas controversos, proferindo algumas decisões pioneiras sobre o assunto[15].

16. Embora algumas questões problemáticas ainda subsistam, como a arbitrabilidade de litígios envolvendo o direito do trabalho e a validade da cláusula compromissória incorporada por referência, os demais tribunais brasileiros também têm adotado uma postura pró-arbitragem, e a prática recente tem demonstrado uma crescente cooperação entre árbitros e juízes. É o que tem ocorrido, por exemplo, no caso da concessão e execução de medidas urgentes em apoio à arbitragem (antes ou após a constituição do tribunal arbitral)[16].

---

[14] A Convenção de Nova Iorque foi internalizada por meio do Decreto n. 4.311, de 23 de julho de 2002. O Brasil foi 131° país a ratificá-la, não tendo ratificado a Convenção de Washington de 1965.

[15] Até 2004, o STF era exclusivamente competente para conhecer e julgar pedidos de homologação de sentenças arbitrais estrangeiras. A Emenda Constitucional n° 45/2004 transferiu tal função ao STJ. A esse respeito, vide Arnoldo Wald, Patrick Schellenberg e Keith Rosenn, "Some controversial aspects of the new Brazilian Arbitration Law", *Inter-American Law Review*, Miami, vol. 31, n. 2, 2000, pp. 223-252; e Arnoldo Wald, "Arbitration in Brazil: Case law perspective", in Joaquim T. de Paiva Muniz e Ana Tereza Palhares Basílio (Ed.), *Arbitration Law of Brazil: Practice and Procedure*, Huntington, NY, Juris Publishing, 2006, APP B-1.

[16] Vide, na doutrina: Donaldo Armelin, "Tutela de urgência e arbitragem", in *Tutelas de urgência e cautelares – Estudos em homenagem a Ovídio A. Baptista da Silva*, São Paulo, Saraiva, 2010, p. 360; Carlos Alberto Carmona, *Arbitragem e processo: um comentário à Lei n. 9.307/96*, 3ª ed., São Paulo, Atlas, 2009, pp. 268-277 e 312-335; Pedro A. Batista Martins, *Apontamentos sobre a lei de arbitragem*, Rio de Janeiro, Forense, 2008, pp. 218-224 e 242-268; Carlos Augusto da Silveira Lobo e Rafael de Moura Rangel Ney, "Revogação de medida liminar judicial pelo juízo arbitral", in Ricardo Ramalho Almeida (Coord.), *Arbitragem Interna e Internacional (Questões de Doutrina e de Prática)*, São Paulo, Renovar, 2003, pp. 253-265; entre outros.

194 *IV Congresso do Centro de Arbitragem da Câmara de Comércio e Indústria*

17. Como demonstraremos mais adiante, o desenvolvimento da arbitragem no Brasil nos últimos 15 anos, e, particularmente, nos últimos cinco, corresponde à evolução alcançada por outros países em mais de meio século. Atualmente, existem, no Brasil, cerca de 130 livros e centenas de artigos publicados em matéria de arbitragem e duas revistas especializadas. Há, ainda, aproximadamente 100 instituições arbitrais, dentre as quais as principais são de nível internacional e cujos casos têm aumentado exponencialmente – mais de 100 novos casos têm sido iniciados a cada ano, considerando-se apenas as seis principais instituições arbitrais brasileiras[17].

III.2. *O Brasil na Corte Internacional de Arbitragem da CCI*

18. O crescimento da arbitragem internacional no Brasil se mostra ainda mais claro ao analisar-se a presença brasileira nas arbitragens administradas pela Corte Internacional de Arbitragem da Câmara de Comércio Internacional (CCI).

19. A CCI administra cerca de 70% de todas as arbitragens internacionais envolvendo partes brasileiras e sediadas no exterior[18]. Até 1950, o Brasil tinha uma participação pequena nas arbitragens CCI, havendo menos de 10 casos envolvendo uma parte brasileira, como requerente ou requerida. Esses números subiram para 44 casos entre 1950 e 1992. Entre 1995 e 1999, a presença brasileira aumentou significativamente, com 50 novos casos durante esse período[19]. Não obstante, foi a partir de 1998 que

---

[17] De acordo com informações divulgadas pelas seguintes instituições: Centro de Arbitragem da Câmara de Comércio Brasil-Canadá (CCBC); Câmara de Mediação e Arbitragem de São Paulo (CMA) – FIESP/CIESP; Centro de Arbitragem da Câmara de Comércio Americana (AMCHAM); Câmara de Conciliação e Arbitragem da Fundação Getúlio Vargas (FGV); Centro Brasileiro de Mediação e Arbitragem (CBMA); e Câmara de Arbitragem Empresarial Brasil – CAMARB.

[18] A respeito do desenvolvimento da arbitragem internacional no Brasil, em especial na CCI, vide Arnoldo Wald, "A evolução da arbitragem internacional no Brasil", *Revista de Arbitragem e Mediação*, n. 23, Out./Dez. 2009, p. 19; e "International arbitration in Brazil in 2010", *Global Arbitration Review of the Americas*, 2011, p. 31.

[19] Cristian Conejero Roos e Renato Stephan Grion, "Arbitration in Brazil: the ICC experience", *Revista de Arbitragem e Mediação*, n. 10, Jul./Set. 2006, pp. 93-139.

A Evolução da Arbitragem Internacional no Brasil

a arbitragem CCI experimentou verdadeira explosão no Brasil, com mais de 300 casos envolvendo partes brasileiras até 2010[20].

20. Em consequência, o Brasil subiu da 26ª posição em 1994 no ranking dos países com maior número de partes em arbitragens CCI para a 4ª posição em 2006 e 2009[21], depois dos Estados Unidos, França e Alemanha. Além disso, em 2009, o Brasil alcançou o primeiro lugar do ranking entre os países latino-americanos, com mais de 50% de todas as partes latino-americanas envolvidas em arbitragens CCI, contra cerca de 12% de argentinos, 11% de mexicanos e menos de 10% de panamenhos, chilenos, colombianos, uruguaios, dominicanos, venezuelanos, cubanos e nicaraguenses[22].

21. Outro exemplo da importância crescente da arbitragem internacional no Brasil é o número de casos CCI em que a lei brasileira é aplicável ao mérito da controvérsia. Em 2009, foram 32% de todos os casos envolvendo uma parte latino-americana, ao passo que as leis argentina e mexicana foram aplicadas, cada uma, em aproximadamente 13% dos casos; a lei britânica em cerca de 8%; as leis chilena, venezuelana e do estado americano de Nova Iorque em cerca de 5%; e as leis colombiana, espanhola, cubana, dominicana, francesa, alemã, suíça, holandesa, uruguaia e do estado americano de Delaware em menos de 5% dos casos[23].

22. Também tem havido um aumento significativo no número de arbitragens CCI conduzidas em língua portuguesa. Em 2009, 24% dos casos envolvendo uma parte latino-americana foram conduzidos em português (entre os quais 2% foram realizados em português e inglês). O espanhol e o inglês foram os idiomas da arbitragem em, respectivamente, 27% e 47% desses casos, sendo 2% conduzidos simultaneamente em inglês e espanhol[24].

---

[20] *ICC Court of International Arbitration Bulletin*, vol. 19, n. 1, 2008, p. 52.
[21] *ICC Court of International Arbitration Bulletin*, vol. 21, n. 1, 2010, p. 8.
[22] *ICC Court of International Arbitration Bulletin*, vol. 21, n. 1, 2010, p. 7.
[23] José Ricardo Feris, "Características de arbitrajes ICC en América Latina", palestra proferida no PIDA Avançado da CCI, 14 a 17 de junho de 2010, Paris, França.
[24] José Ricardo Feris, "Características de arbitrajes ICC en América Latina", palestra proferida no PIDA Avançado da CCI, 14 a 17 de junho de 2010, Paris, França.

196   IV Congresso do Centro de Arbitragem da Câmara de Comércio e Indústria

23. A grande expansão da arbitragem internacional no Brasil também é ilustrada pelo número de arbitragens CCI sediadas no país. De 1995 a 2010, 78 arbitragens CCI foram sediadas no Brasil (69 delas entre 2003 e 2010), mais da metade na cidade de São Paulo. O Brasil é, atualmente, a principal sede de arbitragens CCI na América Latina, representando aproximadamente 55% dos casos sediados na região[25]. Ademais, em 2009, o Brasil foi escolhido como sede da arbitragem em aproximadamente 25% dos casos CCI envolvendo uma parte latino-americana, enquanto a Europa e os Estados Unidos representaram 35% e 16%, respectivamente. Mais especificamente, a cidade de São Paulo, que pode ser considerada o centro da arbitragem internacional na América Latina[26], foi escolhida como sede da arbitragem em 18% dos casos; Paris e Nova Iorque, em 11% dos casos cada; Londres e Cidade do México, em 9% dos casos cada; Buenos Aires, em 6% dos casos; Rio de Janeiro, Montevidéu e Santiago, em 5% dos casos cada; Madrid, Miami e Toronto, 3% dos casos cada; e Zurique, Genebra, Antuérpia, Viena, Hamburgo, Houston, Cuiabá e Santo Domingo, em 2% dos casos cada[27].

24. Finalmente, o *boom* da arbitragem internacional no Brasil também se reflete no número de árbitros brasileiros atuando em casos CCI. Nos últimos dez anos, árbitros brasileiros foram nomeados em mais de 200 ocasiões para atuar em arbitragens CCI, tendo representado quase 30% de todos os co-árbitros funcionando em casos envolvendo uma parte latino-americana em 2009, ao passo que os argentinos foram nomeados em cerca de 15% desses casos; os mexicanos, em aproximadamente 14%; e norte-americanos e britânicos, em menos de 10%[28].

---

[25] *ICC Court of International Arbitration Bulletin*, vol. 21, n. 1, 2010, p. 13.

[26] Gilberto Kassab, "Abertura do I Seminário Internacional de Mediação e Arbitragem da OAB/SP", *Revista de Arbitragem e Mediação*, n. 24, Jan./Mar. 2010, p. 26; Arnoldo Wald Filho, "São Paulo: capital da arbitragem na América Latina", *Revista de Arbitragem e Mediação*, n. 23, Out./Dez. 2009, p. 45. A cidade de São Paulo já é o centro financeiro da América Latina e possui árbitros experientes e advogados especializados em arbitragem, bem como bons tradutores legais e toda a infraestrutura necessária para a adequada condução do procedimento.

[27] José Ricardo Feris, "Características de arbitrajes ICC en América Latina", palestra proferida no PIDA Avançado da CCI, 14 a 17 de junho de 2010, Paris, França.

[28] José Ricardo Feris, "Características de arbitrajes ICC en América Latina", palestra proferida no PIDA Avançado da CCI, 14 a 17 de junho de 2010, Paris, França.

A Evolução da Arbitragem Internacional no Brasil

III.3. *A jurisprudência brasileira adota posição pró-arbitragem*

25. Sentenças arbitrais estrangeiras, para serem executadas no Brasil, devem ser previamente homologadas pelo STJ[29], por meio de um processo de homologação relativamente curto (que dura aproximadamente um ano, em regra). Antes de proferir uma decisão final, a Corte poderá conceder uma medida cautelar em circunstâncias especiais.

26. O sistema brasileiro de homologação de sentenças arbitrais estrangeiras provou ser fortemente a favor da arbitragem. A análise feita pelo STJ se limita a questões de ordem formal, taxativamente enumeradas pela Lei de Arbitragem e pela Convenção de Nova Iorque de 1958, e não pode adentrar o mérito do litígio[30].

27. O STJ tem aplicado rigorosamente estas regras. De 2004 a 2010, a Corte examinou 30 pedidos de homologação de sentenças arbitrais estrangeiras, homologando 19 deles (7 foram negados e os outros 4 foram extintos sem julgamento do mérito). O STJ também analisou algumas questões controvertidas relativas à arbitragem no âmbito de medidas cautelares e de recursos contra decisões dos tribunais de segunda instância, revertendo-as em diversas ocasiões.

28. Em regra, os tribunais brasileiros também têm aplicado corretamente a Lei de Arbitragem no que tange às sentenças arbitrais domésticas,

---

[29] Como mencionado *supra*, até 2005, a competência para a homologação de sentenças arbitrais estrangeiras pertencia ao STF. Atualmente, tal competência é do STJ, conforme art. 105, I, *i*, da Constituição Federal, conforme alterado pela Emenda Constitucional n° 45/2004. A Resolução n° 9 do STJ, de 4 de maio de 2005, dispõe sobre o processo de homologação e execução de sentenças estrangeiras, incluindo as arbitrais.

[30] Vide: STJ, Corte Especial, SEC n. 3035/FR, Rel. Min. Fernando Gonçalves, j. 19.08.2009, p. 31.08.2009; SEC n. 611/US, Rel. Min. João Otávio de Noronha, j. 23.11.2006, *Revista de Arbitragem e Mediação*, n. 13, Abr./Jun. 2007, p. 260; SEC n. 507/GB, Rel. Min. Gilson Dipp, j. 18.10.2006, *Revista de Arbitragem e Mediação*, n. 13, Abr./Jun. 2007, p. 251; SEC n. 866/GB, Rel. Min. Felix Fischer, j. 17.05.2006, *Revista de Arbitragem e Mediação*, n. 12, Jan./Mar. 2007, p. 256; SEC n. 760/US, Rel. Min. Felix Fischer, j. 19.06.2006, *Revista de Arbitragem e Mediação*, n. 12, Jan./Mar. 2007, p. 264; SEC n. 856/GB, Rel. Min. Carlos Alberto Menezes Direito, j. 18.05.2005, *Revista de Arbitragem e Mediação*, n. 6, Jul./Set. 2005, p. 228.

198   *IV Congresso do Centro de Arbitragem da Câmara de Comércio e Indústria*

respeitando o princípio da competência-competência[31] e se recusando a analisar o mérito dos litígios submetidos à arbitragem, bem como a anular sentenças arbitrais por outros motivos que não aqueles de ordem formal expressamente previstos na lei. Nesse sentido, uma pesquisa recente indicou que, entre 2001 e 2007, em um universo de quase 700 decisões proferidas pelos tribunais de segunda instância brasileiros em matéria de arbitragem, apenas 14 sentenças arbitrais foram anuladas – a maioria delas corretamente – pela justiça estatal[32]. Tal postura favorável à arbitragem continuou a ser adotada nos últimos anos, tendo os tribunais continuado a aplicar corretamente aquelas regras[33].

29. Dentre as decisões proferidas pelo STJ e por alguns tribunais de segunda instância, há um número significativo de precedentes envolvendo questões determinantes para o enorme desenvolvimento da arbitragem no Brasil, principalmente nos últimos cinco anos, conforme exposto *infra*.

(i) Eficácia imediata da cláusula compromissória e o princípio da competência-competência

30. Uma das mudanças mais importantes implementadas pela Lei Brasileira de Arbitragem foi o reconhecimento dos efeitos positivo e negativo da cláusula compromissória.

---

[31] Vide, por exemplo: STJ, MC n. 14.295, Decisão Monocrática da Min. Nancy Andrighi, j. 08.06.2008, *Revista de Arbitragem e Mediação*. n. 19, Out./Dez. 2008, pp. 167-172; e as recentes decisões da 17ª Câmara de Direito Privado do Tribunal de Justiça do Rio Grande do Sul nas Apelações n. 70034162867 e n. 70030777312, Rel. Des. Luiz Renato Alves da Silva, j. 22.04.2010.

[32] Pesquisa "Arbitration and the Judiciary", disponível em http://www.cbar.org.br/PDF/Pesquisa_GV-CBAr_relatorio_final_1_etapa_2fase_24.06.09.pdf, acesso em 20 de janeiro de 2011.

[33] Pesquisa "Arbitration and the Judiciary", disponível em http://www.cbar.org.br/PDF/Pesquisa_GV-CBAr_relatorio_final_1_etapa_2fase_24.06.09.pdf, acesso em 20 de janeiro de 2011. Aplicando corretamente as regras sobre anulação da sentença arbitral, vide, ilustrativamente: Tribunal de Justiça de São Paulo, 4ª Câmara de Direito Privado, Apel. n. 99405115895-2, Rel. Des. Fábio Quadros, j. 11.11.2010; 3ª Câmara de Direito Privado, Apel. n. 99409279845-3, Rel. Des. Donegá Morandini, j. 28.09.2010; Tribunal de Justiça de Goiás, 4ª Câmara de Direito Privado, Apel. n. 4639528820098090051, Rel. Des. Amaral Wilson de Oliveira, j. 11.11.2010; 4ª Câmara de Direito Privado, Apel. n. 1727585920078090051, Rel. Des. Amaral Wilson de Oliveira, j. 25.11.2010.

A Evolução da Arbitragem Internacional no Brasil	199

31. Sob o regime anterior, disciplinado no Código de Processo Civil de 1973, uma vez surgido o litígio, para que o mesmo fosse submetido à arbitragem, a celebração de um compromisso arbitral era sempre necessária. A cláusula compromissória não era totalmente eficaz e exequível *per se*. Após a Lei de Arbitragem de 1996, este requisito deixou de ser necessário, prevendo-se expressamente, em seu artigo 3º, que as partes podem submeter suas disputas à arbitragem mediante a execução de uma cláusula compromissória ou de um compromisso arbitral.

32. No sistema legal atualmente em vigor, quando as partes tenham designado na cláusula compromissória as regras para a instauração da arbitragem (incluindo para a nomeação dos árbitros), diretamente ou meio da referência às regras de determinada instituição, a execução de um compromisso não é necessária (arts. 5º e 6º da Lei de Arbitragem). Somente quando as partes tenham celebrado uma "cláusula vazia", que não contém todos os elementos necessários para a constituição do tribunal arbitral, será necessária a celebração de um compromisso arbitral para que se possa submeter a disputa à arbitragem. Nos últimos anos, o STJ e alguns tribunais de segunda instância, na esteira de precedentes do primeiro, consolidaram essas regras[34].

---

[34] Aplicando essa regra, vide na jurisprudência recente: STJ, Corte Especial, SEC n. 1.210/GB, Rel. Min. Fernando Gonçalves, j. 20.06.2007, *Revista de Arbitragem e Mediação*, n. 17, Abr./Jun. 2008, p. 243-249, e comentários nas pp. 250-254; Tribunal de Justiça de São Paulo, 25ª Câmara de Direito Privado, Apel. n. 1117830-0/7, Rel. Des. Antônio Benedito Ribeiro Pinto, j. 26.02.2008, *Revista de Arbitragem e Mediação*, n. 17, Abr./Jun. 2008, p. 200, e comentários nas pp. 208 e ss.; 28ª Câmara de Direito Privado, Apel. n. 1103701-0/9, Rel. Des. Claudio Lima Bueno de Camargo, j. 11.12.2007; 14ª Câmara de Direito Privado, Apel. n. 7.127.102-2, Rel. Des. Pedro Ablas, j. 19.09.2007; 14ª Câmara de Direito Privado, Apel. n. 990.10.090526-0, Rel. Des. Melo Colombi, j. 12.05.2010. O STJ também já considerou, em algumas disputas envolvendo contratos internacionais celebrados antes da promulgação da Lei de Arbitragem, que a cláusula compromissória tem eficácia imediata e, portanto, não há a necessidade do compromisso arbitral, baseando--se no princípio da boa-fé. Vide: STJ: 3ª Seção, REsp n. 712.566/RJ, Rel. Min. Nancy Andrighi, j. 18.08.2005, *Revista de Arbitragem e Mediação*, n. 7, Out./Dez. 2005, p. 212, e comentários na p. 217; Corte Especial, SEC n. 349, Rel. Min. Eliana Calmon, j. 21.03.2007, *Revista de Arbitragem e Mediação*, n. 14, Jul./Set. 2007, pp. 155-202.

Algumas decisões pioneiras foram proferidas sobre esse assunto pelo Tribunal de Justiça de São Paulo, em disputa envolvendo a empresa francesa Renault e a brasileira CAOA. Vide: Tribunal de Justiça de São Paulo, 5ª Câmara de Direito Privado, AgIn

200   *IV Congresso do Centro de Arbitragem da Câmara de Comércio e Indústria*

33. Caso o compromisso arbitral seja necessário e uma das partes se recuse a celebrá-lo, a parte interessada poderá propor ação perante o Poder Judiciário tendo por objeto a execução específica da cláusula compromissória "vazia", ao abrigo do art. 7º da Lei de Arbitragem.

34. Apesar da posição do STJ e de alguns tribunais de segunda instância, ainda existem algumas poucas decisões contrárias, que negam a eficácia imediata da cláusula compromissória e afirmam que um compromisso é sempre necessário[35]. Embora esse tipo de decisão ainda exista, elas são cada vez mais raras, e existe grande probabilidade de que sejam, posteriormente, revertidas pelo STJ.

(ii) Entes estatais e sociedades de economia mista

35. Logo após a promulgação da Lei de Arbitragem e ao longo da sua primeira década de vigência, a arbitrabilidade de litígios envolvendo entes estatais e sociedades de economia mista foi tema controverso na comunidade jurídica brasileira[36]. Não obstante, esta situação mudou ao

---

n. 124.217.4/0, Rel. Des. Rodrigues de Carvalho, j. 16.09.1999, *Revista de Direito Bancário, do Mercado de Capitais e da Arbitragem*, n. 7, Jan./Mar. 2000, pp. 336-347, e comentários nas pp. 347-348. Essa decisão foi confirmada pelo STJ, 4ª Seção, REsp n. 249.255-SP, Rel. Min. Aldir Passarinho Jr., j. 06.12.2001, *Revista de Direito Bancário, do Mercado de Capitais e da Arbitragem*, n. 16, Abr./Jun. 2002, pp. 381-382; Tribunal de Justiça de São Paulo, 25ª Câmara de Direito Privado, Apel. n. 1117830-0/7, Rel. Des. Antônio Benedito Ribeiro Pinto, j. 26.02.2008, *Revista de Arbitragem e Mediação*, n. 17, Abr./Jun. 2008, p. 200, e comentários nas pp. 208 e ss.

[35] Vide, por exemplo, a decisão proferida pelo Tribunal de Justiça do Paraná, 18ª Câmara de Direito Privado, AgIn n. 428.067-1, Rel. Des. Carlos Mansur Arida, j. 30.012008, *Revista de Arbitragem e Mediação*, n. 17, Abr./Jun. 2008, pp. 212-221, e comentários nas pp. 221-233.

[36] Para mais detalhes a respeito do desenvolvimento da arbitragem envolvendo entes estatais e sociedades de economia mista no Brasil, vide: Selma Ferreira Lemes, "Arbitragem na concessão de serviço público – Perspectivas", *Revista de Direito Bancário, do Mercado de Capitais e da Arbitragem*, n. 17, Jul./Set. 2002, pp. 342-354; Arnoldo Wald, André Serrão, "Aspectos constitucionais e administrativos da arbitragem nas concessões", *Revista de Arbitragem e Mediação*, n. 16, Jan./Mar. 2008, pp. 11 e ss.; Arnoldo Wald, Jean Kalicki, "The Settlement of Disputes between the Public Administration and Private Companies by Arbitration under Brazilian Law", *Journal of Internation Arbitration*, vol. 26, n. 4/2009, pp. 557 e ss.

A Evolução da Arbitragem Internacional no Brasil 201

longo dos últimos anos, com algumas decisões importantes proferidas pelo STJ, que reconheceu expressamente a arbitrabilidade de tais disputas[37].

36. Vale notar também que várias alterações legislativas foram feitas nos últimos anos, autorizando expressamente a arbitragem como mecanismo de resolução de litígios em contratos relativos a concessões[38] e parcerias público-privadas ("PPPs")[39]. A posição brasileira favorável à arbitragem envolvendo o setor público foi novamente reiterada no final de 2007 e início de 2008, com a inclusão de cláusula compromissória no edital do leilão envolvendo a concessão para operar algumas das maiores usinas do Brasil (Santo Antônio e Jirau), que irão constituir o Complexo do Rio Madeira, a ser construído na região amazônica[40].

37. A promulgação das normas legais acima mencionadas e a posição adotada pelo STJ sobre o assunto demonstram que o governo brasi-

---

[37] STJ: 2ª Turma, REsp n. 612.439/RS, Rel. Min. João Otávio de Noronha, j. 25.10.2005, *Revista de Arbitragem e Mediação*, n. 11, Out./Dez. 2006, pp. 177-183; 1ª Seção, MS n. 11.308/DF, Rel. Min. Luiz Fux, j. 26.06.2006, *Revista de Arbitragem e Mediação*, n. 11, Out./Dez. 2006, pp. 194-217, e AgRg no MS 11.308/DF, j. 09.04.2008, *Revista de Arbitragem e Mediação*, n. 21, Abr./Jun. 2009, pp. 286-313; 3ª Turma, REsp n. 954.065/MS, Rel. Min. Ari Pargendler, j. 13.05.2008, *Revista de Arbitragem e Mediação*, n. 22, Jul./Set. 2009, pp. 282-291.

[38] Em 22 de novembro de 2005, a Lei n. 11.196 acrescentou novo dispositivo à Lei n. 8.987, de 13 de fevereiro de 1996, que disciplina as concessões, prevendo expressamente a inclusão de cláusulas arbitrais em contratos de concessão, sujeitas à eleição do Brasil como sede da arbitragem e do português como idioma da arbitragem. A lei brasileira deve ser aplicada ao mérito do litígio, embora as normas legais assim não prevejam. Os árbitros podem ser estrangeiros.

[39] Em 30 de dezembro de 2004, a Lei n. 11.079 foi promulgada com o objetivo de disciplinar as Parcerias Público-Privadas celebradas com o Governo Federal. De acordo com esse diploma legal, é expressamente permitido às partes incluírem cláusulas compromissórias nos contratos de PPP, desde que a arbitragem seja sediada no Brasil e conduzida em português. Para uma análise mais detalhada da Lei das PPPs, vide Arnoldo Wald, "A infra-estrutura, as PPPs e a arbitragem", *Revista de Arbitragem e Mediação*, n. 5, Abr./Jun. 2005, pp. 14-28.

[40] Nesse caso, a Agência Nacional de Energia Elétrica (ANEEL) concordou em submeter à arbitragem as disputas relativas às suas concessões. A arbitragem já havia sido utilizada por outras agências reguladoras, como a Agência Nacional de Telecomunicações (ANATEL) e a Agência Nacional do Petróleo, Gás e Biocombustíveis (ANP), bem como por outros entes estatais, como o BNDES. No final do século XIX e início do XX, agentes estatais e estados federativos já haviam utilizado a arbitragem.

202 IV Congresso do Centro de Arbitragem da Câmara de Comércio e Indústria

leiro está ciente da importância da arbitragem para a solução de conflitos envolvendo investimentos privados (principalmente investimentos estrangeiros), e está disposto a incentivar a sua utilização pelo Estado e entes estatais[41].

(iii) Procedimentos de falência e recuperação

38. Nos últimos anos, os tribunais brasileiros lidaram, pela primeira vez, com questão complexa que ainda permanece controversa em muitos países: a arbitrabilidade de litígios envolvendo empresas falidas ou em processo de recuperação (judicial ou extrajudicial).

39. Em um importante caso decidido em 2008[42], o STJ reconheceu, pela primeira vez, a arbitrabilidade de litígios envolvendo sociedades em liquidação, sempre que a convenção de arbitragem tenha sido celebrada antes da ordem de liquidação, quando os signatários ainda tinham plena

---

[41] O Advogado-Geral da União aprovou parecer contrário à inserção de cláusula compromissória prevendo arbiragem internacional nos contratos que serão celebrados entre a empresa estatal brasileira Petrobras, o Governo Federal e a ANP para a exploração das bacias de petróleo do pré-sal. De acordo com o parecer, a previsão de arbitragem nesses contratos seria inadequada, pois já existiria um mecanismo adequado de resolução de conflitos no âmbito da Administração Pública Federal, qual seja, a Câmara de Conciliação e Arbitragem da Administração Federal, que é órgão da Advocacia-Geral da União. Esta Câmara foi criada em setembro de 2007 e visa à resolução de conflitos entre órgãos e entidades da Administração Pública Federal. Para mais detalhes, vide

http://www.agu.gov.br/sistemas/site/ TemplateTexto.aspx?idConteudo=80350&id_site=1104, acesso em 30 de janeiro de 2011. Para consulta ao conteúdo integral do parecer, vide: *Revista de Arbitragem e Mediação*, n. 28, Jan./Mar. 2011, no prelo.

[42] STJ, Decisão Monocrática, MC n. 14.295, Min. Nancy Andrighi, j. 08.06.2008, *Revista de Arbitragem e Mediação*, n. 19, Out./Dez. 2008, p. 167-172; e Processo n. 583.00.2008.224372-5, 3ª Vara de Direito Privado, juiz Anderson Cortez Mendes, j. 15.12.2008, *Revista de Arbitragem e Mediação*, n. 22, Jul./Set. 2009, pp. 250-253. Para mais informações sobre essa decisão, vide: Arnoldo Wald e Rodrigo Garcia da Fonseca, "International arbitration – Bankruptcy disputes: Outside counsel perspective", in Horácio Grigera Naón e Paul Mason (Ed.), *International Commercial Arbitration Practice: 21st century perspectives*, New Providence (NJ), Lexis Nexis, 2010, Chapter 34; Arnoldo Wald, "Arbitrage et insolvabilité: les questions controversées au Brésil et en Amérique Latine", *The Paris Journal of International Arbitration*, n. 2/2010, p. 391.

A *Evolução da Arbitragem Internacional no Brasil* 203

capacidade de contratar e de estar em juízo. A decisão também traz uma interpretação detalhada e esclarecedora do princípio da *competência--competência*, afirmando que os árbitros têm competência para decidir, prioritariamente, sobre sua própria competência e a validade da convenção de arbitragem, ao passo que um controle *a posteriori* da legalidade da sentença arbitral é reservado aos tribunais estatais.

40. O Tribunal de Justiça de São Paulo tem adotado o mesmo entendimento, a despeito de recente decisão divergente isolada[43].

(iv) Sentenças arbitrais estrangeiras anuladas ou sujeitas a procedimento de anulação na sede da arbitragem

41. O STJ ainda não teve a oportunidade de decidir sobre a possibilidade de se reconhecer e executar no Brasil, de acordo com a Convenção de Nova Iorque e a Lei Brasileira de Arbitragem, uma sentença arbitral estrangeira que tenha sido anulada ou que esteja sujeita a procedimento de anulação na sede da arbitragem.

42. Não obstante, a Corte adotou postura positiva no âmbito de pedido de homologação de sentença arbitral proferida nos Estados Unidos e objeto de ação anulatória equivocadamente proposta no Brasil. Embora não tenha analisado a competência dos tribunais brasileiros para anular uma sentença arbitral estrangeira, a Corte homologou a sentença arbitral, a despeito da existência de um processo de anulação pendente contra a mesma[44].

43. De qualquer forma, vale ressaltar que a redação da maioria dos textos oficiais da Convenção de Nova Iorque denota um poder discricionário do juiz no tocante à homologação, ou não, de sentenças arbitrais estrangeiras que tenham sido anuladas na sede da arbitragem, não havendo

---

[43] Tribunal de Justiça de São Paulo, 6ª Câmara de Direito Privado, AgIn n. 658.014--4/2-00, Rel. Des. Roberto Solimene, j. 10.12.2009, *Revista de Arbitragem e Mediação*, n. 28, Jan./Mar. 2011, no prelo.

[44] STJ, Corte Especial, SEC n. 611/US, Rel. Min. João Otávio de Noronha, j. 23.11.2006, *Revista de Arbitragem e Mediação*, n. 13, Abr./Jun. 2007, p. 260.

204   *IV Congresso do Centro de Arbitragem da Câmara de Comércio e Indústria*

uma obrigação dos juízes nacionais em fazê-lo[45]. O texto em português ratificado no Brasil corrobora essa conclusão, uma vez que expressamente emprega a palavra "poderá"[46], tal como faz o art. 38, VI da Lei de Arbitragem.

(v) Ordem pública

44. O STJ adotou posição construtiva em relação ao conceito de ordem pública como fundamento para recusar a homologação de sentenças arbitrais estrangeiras.

45. Neste caso, a parte brasileira alegou que a sentença arbitral era nula com base no fato de que os árbitros deixaram de aplicar disposição do Código Civil brasileiro, o que teria violado a ordem pública nacional. O STJ, após analisar o conceito de ordem pública, afirmou que a não aplicação de determinada disposição legal pelo tribunal arbitral não viola a ordem pública brasileira. Embora sem mencioná-lo explicitamente, parece-nos que o STJ adotou o conceito de ordem pública internacional[47].

(vi) Medidas cautelares

46. A jurisprudência, sobretudo nos últimos cinco anos, tem sido determinante para a correta interpretação das regras legais referentes à competência dos árbitros e do Poder Judiciário no que se refere à concessão de medidas cautelares.

47. Atualmente, não há controvérsia no que tange à competência do Poder Judiciário para conceder medidas cautelares antes da instituição da

---

[45] Alexis Mourre, "A propos des articles V et VII de la Convention de New York et de la reconnaissance des sentences annulées dans leur pays d'origine: où va-t-on après les arrêts Putrabali et TermoRio?", *Revue de l'Arbitrage*, 2008/2, pp. 263 e ss.

[46] Decreto n. 4.311, de 23 de julho de 2002.

[47] STJ, Corte Especial, SEC n. 802-EX, Rel. Min. José Delgado, j. 17.08.2005, *Revista de Arbitragem e Mediação*, n. 7, Out./Dez. 2005, pp. 195-204, e comentários nas pp. 204-211.

A Evolução da Arbitragem Internacional no Brasil

arbitragem. Os tribunais brasileiros já proferiram diversas decisões afirmando que, antes da constituição do tribunal arbitral, a propositura de cautelar perante o juízo estatal não é considerada uma violação da convenção de arbitragem[48]. Ao contrário, reconhece-se que o objetivo principal dessas medidas é o de proteger os direitos da parte até o início efetivo do procedimento arbitral. Além disso, nesses casos, os tribunais brasileiros têm reconhecido que sua competência se restringe a uma fase preparatória e provisória, e que o mérito deve ser decidido pelo tribunal arbitral a ser constituído[49].

48. Por outro lado, uma vez instituída a arbitragem e constituído o tribunal arbitral, os tribunais brasileiros têm entendido que sua competência para conceder tais medidas cessa por completo. A partir desse momento, os árbitros têm competência exclusiva para decretar medidas provisórias e podem, a seu critério, manter, modificar ou revogar aquelas já concedidas pelo Poder Judiciário antes da constituição do tribunal arbitral[50]. Caso seja necessária a execução forçada de medida provisória concedida pelos árbitros, estes poderão requerê-la à autoridade judiciária competente, nos termos do art. 22, § 4º da Lei de Arbitragem.

(vii) Extensão da cláusula compromissória a partes não signatárias

49. Outro aspecto relevante quanto à validade e eficácia da cláusula compromissória é a possibilidade de estender seus efeitos a não signatários. Os tribunais superiores brasileiros ainda não se pronunciaram sobre

---

[48] Vide, por exemplo: Tribunal de Justiça de São Paulo, 4ª Câmara de Direito Privado, MC n. 494.408-4/6, Rel. Des. Ênio Zuliani, j. 28.06.2007.

[49] Vide, por exemplo: Tribunal de Justiça de São Paulo, 3ª Câmara de Direito Privado, AgIn n. 614.006-4/4/00, Rel. Des. Roberto Mac Cracken, j. 18.02.2009.

[50] Vide: Tribunal de Justiça de Minas Gerais, 14ª Câmara de Direito Privado, AgIn n. 1.0024.07.600275-7/002 no AgIn n. 1.0024.07.600275-7/001, Rel. Des. Elias Camilo, j. 17.01.2008, *Revista de Arbitragem e Mediação*, n. 19, Out./Dez. 2008, pp. 191-196, e comentários nas pp. 196-199; 12ª Câmara de Direito Privado, Apel. n. 1.0480.06.083392-2/001, Rel. Des. Domingos Coelho, j. 14.02.2007; 4ª Câmara de Direito Privado, AgIn n. 2.0000.00.410.533-5/000, Rel. Des. Alvimar de Ávila, j. 27.08.2003; Tribunal de Justiça de São Paulo, 20ª Câmara de Direito Privado, Apel. n. 999.843/6, Rel. Des. Álvaro Torres Jr., j. 23.06.2008.

206   *IV Congresso do Centro de Arbitragem da Câmara de Comércio e Indústria*

o tema. No entanto, há precedente proferido pelo Tribunal de Justiça de São Paulo, em caso que continha algumas peculiaridades.

50. O Tribunal, confirmando decisão de primeiro grau, estendeu à controladora cláusula compromissória celebrada por subsidiária local, considerando que aquela havia conduzido pessoalmente todas as negociações que levaram à celebração do contrato em que inserida a convenção de arbitragem, sendo, portanto, solidariamente responsável por sua execução[51].

IV. Questões Controvertidas

51. Apesar do grande avanço promovido pela jurisprudência brasileira nos últimos anos, ainda há algumas questões controvertidas, sobre as quais os tribunais superiores ainda não chegaram a uma solução uniforme. As mais importantes são: *(i)* a validade da cláusula compromissória "tácita" ou incorporada por referência; e *(ii)* os conflitos de competência entre juízes e árbitros ou entre duas instituições arbitrais.

52. Há, também, algumas questões relevantes na comunidade arbitral internacional sobre as quais os tribunais brasileiros ainda não tiveram a oportunidade de se debruçar.

IV.1. *A cláusula compromissória "tácita" ou incorporada por referência*

53. Antes da promulgação da Emenda Constitucional n. 45/2004, o STF entendia que, de acordo com a Lei Brasileira de Arbitragem, a anuência tácita à cláusula compromissória não era admissível. Assim, recusava-se a homologar sentença arbitral que houvesse sido proferida com base em cláusula compromissória que não tivesse sido assinada pelas partes[52].

---

[51] Tribunal de Justiça de São Paulo, 7ª Câmara de Direito Privado, Apel. n. 267.450-4/6, Rel. Des. Constança Gonzala, j. 24.05.2006, *Revista de Arbitragem e Mediação*, n. 10, Jul./Set. 2006, p. 243, e comentários na p. 245.

[52] Esse foi, por exemplo, o principal argumento adotado pelo STF para recusar a homologação de sentença arbitral estrangeira na SEC n. 6.753-7/UK, Plenário, Rel. Min.

A Evolução da Arbitragem Internacional no Brasil 207

54. Desde 2005, o STJ tem adotado, caso a caso, uma posição mais flexível em relação aos requisitos da cláusula escrita e assinada, à luz da vontade das partes, notadamente no que diz respeito à cláusula incorporada por referência (às regras de algum setor de mercado ou associação profissional, por exemplo). Não obstante, tendo em vista algumas poucas decisões recentes na direção oposta, a questão permanece em aberto, e uma solução uniforme ainda não foi alcançada[53].

55. A posição do STJ sobre o tema pode ser resumida da seguinte forma:

a) em regra, a cláusula compromissória deve ser expressa, de preferência escrita;

Maurício Corrêa, j. 13.06.2002, *Revista de Direito Bancário, do Mercado de Capitais e da Arbitragem*, n. 18, Out./Dez. 2002, pp. 370-376.

[53] Na SEC n. 856-EX, o STJ considerou elementos adicionais (por exemplo, o comportamento das partes ao longo do procedimento arbitral e o fato de o recurso à arbitragem ser prática corrente no segmento de mercado em questão) para averiguar a existência de consentimento das partes à arbitragem, apesar da falta de assinatura no contrato objeto da disputa (STJ, Corte Especial, SEC n. 856-EX, Rel. Min. Carlos Alberto Menezes Direito, j. 18.05.2005, *Revista de Arbitragem e Mediação*, n. 6, Out./Dez. 1999, pp. 228-237). O STJ adotou o mesmo entendimento na SEC n. 1.210, mencionada acima, na qual o contrato celebrado entre as partes remetia à arbitragem de acordo com o Regulamento da Liverpool Cotton Association. No caso, a Corte considerou existente e válida a cláusula compromissória, a despeito da revelia da parte brasileira no procedimento arbitral.

Por outro lado, na SEC n. 866/GB, a Corte negou a homologação de sentença arbitral estrangeira por considerar que não era válida cláusula compromissória contida em faxes trocados entre os agentes comerciais que representavam uma das partes. A Corte concluiu que não era possível provar que a parte recalcitrante conhecia a existência da convenção de arbitragem (STJ, Corte Especial, SEC n. 866, Rel. Min. Felix Fischer, j. 17.05.2006, *Revista de Arbitragem e Mediação*, n. 12, Jan./Mar. 2007, pp. 256 e ss.).

Em outra decisão mais recente, em caso semelhante ao da SEC n. 1210, o STJ entendeu que o contrato, que remetia à arbitragem de acordo com as regras da Liverpool Cotton Association, não havia observado os requisitos especiais previstos na Lei de Arbitragem para a validade de cláusula compromissória inserida em contratos de adesão. Por isso, negou a homologação da sentença arbitral (STJ, Corte Especial, SEC n. 978/EX, Rel. Min. Hamilton Carvalhido, j. 18.12.2008, *Revista de Arbitragem e Mediação*, n. 24, Jan./Mar. 2010, pp. 215 e ss.). Em outra recente decisão, o STJ negou a homologação de sentença arbitral estrangeira em caso no qual a contratante supostamente se opôs à cláusula compromissória logo após receber o contrato enviado pela outra parte, embora esse não tenha sido o fundamento no qual a Corte se baseou para tomar sua decisão (STJ, Corte Especial, SEC n. 826, Rel. Min. Hamilton Carvalhido, j. 15.09.2010, *Revista de Arbitragem e Mediação*, n. 28, Jan./Mar. 2010, no prelo).

208   *IV Congresso do Centro de Arbitragem da Câmara de Comércio e Indústria*

b) caso a parte não se oponha à arbitragem e participe do procedimento arbitral, a sentença arbitral poderá ser homologada e executada no Brasil, mesmo que a cláusula compromissória não tenha sido expressamente prevista no contrato;
c) caso uma das partes proponha a cláusula compromissória e a outra não concorde, aquela não pode ser considerada como uma cláusula compromissória válida;
d) ao analisar a existência e validade da cláusula compromissória no âmbito do processo de homologação de sentença arbitral estrangeira, algumas decisões do STJ têm considerado o fato de que o uso da arbitragem é prática corrente em certos setores do mercado. Assim, em alguns segmentos de negócios, como, por exemplo, o mercado de algodão, a anuência à cláusula compromissória poderia ser presumida.

56. A tendência dos tribunais brasileiros é definitivamente a de reconhecer a validade da convenção de arbitragem incorporada por referência, particularmente considerando sua enorme importância prática na atualidade, o que é reconhecido também pela doutrina[54].

IV.2. *Conflitos de competência entre juízes e árbitros*

57. Quando o Poder Judiciário não respeita os limites de sua competência em relação a litígio submetido à arbitragem, um conflito de competência pode surgir. Tais conflitos surgem, em regra, no contexto de medidas cautelares ajuizadas perante o Poder Judiciário antes da constituição do tribunal arbitral, nos casos em que a decisão anteriormente proferida pelo juiz ou tribunal estatal tenha sido modificada ou revogada pelo tribunal arbitral após a sua constituição.

58. Nesses casos, recorrer aos tribunais superiores pode ser necessário a fim de solucionar o conflito em prazo razoável. Esse não é o

---

[54] Vide, por exemplo: Klaus von Wobeser, "La Incorporación por Referencia", in Guido Santiago Tawil, Eduardo Zuleta (Ed.), *El Arbitraje Comercial Internacional: Estudios de la Convención de Nueva York con Motivo de su 50º Aniversario*, Buenos Aires, Abeledo-Perrot, 2008, p. 246 e ss.

A Evolução da Arbitragem Internacional no Brasil 209

caso quando uma das partes deve recorrer sucessivamente a diversas instâncias judiciais para obter uma solução.

59. O STJ já admitiu, em alguns casos, que uma medida processual conhecida como "Conflito de Competência" (previsto no art. 105, I, *d*, da Constituição), geralmente utilizada para resolver conflitos de competência entre diferentes tribunais estatais, pode ser também um meio para resolver conflitos entre juízes e árbitros, quando ambos considerem ter competência para decidir o mesmo litígio[55]. Em um desses casos, uma liminar foi concedida para suspender o processo judicial e afirmar a competência do tribunal arbitral para dar seguimento ao caso até que uma decisão final sobre o conflito fosse proferida[56].

IV.3. *Questões que ainda não foram decididas*

60. Há, ainda, algumas questões importantes no cenário arbitral internacional sobre as quais os tribunais brasileiros ainda não tiveram a oportunidade de se manifestar. É o caso, por exemplo: *(i)* da possibilidade de se homologar e executar no Brasil sentença arbitral estrangeira anulada na sede da arbitragem; *(ii)* da arbitrabilidade de litígios em matéria de concorrência, propriedade intelectual e direito tributário[57]; *(iii)* da possibilidade de extensão da cláusula compromissória no caso de grupo de contratos; *(iv)* da suposta violação do devido processo legal quando a sentença arbitral tenha sido fundamentada em questão de direito que não tenha sido suscitada pelas partes na arbitragem (com base no princípio *iura novit curia*); *(v)* da validade de sentença arbitral sem fundamentação, tendo em vista as regras procedimentais aplicáveis à arbitragem; e *(vi)* da possibilidade de executar sentenças parciais.

---

[55] STJ, Decisão Monocrática, CC n. 106.121/AL, Min. Aldir Passarinho Jr., j. 23.06.2009; Decisão Monocrática, CC n. 111.230/DF, Min. Aldir Passarinho Jr., j. 01.07.2010, *Revista de Arbitragem e Mediação*, n. 27, Out./Dez. 2010, p. 333.

[56] STJ, Decisão Monocrática, CC n. 111.230/DF, Min. Aldir Passarinho Jr., j. 01.07.2010, *Revista de Arbitragem e Mediação*, n. 27, Out./Dez. 2010, p. 333.

[57] Sobre arbitragem e direito tributário, vide Alexandre Luiz Moraes do Rego Monteiro, Leonardo Freitas de Moraes e Castro, "Direito Tributário e Arbitragem: uma análise da possibilidade e dos óbices ao juízo arbitral em matéria tributária no Brasil", *Revista de Arbitragem e Mediação*, n. 23, Out./Dez. 2009, p. 60 e ss.

61. Não obstante, considerando a evolução da jurisprudência brasileira relativa à arbitragem na última década, há fortes razões para crer que tais questões muito em breve chegarão aos tribunais brasileiros, que, por sua vez, tomarão decisões razoáveis.

V. Conclusão

62. A partir de 1996, a prática da arbitragem no Brasil se beneficiou de um ambiente jurídico extremamente favorável, uma economia em expansão e uma demanda cada vez maior dos agentes econômicos por segurança jurídica, bem como soluções rápidas e eficientes para as suas disputas, proferidas por especialistas em um ambiente confidencial.

63. Nesse sentido, o Brasil evoluiu em um ritmo sem precedentes e atingiu, sobretudo nos últimos cinco anos, resultados expressivos que o colocam lado a lado com as nações mais desenvolvidas no campo da arbitragem internacional, diferentemente de alguns dos seus vizinhos latino-americanos.

64. Entretanto, ainda há muito a ser feito, e algumas questões controversas a serem resolvidas. O crescimento exponencial do Brasil e a crescente demanda por contratos de construção, investimentos em *joint venture* e governança corporativa para os próximos anos promoverá ainda mais a disseminação e o desenvolvimento da arbitragem no Brasil, sendo ela verdadeira ferramenta para a evolução do país.

65. Assim, podemos afirmar, sem hesitação, que o século XXI é o século da arbitragem internacional no Brasil. Os próximos anos prometem ser ainda mais emocionantes que os anteriores, em função de disputas cada vez mais complexas, que exigirão soluções igualmente cada vez mais ágeis.

A ARBITRAGEM INTERNACIONAL NA LEI DE ARBITRAGEM ESPANHOLA APÓS A REFORMA DE 2011[1]

JUAN FERNÁNDEZ-ARMESTO[2]

1. Introdução

1.1. *Panorâmica geral*

A) *Função da arbitragem internacional*

As últimas décadas têm sido marcadas por um aumento do comércio e das relações económicas internacionais. Uma das características mais surpreendentes deste processo é o facto de a globalização da economia não ter sido acompanhada, pelo menos até à data, por uma "globalização da justiça". Com efeito, inexiste uma via judicial internacional para resolver disputas entre empresários de países distintos. Não há a possibilidade de litigar perante o Tribunal Internacional de Justiça de Haia, uma vez que a legitimidade para recorrer a este Tribunal encontra-se exclusivamente reservada aos Estados[3].

Os privados estão limitados a litigar nos tribunais nacionais, seja no de uma das partes, ou, em alternativa, num terceiro país neutro. Nenhuma

---

[1] Quero agradecer à Dra. Ana Serra e Moura a valiosa colaboração na preparação deste artigo.

[2] Árbitro. Armesto & Asociados, Madrid, Espanha.

[3] Artigo 34.º do Estatuto do Tribunal Internacional de Justiça.

IV Congresso do Centro de Arbitragem da Câmara de Comércio e Indústria

destas soluções é especialmente atractiva, desde logo, porque escolher o tribunal judicial de uma das partes deixará uma delas em desvantagem relativamente à outra. Por outro lado, escolher a jurisdição de um terceiro país, colocará ambas numa situação de risco, porquanto o juiz local não terá incentivo algum em resolver uma disputa, na qual não é parte nenhum nacional, e muito possívelmente, onde deverá aplicar um Direito desconhecido.

A via judicial não coloca apenas problemas de imparcialidade e eficiência. Proferida a sentença judicial – o que inevitavelmente exigirá observar o processo de recursos que a jurisdição tenha consagrado – esta só poderá ser executada com a proficuidade que se exige no país em que foi proferida. Em qualquer outro país a execução da sentença judicial exigirá o *exequatur* da jurisdição nacional, sendo certo que os níveis da unificação internacional nesta matéria continuam a ser muito limitados. De facto, existem tratados que facilitam o reconhecimento das sentenças estrangeiras dentro de âmbitos geográficos limitados. Regra geral, o reconhecimento e a execução de uma sentença judicial proferida no estrangeiro ter-se-á que submeter às normas processuais internas do país da parte condenada (uma vez que será onde, por norma, existirão bens penhoráveis). A esta situação acresce o facto de, em certos países, o ordenamento jurídico ter um carácter notoriamente proteccionista, o que dificulta enormemente que sentenças judiciais estrangeiras possam chegar a ter força coerciva contra o devedor local.

A arbitragem internacional vem, desta forma, cobrir um vazio legal criado pela inexistência de um sistema judicial internacional, que fosse capaz de dirimir – com imparcialidade e eficiência – as contendas entre empresas situadas em países diferentes.

A arbitragem, como meio voluntário de resolução de litígios, é um sistema imparcial, porque o lugar, o idioma, o direito aplicável e as características do processo e dos árbitros, ao terem sido livremente escolhidos pelas partes, são neutros[4].

A arbitragem não só é imparcial, como também é eficaz: uma vez que a sentença arbitral é proferida pelos árbitros, a sua decisão relativa-

---

[4] Isto supõe que ambas as partes tenham um poder de negociação análogo – requisito que se cumpre na contratação entre empresários, mas não entre consumidores e empresários. Por isso, a arbitragem comercial internacional não é uma instituição apropriada para resolver conflitos com consumidores.

mente ao fundo não pode ser objecto de recurso nem perante outra instância arbitral, nem perante nenhuma jurisdição nacional[5]. Mas não é só isso: não existe um Tratado internacional que de forma geral facilite a execução de sentenças judiciais, existindo, no entanto, um para o reconhecimento e execução de sentenças arbitrais. Trata-se da Convenção de Nova Iorque[6] [de ora em diante apenas a "CNI"], um tratado internacional que tem sido descrito como *"a pedra angular"* da arbitragem internacional. Tudo isto radica em que uma sentença arbitral internacional possa ser executada em qualquer um dos 146 países aderentes[7], sem que o poder judicial nacional possa rever o mérito da decisão.

A arbitragem internacional tem vindo a construir um sistema imparcial e eficaz para que os empresários resolvam as suas disputas supranacionais, surgidas de contratos de comércio ou de investimento. O próprio *Tribunal Supremo* Espanhol reconheceu *"o êxito* [da arbitragem internacional], *devido à sua necessidade, resultado de que o comércio internacional exige uma segurança e rapidez nas transacções, assim como a urgente solução dos conflitos mediante simples e ao mesmo tempo eficazes técnicas iludindo a complicação e a lentidão das jurisdições estaduais"*[8].

Este êxito levou a que o mesmo método de solução de conflitos se tenha estendido progressivamente a novos tipos de conflitos.

O âmbito da arbitragem estendeu-se à resolução de conflitos entre investidores estrangeiros e Estados receptores do investimento. Este tipo de arbitragem tornou-se possível graças à Convenção de Washington [de ora em diante apenas a "CW"][9] e a cerca de 2.700 Acordos de Protecção Recíproca de Investimentos[10] subscritos entre os que o no momento da

---

[5] Pelo menos em todos os países que adoptaram a Lei-Modelo da Comissão das Nações Unidas para o Direito Comercial Internacional de 21 de Junho de 1985, alterada em 2006 [de ora em diante apenas a "Lei-Modelo"] – ver o artigo 34.°.

[6] De 10 de Junho de 1958; instrumento de ratificação espanhol de 29 de Abril de 1977 e instrumento de ratificação português de 18 de Outubro de 1994.

[7] Entre os países aderentes estão praticamente todos os que têm peso económico significativo. A lista dos países signatários pode ser consultada em www.uncitral.org.

[8] Sentença do *Tribunal Supremo* 23.7.2001; (Ref. La Ley 8359/2001); com comentário de Fernández-Armesto/Bergel *in* La Ley, 15.4.2002, pág. 1.

[9] De 18 de Março de 1965, instrumento de ratificação de Espanha 20 de Julho de 1994. Neste momento há 157 Estados aderentes à CW. Destes, 146 Estados depositaram os seus intrumentos de ratificação, aceitação e aprovação.

[10] O acrónimo em inglês, muito utilizado na prática, é BIT (*Bilateral Investment Treaty*).

sua assinatura eram países exportadores e receptores de capital. Numa arbitragem de investimento o demandante é sempre um investidor estrangeiro e o demandado o Estado receptor do investimento – sem que tenha de existir uma relação contratual entre os dois. As causas de reclamação circunscrevem-se ao tratamento justo e equitativo, à expropriação e a outros prejuízos semelhantes, definidos no APRI correspondente e que o investidor estrangeiro alega ter sofrido como consequência da actuação do Estado. Os Estados têm preferido que este tipo de disputas, de carácter público e sem natureza contratual, sejam dirimidos através de autênticas arbitragens internacionais – e não mediante processos judiciais perante uma jurisdição nacional ou internacional. E os investidores internacionais que se sentem prejudicados ou discriminados tendem, em número crescente, a procurar justiça nestes procedimentos, normalmente administrados pelo Centro Internacional para a Arbitragem de Disputas sobre Investimentos [de ora em diante apenas o "CIADI"], o centro de arbitragem criado no seio do Banco Mundial[11].

O comércio internacional e o investimento estrangeiro – motores de criação de riqueza a nível mundial – não podem crescer sem segurança jurídica. E para o bem e para o mal o único instrumento jurídico que *hic et nunc* pode cobrir essa necessidade é precisamente a arbitragem internacional. É o único método conhecido que permite que conflitos comerciais ou de investimento, entre empresários ou investidores e Estados, possam ser resolvidos num processo razoavelmente breve e institucionalmente imparcial, que termine com uma decisão arbitral, inatacável quanto ao mérito e facilmente executável numa multiplicidade de países (e, em especial, no da parte perdedora).

B) *A progressiva aceitação da arbitragem internacional*

A arbitragem é uma manifestação da autonomia da vontade das partes: o Estado respeita a decisão, livremente negociada entre os particulares, de dirimir as suas disputas, não através dos tribunais – o serviço público de resolução de conflitos – mas sim através de um procedimento de natureza

---

[11] O CIADI, até ao dia 31 de Dezembro de 2010, administrou mais de 331 arbitragens. www.worldbank.org/icsid.

privada. Por isso, existe uma intensa correlação entre democracia e arbitragem: maior democracia, maior respeito da liberdade do cidadão e maior apoio à força e, eficácia do pacto arbitral; no caso da arbitragem internacional, acrescenta-se uma segunda correlação que radica na maior abertura ao comércio internacional e ao investimento estrangeiro, maior aceitação e mais fiel aplicação dos Tratados em que se fundamenta a sua eficácia.

Espanha é um magnífico exemplo destas correlações. A Lei de Arbitragem de 1953[12], de "influência autoritária", simplesmente desconhecia a instituição da arbitragem internacional. A doutrina e a jurisprudência da arbitragem internacional viam-na com grande desconfiança.

Instaurada a democracia, Espanha aderiu em 1977 à CNI (20 anos depois da sua assinatura). Mas foi só em 1981 que o *Tribunal Supremo* realmente interiorizou o seu espírito num famoso Acórdão de 11 de Fevereiro do mencionado ano, que finalmente abriu caminho a que todas as sentenças arbitrais estrangeiras se pudessem executar em Espanha.

A Lei de Arbitragem de 1988 [de ora em diante apenas a "LAE de 1988"][13] constitui a primeira lei interna que regulava, ainda que de forma não inteiramente feliz, a arbitragem com elementos internacionais.

Em parelalo a esta progressiva aceitação da arbitragem internacional comercial, em 1994 produziu-se finalmente – depois de longas reticências políticas – a incorporação de Espanha na CW e com esta ao sistema de arbitragem de investimento do Banco Mundial.

A Lei de Arbitragem de 2003 [de ora em diante apenas a "LAE"][14] reformada em alguns aspectos acessórios no ano de 2011, representou o último passo na aceitação da arbitragem internacional.

Como é sabido a LAE está baseada na Lei-Modelo[15]. Mas além disso assume este modelo regulatório, pensando nas suas origens para a arbitragem internacional e estende-o à arbitragem nacional, tanto comercial como inclusivamente civil.

---

[12] Lei de 22 de Dezembro de 1953; para uma análise detalhada da história ver Verdera Tuells: "*La Ley 60/2003 de 23 de diciembre de arbitraje entre tradición e innovación*" (2005) pág. 25.

[13] Lei 36/1988, de 5 de Dezembro.

[14] Lei 60/2003, de 23 de Dezembro, reformada segundo o projecto aprovado pelo Congresso no dia 19 de Maio de 2011.

[15] A Exposição de Motivos [de ora em diante apenas a "EdM"] da LAE declara que a Lei-Modelo foi "*o seu principal critério inspirador*".

IV Congresso do Centro de Arbitragem da Câmara de Comércio e Indústria

A LAE rompe com o histórico modelo de regulação dualista, desta forma deixa de existir uma lei específica para a arbitragem doméstica e outra para a arbitragem internacional. Neste contexto, a LAE declara-se monista: sempre que o lugar da arbitragem seja Espanha, será esta a lei que se aplica a todas as arbitragens, sejam estas de carácter doméstico ou internacional. Assim se declara expressamente no artigo 1º da citada Lei. E o mais surpreendente é que esta normativa está inspirada num modelo legislativo internacional, pensado orginariamente para a arbitragem comercial internacional e que por essa razão *"não responde ... plenamente aos cânones tradicionais do nosso ordenamento"*[16]. Apesar disso, o legislador impõe-no a todo o tipo de arbitragens, por entender que o esquema internacional da Lei-Modelo é o que oferece mais *"vantagens ou incentivos às pessoas singulares e colectivas para que optem por esta via de resolução de conflitos"*[17].

Desta forma, verificou-se, em menos de 25 anos, uma mudança de paradigma na aceitação da arbitragem internacional em Espanha. Há 25 anos, a legislação desconhecia as arbitragens internacionais. A doutrina mais qualificada advertia, desde uma concepção nacionalista do Direito, dos riscos da sua aceitação. Os Tribunais negavam-se sistematicamente a executar sentenças arbitrais proferidas no estrangeiro. A mudança dificilmente poderia ter sido mais radical: Espanha não só ratificou, sem reservas, todos os Tratados internacionais, como além disso o legislador adoptou o modelo da arbitragem internacional, consagrado na Lei-Modelo, convertendo-o no padrão pelo qual se regulam todas as arbitragens domésticas (inclusivamente as que não têm natureza comercial).

1.2. *Diferenciação entre arbitragem doméstica e internacional*

A LAE contém, no seu artigo 1º número 3, uma cuidada definição do que se deve entender por arbitragem internacional. Fazia realmente falta? A necessidade de definição explica-se facilmente num sistema dualista, como aquele que foi desenhado pela Lei-Modelo, no qual a regulação difere, segundo a arbitragem seja doméstica ou internacional. Num sistema monista puro, no qual a normativa aplicável é sempre a

---

[16] I, IV EdM da LAE.
[17] I, VI EdM da LAE.

mesma, não faz sentido realçar um conceito de "arbitragem internacional". Foi o que ocorreu na lei de arbitragem alemã[18].

A solução adoptada na LAE é, contudo, diferente. Ainda que a sua concepção da arbitragem seja essencialmente monista, e as suas disposições se apliquem a todas as arbitragens que tenham lugar em Espanha, a LAE inclui uma definição de arbitragem internacional, influenciada pela Lei-Modelo (e pelo Direito francês, de carácter dualista como a própria Lei-Modelo). Porquê? A razão encontra-se no facto de existirem certas matérias, algumas com relevância, nas que a LAE introduz significativas distinções entre arbitragem doméstica e internacional.

O artigo 3 número 1 da LAE é o encarregado de definir em que casos é que a arbitragem vai ter carácter internacional; tê-lo-á sempre que concorra qualquer uma das seguintes três circunstâncias, as quais apresentam carácter alternativo entre si:

A) *Domicílio das partes*

O primeiro critério de internacionalização exige que, no momento da celebração da convenção de arbitragem, as partes tenham os seus domicílios em Estados diferentes. O critério – que é o domicílio, e não a nacionalidade[19] – está claramente inspirado pelo artigo 1 (3) (a) da Lei--Modelo, com a única diferença que a Lei-Modelo usa o conceito de *"estabelecimento"*[20], e a LAE o do *"domicílio"*.

A primeira dúvida que se levanta é o que se entende por domicílio. A LAE não o define tornando-se, assim, necessário recorrer às normas gerais. Para as pessoas singulares, o artigo 40° do Código Civil [de ora em diante apenas o "CC"] não deixa margem para dúvidas: trata-se do lugar da residência habitual. No caso de pessoas colectivas, a questão vem determinada pela lei que permite a sua criação (artigo 41° do CC). No caso das sociedades de capital (de responsabilidade limitada, anónima ou em comandita por acções), o domicílio será o centro da sua efectiva

---

[18] § 1025 *ZPO*, que entrou em vigor no dia 1 de Janeiro de 1998.

[19] Diferentemente do que ocorre, p.e. no artigo 1.° do Protocolo de Genebra de 24 de Setembro de 1923, ratificado por Real Decreto Lei [de ora em diante apenas o "RDL"] de 6 de Maio de 1926.

[20] A versão em castelhano usa o termo *"establecimiento"*.

218 IV Congresso do Centro de Arbitragem da Câmara de Comércio e Indústria

administração e direcção, ou, à escolha da própia sociedade, naquele em que radique o seu principal estabelecimento (artigo 9° da Lei das Sociedades de Capital)[21]. Em qualquer caso o domicílio deve constar nos estatutos e no registo da sociedade.

É preciso levar em linha de consideração que para que este critério encontre aplicação, não é suficiente que os estabelecimentos ou sucursais das partes estejam localizados em Estados diferentes – o critério relevante é o do domicílio. Assim, uma arbitragem entre uma empresa espanhola e outra andorenha será internacional, enquanto que outra entre duas sucursais na Turquia de duas sociedades espanholas não o seria, pelo menos segundo este critério – é mais provável que o carácter internacional resultasse da aplicação de algum dos restantes critérios alternativos.

O artigo 3° número 2 da LAE oferece duas regras adicionais para clarificar o conceito de domicílio. Estabelece que se uma das partes tem mais que um domicílio ter-se-á em conta aquele que guarde uma relação mais estreita com a convenção de arbitragem e, se uma parte não tem nenhum domicílio, ter-se-á em conta a sua residência habitual. Este artigo é um decalque literal do artigo 1° (4) da Lei-Modelo, mudando apenas o termo *"estabelecimento"* por *"domicílio"*. Na Lei-Modelo, o artigo está dotado de muito sentido. Uma empresa pode ter vários estabelecimentos ou pode não ter nenhum. O mesmo critério, aplicado ao domicílio, carece de sentido – pelo menos em Direito espanhol. Uma pessoa colectiva espanhola só terá um domicílio, constante dos seus estatutos e inscrito no registo comercial correspondente. As regras do artigo 3° número 2 da LAE só encontrarão aplicação relativamente a pessoas físicas ou a partes estrangeiras, cuja norma observe o pressuposto fáctico que o artigo regula.

B) *Lugar da arbitragem*

O segundo critério de internacionalização radica em que, ainda que ambas as partes tenham o domicílio no mesmo Estado, o lugar da arbitragem, *"determinado na convenção de arbitragem, ou com referência a esta"*, se encontre situado num Estado diferente (artigo 3° número 1 (b) da LAE). A LAE utiliza a expressão *"lugar da arbitragem"*, mantendo a

---

[21] Real Decreto Legislativo 1/2010 de 2 de Julho.

A Arbitragem Internacional na Lei de Arbitragem Espanhola Após a Reforma de 2011 219

mesma terminologia que já se utilizava na LAE de 1988[22]; lugar da arbitragem e sede da arbitragem são sinónimos.

O lugar da arbitragem pode resultar de acordo expresso inserido na convenção de arbitragem. A LAE deixa assim à autonomia das partes que, mesmo quando ambas se encontram domiciliadas no mesmo Estado e o litígio tenha carácter iminentemente interno, possam acordar que a arbitragem se celebre num terceiro Estado, revestindo-se, desta forma, de carácter internacional.

Quid se a convenção de arbitragem nada refere relativamente à sede arbitral? Neste caso cabe distinguir duas situações: (i) que as partes tenham pactuado que a arbitragem seja administrada, e o regulamento da instituição preveja que deva ser esta quem determine o lugar da arbitragem[23]; ou (ii) que não se tenha pactuado uma arbitragem institucional, ou que tendo-se pactuado este tipo de arbitragem, o regulamento ao qual as partes se submeteram, não autorize a instituição a fixar a sede arbitral. Nestes últimos casos, a determinação do lugar da arbitragem tem que ser adoptada pelos próprios árbitros (artigo 26º número 1 da LAE).

Na minha opinião, em todos estes casos, quando a instituição administradora ou os árbitros fixam a sede da arbitragem num Estado diferente do domicílio comum de ambas as partes, estão a atribuir à arbitragem carácter internacional, uma vez que o lugar da arbitragem ter-se-á determinado *"com referência à convenção de arbitragem"*, tal como exige o artigo 3º número 1 (b) da LAE: no caso da determinação institucional, porque a instituição actua por autorização explícita das partes (que se submeteram ao seu regulamento), e no da determinação arbitral, porque os árbitros exercem uma autorização implícita das partes (a ausência de acordo implica uma procuração *ex lege* a favor dos árbitros)[24].

C) *Relação jurídica internacional*

É igualmente internacional a arbitragem na qual ambas as partes estejam domiciliadas no mesmo Estado e o lugar da arbitragem seja nesse

---

[22] Ver artigo 24.º da LAE 1988; o artigo 2.º do Protocolo de Genebra também utiliza o conceito *"lugar da arbitragem"*.

[23] Como p.e. estabelece o artigo 14.º (1) do Regulamento da CCI; a validade deste artigo encontra-se confirmada pelo artigo 4.º (a) da LAE.

[24] Contra: Esplugues Mota *in* AAVV: *"Comentarios a la Ley de Arbitraje"*, (Barona Vilar, Coordenadora) (2004) pág. 159.

mesmo Estado, se a relação jurídica da qual emana a controvérsia tem natureza internacional, por reunir algum dos três requisitos:

- porque uma parte substancial das obrigações, que surgem dessa relação jurídica, tem que ser cumprida num terceiro Estado (p.e.: arbitragem entre duas empresas construtoras espanholas, lugar da arbitragem Madrid, lugar da realização da obra em Portugal) (artigo 3° número 1 (b) da LAE), ou
- porque a controvérsia tem uma relação mais estreita com o terceiro Estado (p.e. por tratar-se de uma controvérsia que afecta a um imóvel situado nesse terceiro Estado) (artigo 3° número 1 (b) da LAE), ou finalmente
- porque a relação jurídica afecta a interesses do comércio internacional (artigo 3° número 1 (c) da LAE).

Dos três critérios de internacionalização enunciados pela LAE, o mais conflituoso quiçá seja o último, relativo à relevância do comércio internacional. Neste ponto, a LAE separou-se da proposta da Lei-Modelo. No seu artigo 1° número 3 (c) a Lei-Modelo simplesmente permite que as partes acordarem o carácter internacional da arbitragem. A LAE, sem embargo, não acolheu este critério, provavelmente porque entende que se as partes desejam pactuar a internacionalização, já têm a alternativa de determinar o lugar da arbitragem num terceiro Estado. O que a LAE fez foi copiar literalmente o critério de internacionalização estabelecido na lei francesa[25]. Com uma importante diferença: na lei francesa, o critério da relevância do comércio internacional é o único existente, enquanto que no sistema espanhol é o último de três.

Dado que o legislador espanhol copiou uma norma francesa, parece razoável assumir como válida a interpretação dada pela jurisprudência do país de origem da mencionada norma. O critério francês de interpretação judicial é marcadamente economicista. O comércio internacional vê-se afectado, se a relação jurídica da qual deriva a controvérsia afecta a economia dos Estados, isto é, implica a transferência de bens, serviços ou fundos através de fronteiras nacionais[26]. No entanto, não são relevantes os

---

[25] Artigo 1492.° *CPC*: *"uma arbitragem é internacional quando esta afecte os interesses do comércio internacional"*.

[26] Fouchard/Gaillard/Goldman: *"International commercial arbitration"* (1999) pág. 58, citando várias sentenças da *Cour d'appel* de Paris, referendadas em 1997 por uma sentença da *Cour de Cassation*.

elementos internacionais de natureza jurídica, como por exemplo a nacionalidade dos accionistas, das partes ou a natureza internacional da instituição administradora. Parece razoável aceitar estes mesmos critérios para interpretar o artigo 3º número 1 c) da LAE[27].

1.3. *Diferenciação entre arbitragem com sede em Espanha e com sede no estrangeiro*

A LAE não só diferencia a arbitragem doméstica da internacional, como também a arbitragem, cujo lugar se encontre em Espanha daquela cuja sede se encontre no estrangeiro. Toda a arbitragem cuja sede se encontre no estrangeiro será, adicionalmente, uma arbitragem internacional (artigo 3º número 1 (b) da LAE). As arbitragens com sede em Espanha serão, segundo os casos, domésticas ou internacionais. O critério da sede é estritamente jurídico: é o lugar pactuado pelas partes, e na ausência do aludido pacto, o determinado pela instituição arbitral, ou pelos próprios árbitros (artigos 4º (a) e 26º da LAE) – as audiências, actuações e deliberações *de facto* podem ter lugar noutro local, ainda que as decisões se considerem sempre proferidas na sede[28].

A sede exerce uma grande influência no desenvolvimento jurídico da arbitragem: o procedimento arbitral rege-se, subsidiariamente, pela lei arbitral da sede e a sua jurisdição é o lugar natural para exercer as acções de anulação contra a sentença arbitral (artigo 5º (1) (e) da CNI). Além disso, as arbitragens com sede no estrangeiro terminam com a promulgação de sentenças arbitrais estrangeiras (segundo o artigo 46º da LAE, *"entende-se por sentença arbitral estrangeira a proferida fora do território espanhol"*[29]), e estas, para serem reconhecidas e executadas em

---

[27] Consequentemente, uma arbitragem entre duas empresa espanholas, com sede na Corunha, cujo objecto seja um acordo parassocial de outra sociedade espanhola, será doméstica, ainda que os accionistas das duas partes sejam estrangeiros, a instituição administradora seja a CCI e o idioma seja o alemão; bastará, no entanto, mudar o domicílio de qualquer uma das partes, da sociedade objecto da arbitragem, ou incluir no objecto da litis uma importação ou exportação para que esta adquirisse carácter internacional.

[28] Com consulta prévia às partes e salvo acordo em contrário de ambas, os árbitros podem celebrar reuniões em qualquer lugar geográfico que considerem apropriado (artigo 26.º número 2 da LAE).

222   *IV Congresso do Centro de Arbitragem da Câmara de Comércio e Indústria*

Espanha, devem obter *exequatur*, de acordo com a CNI. O critério delimitador para a aplicação da CNI não é tanto que a sentença arbitral seja internacional, por pôr fim a uma arbitragem internacional, mas sim que a sentença arbitral seja estrangeira ao ser proferida num procedimento cuja sede está fora de Espanha.

2. A Convenção de Arbitragem

Sem convenção não há arbitragem. São as partes que decidem que as controvérsias que tenham surgido entre elas, ou as que possam vir a surgir no futuro, sejam resolvidas através de arbitragem e não através de um processo judicial. A convenção de arbitragem pode consistir num contrato específico (em cujo caso a controvérsia já nasceu, e pode ter carácter contratual ou extracontratual), ou pode consistir numa cláusula incorporada num contrato principal (em cujo caso, as controvérsias serão todas as que possam surgir no futuro em relação a esse contrato)[30]. Ao pactuar a convenção de arbitragem, as partes têm uma vasta facultade para determinar a classe, o lugar, o procedimento e os restantes elementos da arbitragem, de forma a que esta se ajuste às suas necessidades e preferências e a neutralidade seja garantida.

Se o conteúdo da convenção de arbitragem fica sujeito à livre determinação das partes, os seus efeitos vêm pre-determinados pela lei: a jurisdição está excluída, todas as controvérsias são resolvidas pelos árbitros mediante uma sentença arbitral, que, ainda que baseada num poder que tem uma legitimidade orginada *ex contractu*, produz os mesmos efeitos que uma sentença judicial, transitada em julgado e exequível.

O Título II da LAE é dedicado à convenção de arbitragem e aos seus efeitos. O artigo 9°, no seus números 1 a 5, analisa a sua forma enquanto que artigo 11° os seus efeitos. Quanto à forma, a LAE adopta uma posição moderna e favorável à arbitragem, ainda que mantenha a exigência de

---

[29] Para uma análise extensa deste artigo, ver González Soria: *"Comentario al artigo 46.°"* en AAVV *"Comentarios a la Nueva Ley de Arbitraje 60/2003, de 23 de diciembre"* (Coordenador González Soria) (2004), pág. 499.

[30] Em estruturas com contratos múltiplos e complexos, pode ocorrer que a cláusula arbitral se converta num contrato independente, que cubra as disputas futuras que possam surgir entre eles.

forma escrita, inspirada na CNI, facilita que se cumpra através da incorporação por referência ou pela utilização de novas tecnologias. Quanto aos efeitos, a LAE mantêm-se dentro do que é a mais absoluta ortodoxia no Direito comparado.

A norma transcrita não levanta dificuldades específicas para a arbitragem internacional. Os problemas centram-se num tema clássico do Direito internacional privado, determinar qual é a lei aplicável (2.1.), em analisar a capacidade e representação das partes, especialmente as de direito público (2.2.) e em ressaltar alguns aspectos específicos da convenção de arbitragem (2.3.).

2.1. Lei aplicável à convenção de arbitragem

A LAE veio introduzir importantes novidades no que concerne à lei aplicável à convenção de arbitragem[31]. Em primeiro lugar, não se encontra norma alguma que estabeleça expressamente qual é o ordenamento jurídico aplicável à convenção de arbitragem (como acontecia na LAE 1988).[32] O artigo 9º número 6, dispõe que nas arbitragens internacionais, a convenção de arbitragem *"será válida...se cumpre os requisitos estabelecidos pelas normas jurídicas escolhidas pelas partes para reger a convenção de arbitragem, ou pelas normas jurídicas aplicáveis ao mérito da controvérsia ou pelo Direito espanhol"*. Este artigo não tem equivalente na Lei-Modelo, pois esta não estabelece expressamente qual deve ser o ordenamento jurídico pelo qual se deve reger a convenção de arbitragem. Tem a sua origem no artigo 178 da Lei Suiça de Direito Internacional Privado, cuja redacção é praticamente igual à do artigo 9º número 6 da LAE[33].

O artigo 9º número 6 da LAE é o último estádio num processo que pretende dotar a convenção de arbitragem de uma reforçada validade, e de afastar as idiossincrasias das leis nacionais e das tentativas de minar a

---

[31] Para uma análise pormenorizada ver Verdera Tuells: ob. cit. nota n.º 12, pág. 78.

[32] A Convenção de Roma de 19 de Junho de 1980, sobre a Lei aplicável às Obrigações Contratuais [de ora em diante apenas "CR"], não é aplicável às convenções de arbitragem – artigo 1.º (2) (d).

[33] Artigo 178.º número 2: *"Relativamente ao mérito, uma convenção de arbitragem é válida se se ajusta ou à lei escolhida pelas partes, ou à lei que reja o mérito do litígio, em especial a lei que reja o contrato principal, ou se se ajusta ao Direito suiço"*.

sua eficácia e o seu carácter autónomo. A CNI e a Convenção Europeia sobre Arbitragem Internacional [de ora em diante apenas a "CEA"] já colocaram a primeira pedra neste processo, ao prever que a validade se submetesse à lei pactuada ou, na ausência desta, à da sede da arbitragem – em geral um lugar neutro, com uma elevada probabilidade de que a sua regulação favorecesse a validade da arbitragem. A LAE levou esta ideia até às suas últimas consequências: a convenção é válida sempre que cumpra os requisitos estabelecidos no direito pactuado, no Direito aplicável ao fundo da questão ou no Direito espanhol – sendo suficiente que se reunam os critérios de qualquer um destes sistemas. Tendo isto relevância tanto para os árbitros (ao determinarem a sua própria competência), como para os juízes (ao decidirem sobre a nulidade de sentenças arbitrais ou *exequatur*).

O artigo 9º número 6 da LAE foi, portanto, uma norma inovadora, que pôs o ordenamento jurídico espanhol na vanguarda da defesa da validade das convenções de arbitragem e que tem vindo a actuar como um poderoso argumento para escolher Espanha como local de arbitragens internacionais.

2.2. A capacidade e representação das partes

O CC regula o estado e a capacidade das pessoas. Assim se estabelece no seu artigo 9º números 1 e 11.

Na arbitragem internacional, a aplicação destas normas de conflito dá lugar a dois tipos de problemas. O primeiro prende-se com a possibilidade do Estado ou de uma empresa pública poderem tentar escapar-se à arbitragem, alegando o incumprimento de algum requisito de capacidade ou de representação. Já uma segunda hipótese tem que ver com a alegação por parte de uma empresa privada de que o mandatado que subscreveu a convenção de arbitragem carecia de poderes suficientes para actuar de forma válida. Destes dois problemas, a LAE regula especificamente o primeiro (A), mas não o segundo, ainda que este possa ser resolvido induzindo a solução de princípios gerais (B).

A) *Arbitragens com Estados ou empresas públicas*

O artigo 2º número 2 estabelece uma regra especial de capacidade que afecta os Estados e as empresas controladas por um Estado[34]: estes não podem negar a validade da convenção de arbitragem, "[invocando] *excepções do seu próprio direito*". Mas o artigo 2º número 2 vai, inclusivamente, mais além: estas excepções do próprio ordenamento jurídico não podem ser alegadas para que se possam "*subtrair-se às obrigações que dimanam da convenção de arbitragem*"[35]. A EdM da LAE (II, VIII) explica a finalidade prosseguida por este preceito: "*Pretende-se com isto que, para estes efeitos, o Estado seja tratado exactamente como um particular*".

O artigo 2º número 2 da LAE não procede da Lei-Modelo, nem parece que seja recolhido do Direito comparado; a sua origem tem como fundamento o princípio de *lex mercatoria*, em virtude do qual "*um Estado ou uma entidade controlada por um Estado não pode invocar a sua soberania ou a sua lei interna para repudiar o seu consentimento contratual*"[36]. Foi confirmado por numerosas sentenças arbitrais e converteu-se num dos poucos "*principles of truly international public policy in international arbitration law*"[37]. O princípio é uma aplicação específica do brocardo *pacta sunt servanda*: se um Estado pactuou dirimir as controvérsias com um particular estrangeiro através de arbitragem internacional, actuaria de má fé se, posteriormente, tentasse amparar-se em requisitos específicos do seu Direito ou invocasse a sua imunidade soberana para iludir o seu compromisso.

O artigo 2º número 2 entrará em jogo, sempre que o ordenamento jurídico aplicável seja o espanhol, quer seja por ser a lei aplicável à

---

[34] Ainda que o artigo tenha o título "*Matérias objecto de arbitragem*", a norma realmente é uma questão de capacidade e de conflito de leis, estaria melhor no Título II.

[35] A proposta da nova lei de arbitragem portuguesa consagra no seu artigo 47.º uma solução idêntica: "*Quando a arbitragem seja internacional e uma das partes na convenção seja um Estado, uma organização controlada por um Estado ou uma sociedade por este deminada, não pode invocar o seu direito interno para contestar a arbitrabilidade do litígio ou a sua capacidade para ser parte na arbitragem, nem para de qualquer outro modo se substrair às obrigações decorrentes daquela convenção*".

[36] "*List of Principles, Rules and Standards of the Lex Mercatoria*", número 38, ver Berger: "*The creeping codification of Lex Mercatoria*", (1999), pág. 296; também em www.tldb.de

[37] Fouchard/Gaillard/Goldman, ob. cit. nota n.º 26, pág. 328.

226   *IV Congresso do Centro de Arbitragem da Câmara de Comércio e Indústria*

convenção de arbitragem, quer seja porque a acção se desenrola perante os Tribunais espanhóis ou mesmo porque a arbitragem tem lugar em Espanha[38].

O âmbito subjectivo do artigo 2º número 2 da LAE é muito amplo, uma vez que abarca tanto os Estados e as empresas públicas estrangeiras, como o Estado espanhol e as suas empresas. O artigo 2º número 2 não distingue, e não seria aconselhável que o Direito espanhol outorgasse um tratamento que discriminasse os Estados estrangeiros e privilegiasse o nacional. Estado é um termo amplo, que inclui tanto o Estado central, como qualquer organização ou circunscrição territorial (como Províncias, Regiões, Estados federais...). O artigo 2 número 2º não se refere, apenas, a Estados, mas também a *"sociedade, organização ou empresa controlada por um Estado"*.

O primeiro efeito do artigo 2º número 2 da LAE é que o Estado ou o ente público não poderá aduzir a nulidade ou qualquer outro vício que alegadamente pudesse afectar a validade da convenção de arbitragem e que não pudesse ser também utilizado por um particular. Em especial, não poderá excepcionar que a convenção de arbitragem é nula por violar preceitos constitucionais ou legais, ou ineficaz por não se ter obtido autorizações ou seguido os procedimentos estabelecidos no seu próprio ordenamento jurídico.

Mas o artigo 2º número 2 da LAE não só preclude que o Estado alegue falta de arbitrabilidade subjectiva. Note-se que a norma não se limita a dizer que o Estado não pode repudiar a convenção de arbitragem ou invocar a sua incapacidade para arbitrar[39]. O artigo 2º número 2 da LAE vai

---

[38] Importa ressaltar que o princípio do artigo 2.º número 2 da LAE é exactamente o contrário do estabelecido no artigo 36 número 1 (2). da *Ley de Enjuiciamiento Civil* [de ora em diante apenas a "LEC"] para os processos judiciais em Espanha. Se se demanda um *"sujeito que goza de imunidade de jurisdição ou de execução conforme as normas de Direito Internacional Público"*, os tribunais espanhóis *"abtster-se-ão de acontecer os assuntos que lhes sejam submetidos"*. O TC (STC 107/1992 de 1 de Julho de 1992, FJ IV), no entanto, clarificou que a imunidade soberana só pode abarcar os actos de Estados estrangeiros que tenham sido realizados em virtude do *ius imperii*, mas não os submetidos a regras ordinárias do tráfico privado.

[39] O Institute of International Law, na sessão que celebrou em Santiago de Compostela em 1989, adoptou uma resolução mais limitada que a LAE em virtude da qual *"um Estado, uma empresa estadual ou uma entidade estadual não podem invocar a sua incapacidade para arbitrar, de modo a subtrairem-se à arbitragem à qual se tinham comprometido"*.

mais além, pois estabelece que o Estado ou o ente público deve cumprir *"as obrigações resultantes da convenção de arbitragem" "exactamente da mesma forma que um particular"* (EdM, II, VIII). A principal obrigação que resulta da convenção de arbitragem é a de cumprir com a sentença arbitral, sob pena de sofrer a execução forçosa do mesmo (ver artigo 44° da LAE). O Direito internacional público reconheceu tradicionalmente aos Estados a imunidade de execução além da imunidade de jurisdição[40]. O artigo 2° número 2 da LAE implica uma renúncia *ex lege* a este privilégio: quando um Estado ou ente público voluntariamente aceita a submissão a arbitragem internacional, não só não pode subtrair-se a ser demandado numa arbitragem, como não pode escudar-se na sua imunidade soberana para evitar a execução de uma hipotética sentença arbitral.

B) *Alegação de falta de capacidade ou representação por empresa privada*

A arbitragem internacional, mecanismo comum para dirimir disputas no comércio internacional, forma parte do giro ou do tráfico ordinário empresarial. Todo o empresário, pelo simples facto de sê-lo, tem capacidade para celebrar convenções de arbitragem e a legitimidade que lhe confere capacidade para contratar, também lhe permite incluir uma cláusula arbitral ou submeter disputas a arbitragem. Além disso, o princípio da boa fé obsta a que uma parte alegue a sua própria incapacidade ou a insuficiência de poderes do seu representante, salvo se a contraparte tenha conhecido o vicio ou tivesse ignorado em virtude de imprudência sua[41]. Seria profundamente injusto que a parte que criou a aparência de estar vinculada pela convenção de arbitragem, pudesse depois desligar-se dela, alegando a sua própria falta de diligência[42].

Em Direito espanhol tem-se vindo a exigir que a procuração para assinar uma convenção de arbitragem seja expresso. A exigência induz-se do artigo 1713° do CC, que estabelece no seu parágrafo II que *"para transigir... é necessário mandato expresso"*, e acrescenta num terceiro pará-

---

[40] Ver artigo 36.° número 2 (1ª) LEC.

[41] O princípio também está presente no artigo 11.° da CR.

[42] Este princípio encontra-se reconhecido na *lex mercatoria*; ver *"List of Principles, Rules and Standards of the Lex Mercatoria"* 23 e 25, ob. cit. nota n.° 36.

228   *IV Congresso do Centro de Arbitragem da Câmara de Comércio e Indústria*

grafo que *"a faculdade de transigir não autoriza para submeter matéria a arbitragem"*[43]. O CC, elaborado em 1889, reflecte nesta regra a tradicional desconfiança do Direito espanhol perante a arbitragem. A jurisprudência tradicional tem vindo a realizar uma interpretação extensiva do artigo 1713º do CC, exigindo que exista *"uma procuração inequívoca, que por escrito e de uma forma directa e literal autorize submeter matéria a arbitragem"*[44].

A norma do CC carece hoje de sentido, à luz da actual LAE, cujo objectivo é garantir a eficácia e o cumprimento da convenção de arbitragem. O artigo 1713º do CC deve ser objecto de interpretação restritiva.

2.3. Efeitos da convenção de arbitragem

Já analisámos que a convenção de arbitragem internacional é considerada válida em Espanha, sempre que reúna os requisitos exigidos por qualquer uma das leis mencionadas no artigo 9º número 6 da LAE. Os efeitos da outorga válida da convenção de arbitragem vêm definidos no artigo 11º da LAE:
- as partes *"estão obrigadas a cumprir o estipulado"* (o que se conhece como efeito positivo – (A)), e além disso
- os tribunais estão impedido de conhecer as controvérsias submetidas a arbitragem (efeito negativo – (B)).

A) Efeitos positivos

As partes que assinaram uma convenção de arbitragem têm uma obrigação positiva de cumprir o pactuado, obrigação que, interpretada a luz do artigo 1258º do CC implica, pelo menos, o seguinte:
- o dever de resolver as suas disputas através de arbitragem,
- o dever de participar lealmente no processo, e finalmente
- o dever de cumprir voluntariamente a sentença arbitral, que se venha a proferir.

---

[43] O artigo 25.º número 2 (1) da LEC também exige que a procuração para submeter determinada questão a arbitragem tenha poderes especiais.

[44] Sentença do *Tribunal Supremo* 22.9.1987 (Refª. La Ley 115-1/1987); em sentido idêntico Sentença do *Tribunal Supremo* 31.10.1986 (Refª. La Ley 80530-NS/0000).

A Arbitragem Internacional na Lei de Arbitragem Espanhola Após a Reforma de 2011 229

O dever positivo de resolver as disputas através da arbitragem implica também uma obrigação de não suscitar a controvérsia perante a jurisdição ordinária[45].

A anterior conclusão não implica que qualquer das partes deixe de poder comparecer perante o tribunal competente, demandando a outra relativamente a uma controvérsia submetida a uma determinada convenção de arbitragem. A demanda constituirá uma oferta para extinguir, por acordo, a convenção de arbitragem em vigor e a contraparte deverá reagir, comparecendo perante o tribunal, para solicitar a suspensão da acção judicial e a remissão para arbitragem.

Esta regra deriva do artigo 3º (3) da CNI[46], foi acolhida no artigo 8º (1). da Lei-Modelo e no artigo 11º número 1 da LAE, que acrescenta qual é o mecanismo processual específico que o demandando deve seguir para formalizar a oposição (*"a convenção de arbitragem...impede que os tribunais conheçam das controvérsias submetidas a arbitragem, sempre que a parte a quem lhe interesse o invoque mediante declinatória"*).

O tratamento processual que prevê o artigo 11º número 1 da LAE não é adequado à arbitragem internacional. A excepção dilatória de incompetência deve ser deduzida pelo demandado num prazo muito curto (10 dias)[47], preclusivo, não ampliável pelo juiz, e além disso, prévio à contestação sobre o mérito (para a qual a lei concede um prazo de 20 dias). Este inusitado rigor processual pode favorecer comportamentos perigosos, em prejuízo de terceiros de boa fé.

Por exemplo: uma parte espanhola, unida a outra estrangeira mediante uma convenção de arbitragem válida, poderia cair na tentação de tentar aproveitar-se do rigorismo formal do artigo 11º número 1 da LAE, formulando uma demanda em Espanha, com a esperança que o estrangeiro, desconhecedor do Direito espanhol, deixasse passar o prazo de 10 dias sem alegar a excepção, e alegar de seguida que a convenção de arbitragem estaria extinta abrindo-se, desta forma, o caminho ao procedimento judicial espanhol.

Não se pode admitir que uma conduta deste tipo, que pretende subverter o princípio fundamental de *pacta sunt servanda*, produza os efeitos

---

[45] Arias: *"Comentario al art. 11"* em AAVV *"Comentarios a la Ley de Arbitraje de 2003"* (Coordenador D. Arias) (2005), pág. 103.

[46] No mesmo sentido já se expressava o artigo 4.º do Protocolo de Genebra de 1923.

[47] Artigo 11.º número 1; o artigo foi reformado em 2011, mas infelizmente o tratamento processual continua a ser o mesmo.

230   *IV Congresso do Centro de Arbitragem da Câmara de Comércio e Indústria*

desejados. A convenção de arbitragem vincula as partes e *"obriga-as a cumprir o estipulado"* (artigo 11º número 1 da LAE), enquanto ambas as partes não expressem com clareza a sua vontade comum de extinção da convenção de arbitragem. Para isto é imprescindível, que uma parte promova uma demanda judicial, e que a contraparte compareça e se submeta à jurisdição. Não pode entender-se que um estrangeiro vinculado a um espanhol pela convenção de arbitragem válida, que simplesmente deixa de comparecer perante a justiça espanhola ou que alega a excepção mas não o faz mediante escrito específico prévio, alegando-a no seu primeiro escrito de contestação relativo ao mérito, que consente na extinção do pacto de arbitragem[48]. O pacto seguirá em vigor e permitirá a iniciação da arbitragem[49].

B) *Efeitos negativos*

As partes devem cumprir a convenção de arbitragem, uma vez que tem força vinculativa *"ex contractu"*. Os tribunais devem respeitar e restringir o âmbito da sua própria jurisdição porque assim estabelece a lei. O artigo 11º número 1 da LAE *"impede que os tribunais conheçam as controvérsias submetidas a arbitragem"* e o artigo 7º da citada lei remata estabelecendo que *"nos assuntos que se rejam por esta lei não intervirá nenhum tribunal, salvo nos casos em que esta assim o dispunha"*. As funções de *"apoio e controlo"* que os tribunais possam exercer estão por sua vez enumeradas no artigo 8º (nomeação de árbitros, assistência na prática de provas, medidas cautelares, execução forçosa, anulação e *exequatur*).

O âmbito de actuação jurisdicional, em relação à arbitragem internacional, levanta duas questões fundamentais: a primeira de saber se os tribunais espanhóis podem decidir sobre a validade de uma convenção de arbitragem, e a segunda, se podem declarar a sua nulidade.

---

[48] Assim o estabelece artigo 6.º (1) da CEA, que recolhe o mesmo princípio que o artigo 8.º (1) da Lei-Modelo e permite que a oposição se articule até ao *"momento de apresentar o primeiro escrito de alegações sobre o mérito do litígio"*.

[49] No mesmo sentido, Arias, ob. cit. nota n.º 45, pág. 106; a norma exitente no artigo 11.º número 1 da LAE não é aplicável à arbitragem internacional; nesta reje o princípio de que a declinatória pode ser apresentada até ao momento de apresentar alegações sobre o fundo (artigo 6.º (1) CEA)

A Arbitragem Internacional na Lei de Arbitragem Espanhola Após a Reforma de 2011 231

A primeira dúvida levanter-se-ia se, existindo uma cláusula arbitral, uma parte acudisse aos tribunais pedindo, uma simples declaração de que a cláusula é válida e que obriga a contraparte a resolver as controvérsias precisamente através deste instrumento. Este tipo de acções não são meramente teóricas, uma vez que ocorrem com alguma frequência na prática internacional, quando, na fase negocial da controvérsia, uma parte ameaça em acudir aos seus próprios tribunais para obter uma declaração de nulidade da convenção. A contraparte pode reagir preventivamente, acudindo à sua própria jurisdição ou à do lugar da arbitragem, pedindo a declaração de validade da convenção de arbitragem, acompanhada de medidas cautelares, que proíbam a contraparte de socorrer-se da via judicial ou de realizar determinadas actuações.

Este tipo de actuações tem amparo no Direito espanhol? A faculdade de determinar a *"existência ou validade"* da convenção de arbitragem e/ou de *"ou quaisquer outras* [excepções] *cuja procedência impede entrar no mérito da controvérsia"*, corresponde exclusivamente aos árbitros (artigo 22º da LAE). À luz dos artigos 7º e 8º da LAE, não parece que seja possível interpor uma acção judicial cuja finalidade seja a assumpção por um juiz de uma faculdade que, por lei, foi confiada aos árbitros. A via apropriada para obter uma declaração de validade da convenção de arbitragem consiste em iniciar uma arbitragem, acompanhada, se se quiser, do pedido de adopção de medidas cautelares via judicial ou via arbitral.

A dúvida sobre se os tribunais espanhóis podem ou não decretar a nulidade ou inexistência da convenção de arbitragem, é uma questão mais delicada.

É legítimo que, ainda que existindo aparentemente uma convenção de arbitragem, uma parte demande a outra perante os tribunais judiciais espanhóis alegando simultaneamente a nulidade da convenção de arbitragem. A contraparte deverá reagir – tal como já vimos – alegando uma excepção de competência declinatória (artigo 11º número 1 da LAE). Pode o tribunal considerar a excepção alegada improcedente, se considera que a convenção de arbitragem é nula ou inexistente?

A esta pergunta, a CNI dá uma resposta afirmativa: o tribunal remeterá as partes à arbitragem *"salvo se constatar a caducidade da referida convenção, a sua inexequibilidade ou insusceptibilidade de aplicação"*. A mesma solução é imposta pela Lei-Modelo: de acordo com o seu artigo 8º número 1 o tribunal retém jurisdição se o acordo arbitral *"caducou ou se tornou insusceptível de ser executado"*.

A LAE, pelo contrário, omitiu estas limitações no artigo 11º número 1 e a intenção do legislador parece clara: o juiz deve remeter à arbitragem, para que sejam os próprios árbitros, no exercício da sua *Kompetenz-Kompetenz*, os que decidam se a convenção de arbitragem é nula. Só desta forma se logra atribuir eficácia real ao pacto de arbitragem, e se imuniza a convenção contra a tentativa de uma das partes de subtrair-se ao pactuado[50].

Esta conclusão deve, no entanto, ser matizada: no caso excepcional de inexistência de convenção de arbitragem, que possa ser considerada procedente *prima facie*, sem necessidade de ulteriores indagações pelo próprio juiz[51], este poderá considerar a excepção de incompetência improcedente. Se o juiz está convencido da inexistência da convenção, não é razoável que tenha de ordenar a posta em marcha do processo arbitral.

A LAE chega expressamente ao mesmo resultado num caso muito similar: no caso da designação judicial de árbitros. De acordo com o artigo 15º número 5 da LAE, o tribunal *"unicamente poderá recusar o pedido formulado quando aprecie que, dos documentos aportados não resulta a existência de uma convenção de arbitragem"*. E as secções IV, II *in fine* da EdM, clarificam que o juiz deve limitar-se a uma revisão *prima facie* da existência da convenção de arbitragem. O mesmo critério pode estender-se, sem dificuldade alguma, ao regime declinatório de competência.

A interpretação do artigo 11º número 1 aqui propugnada é plenamente aceite pelas legislações mais inovadoras em matéria de arbitragem[52]. É também o critério que, em geral, assumem as instituições administradoras de arbitragens, para decidir se admitem ou não uma determinada demanda arbitral[53].

---

[50] De opinião idêntica, Arias, ob. cit. nota n.º 45, pág. 108; em contra Verdera Server em AAVV *"Comentarios a la Ley de Arbitraje"*, n.º 26 pág. 468.

[51] P.e. porque falta a assinatura de uma das partes.

[52] P.e. na francesa e na suiça; ver Fouchard/Gaillard/Goldman, ob. cit. nota n.º 26, pág. 407; o artigo VI (3) CEA apresenta a mesma conclusão, mas limitando-a a casos em que a parte demandada já tivesse iniciado um procedimento arbitral com anterioridade à demanda judicial da contraparte.

[53] O artigo 6 (2) do Regulamento da CCI permite que, ainda que a parte demandada não conteste ou deduza alguma excepção de inexistência ou nulidade da convenção de arbitragem, a arbitragem continua sempre que a Corte da CCI esteja convencida *prima facie* da possível existência de um acordo de arbitragem. A Corte da CCI desenvolveu uma extensa jurisprudência – cfr. Derains/Schwarz: *"A guide to the new ICC Rules of Arbitration"* (1998) pág. 83.

3. A Arbitrabilidade das Controversias

A finalidade de qualquer arbitragem é que os árbitros decidam, mediante sentença arbitral, uma determinada controvérsia surgida entre as partes[54]. No entanto, nem toda a controvérsia é arbitrável. Em primeiro lugar é necessário que surja de um contrato com cláusula arbitral válida, ou que as partes tenham validamente acordado dirimi-la mediante arbitragem. E em segundo lugar é necessário que o ordenamento jurídico que resulte de aplicação permita que as controvérsias dessa natureza se resolvam mediante arbitragem. A arbitrabilidade objectiva varia de ordenamento para ordenamento, dependendo da confiança que estes ponham na arbitragem como sistema voluntário de resolução de conflitos, e das faculdades de auto-composição que queiram conceder aos cidadãos[55]. Em geral, o catálogo de matérias excluídas do âmbito da arbitragem tem-se vindo a reduzir, à medida que se tem reforçado a aceitação deste mecanismo alternativo de resolução de litígios.

Na arbitragem internacional, a arbitrabilidade coloca um problema prévio concernente à determinação do ordenamento jurídico aplicável para dirimir uma determinada questão de fundo. O tema dista de estar resolvido de forma geral. O artigo $5°$ (2) (a) da CNI e o artigo $6°$ (2) *in fine* da CEA permitem que os tribunais neguem o reconhecimento de uma sentença arbitral ou de um compromisso arbitral, se a matéria, de acordo com a sua própria *lex fori*, não for arbitrável. Contudo, noutras circunstâncias, e em especial quando os árbitros têm que determinar a sua própria competência, não está tão claro qual é o ordenamento que devem aplicar para determinar a arbitrabilidade. Foi proposto que devem ser todas as leis possíveis para reger o caso: a lei que rege a convenção, a do contrato ou a lei do local onde a sentença arbitral será executada[56].

---

[54] A LAE utiliza o conceito de *"controvérsia"*, que ja aparecia no artigo 1820.º do CC e que também se usa na tradução castelhana do artigo 7.º número 1 da Lei-Modelo; o conceito é sinónimo de "questão litigiosa" que se utilizava no artigo 1 da LAE de 1988 ou dos *"pontos litigiosos"* do artigo 18.º número 1 do Regulamento da CCI – ver Perales Viscasillas *"Arbitrabilidad y Convenio Arbitral"* (2005) pág. 89.

[55] No direito belga, p.e. as controvérsias derivadas de contratos de distribuição em exclusividade não pode ser objecto de arbitragem – Lei de 27.7.1961, modificada pela Lei de 13.4.1971; em Direito espanhol, as controvérsias laborais não são arbitráveis, artigo 1.º número 4 LAE.

[56] Ver *in extenso* Artuch: *"El convenio arbitral en el arbitraje comercial internacional"* (1997) pág. 182.

234 *IV Congresso do Centro de Arbitragem da Câmara de Comércio e Indústria*

O artigo 9° número 6 da LAE veio clarificar esta matéria.

Este artigo, como já vimos antes, tem a sua origem no Direito suíço, cujo objectivo é facilitar a validade das convenções de arbitragens internacionais. Mas a norma espanhola não fica por aqui, uma vez que aplica a mesma regra à arbitrabilidade da controvérsia. Esta extensão não está prevista em Direito suíço, e foi uma autêntica inovação da LAE. Na sua virtude, uma controvérsia é susceptível de arbitragem internacional sempre que assim o permitam as normas jurídicas[57] pactuadas para reger a convenção de arbitragem, as aplicáveis ao mérito (por pacto ou por decisão dos árbitros) ou o Direito espanhol.

Em que casos se aplicará a regra do artigo 9° número 6 da LAE em matéria de arbitrabilidade?

Um primeiro caso que não oferece dúvida dá-se quando a arbitragem internacional tenha a sua sede em Espanha, e os árbitros tenham de decidir sobre a arbitrabilidade da controvérsia que se lhes pretende submeter (artigo 1° número 1 da LAE)[58].

Sempre que exista arbitrabilidade de acordo com qualquer um dos ordenamentos mencionados na norma, os árbitros deverão afirmar a sua competência. A regra reforça a atracção de Espanha como sede de arbitragens internacionais, e sem dúvida esta foi a razão pela qual o legislador a promulgou.

Um segundo caso de aplicação do artigo 9° número 6 é o do momento em que a sentença arbitral proferida em Espanha que ponha fim a uma arbitragem internacional, seja objecto de acção de anulação (artigo 40° da LAE). Um dos motivos que a permite é precisamente que os árbitros tenham decidido sobre controvérsias não arbitráveis (artigo 41° número 1 (e) da LAE). O juiz deverá decidir sobre esta questão, aplicando a "cascata" normativa consagrada no artigo 9° número 6.

Um terceiro caso tem lugar quando um tribunal espanhol tenha de outorgar um *exequatur*: o artigo 46° da LAE remete à CNI, e o seu artigo

---

[57] Por coerência interna, a LAE utiliza aqui o conceito de *"normas jurídicas"* e não o de *"ordenamento jurídico"*. Normas jurídicas é um conceito mais amplo, que inclui também a *lex mercatoria* – *vide infra* capítulo 4.1. No âmbito da arbitrabilidade, no entanto, não parece que a *"lex mercatoria"* possa ser utilizada para ampliar o elenco de questões susceptíveis de arbitragem.

[58] De acordo com o artigo 22.° número 1 da LAE, os árbitros têm faculdades – *rectius* obrigados – a decidir sobre qualquer excepção cuja procedência impeça entrar no mérito da controvérsia.

5º (2) (c) permite negar o reconhecimento, se segundo a lei do país do foro, a controvérsia não é arbitrável. Para que norma remete o artigo 5º (2) (c) da CNI? Para o artigo 2º número 1 da LAE, que estabelece a regra da arbitragem doméstica? Ou para a cascata normativa que impõe o artigo 9º número 6 da LAE, com o resultado que, ainda que a matéria não seja arbitrável em Direito espanhol, sempre que o seja de acordo com o ordenamento que reja a convenção de arbitragem ou o mérito, ou o *exequatur*, se deve conceder?

Deve prevalecer esta segunda solução, uma vez que não seria coerente que o Direito espanhol adoptasse soluções diversas para situações juridicamente análogas[59].

Em Direito espanhol, são hoje arbitráveis todas as controvérsias que versem sobre *"matérias de livre disposição conforme o direito"* (artigo 2º número 1 da LAE). O âmbito de arbitrabilidade não vem assim definido pela imperatividade da norma mas sim pela disponibilidade do direito. Questões relativas às quais a norma é imperativa mas o direito disponível (contrato de agência, arrendamentos, sociedades, defesa da concorrência) são perfeitamente arbitráveis.

4. Normas Aplicáveis ao Fundo da Controvérsia

Os árbitros têm que aplicar determinadas normas ao mérito da controvérsia; maior parte das vezes, serão as normas que as partes pactuaram para reger o contrato que incorpora a cláusula arbitral. O mais frequente é que esse pacto simplesmente declare que o contrato se regerá pela lei de um determinado ordenamento. Assim, esta lei aplicar-se-á tanto ao mérito do assunto, como à convenção de arbitragem[60].

---

[59] Pode ser útil um exemplo: assumamos que um contrato de alta direcção entre uma empresa espanhola e um director americano, empregado na sucursal de Nova Iorque, submetido a Direito de Nova Iorque, que permite a arbitrabilidade; o contrato, no entanto, não é arbitravel segundo a LAE; se o lugar da arbitragem é Madrid, os árbitros afirmarão a sua própria competência e o juiz espanhol recusará a acção de nulidade; por coerência, não pode ser que o juiz do *exequatur* o recuse, por uma aplicação literalista do artigo 5.º (2) (a) CNI relativamente aos artigos 1.º número 4 e 2.º número 1 da LAE.

[60] Na prática, as cláusulas que estebelecem um ordenamento específico para a convenção de arbitragem são muito pouco frequentes.

236 *IV Congresso do Centro de Arbitragem da Câmara de Comércio e Indústria*

Na arbitragem doméstica, a determinação do ordenamento aplicável ao mérito formula poucas dificuldades. Em geral será o Direito espanhol. Em virtude deste facto, a LAE não dedica atenção especial a esta matéria, para além de mencionar que os árbitros poderão julgar segundo a equidade se as partes expressamente o autorizaram (artigo 34° número 1 da LAE)[61].

Em arbitragem internacional, ao contrário, esta problemática apresenta uma importância não despicienda. A principal vantagem e a razão de ser da arbitragem internacional é que cria um sistema neutro para resolver controvérsias entre empresas situadas em diversos países. A luta por impôr os próprios tribunais resolve-se nomeando os árbitros. Todavia, permanece o conflito relativo à lei aplicável. Cada parte desejará impor a sua própria, pois é a que melhor conhece e aquela que considera que melhor defenderá os seus interesses.

A arbitragem em si não resolve este conflito. Tanto os árbitros, como os juízes, devem aplicar um determinado ordenamento jurídico – normalmente o de uma das partes. Ao fazê-lo, estão *nolens volens* a desequilibrar a balança da neutralidade a favor de referida parte. Para resolver esta dificuldade, desde os anos sessenta que um grupo de autores promoveu a aceitação de uma arbitragem "supranacional", não sujeita a nenhum ordenamento nacional, mas sim a um conjunto de regras e usos de comércio internacional, a uma *"nova lex mercatoria"*[62]. Este corpo de princípios costuma cumprir uma dupla função:

– se as partes expressamente se submetessem a ele, ou inclusivamente se guardassem silêncio sobre o ordenamento aplicável, impediria a aplicação de uma lei nacional,
– se as partes expressamente se submetessem a um direito nacional reduziria a sua aplicação, moderando regras internas contraditórias com os usos do comércio internacional.

---

[61] As partes numa arbitragem doméstica podem obviamente escolher que se aplique uma lei diferente da espanhola; mas, ao estarem localizados todos os elementos da situação em Espanha – se não fosse assim a arbitragem seria internacional – o acordo não permitirá derrogar as disposições imperativas espanholas –artigo 3.° da CR.

[62] A *nova lex mercatoria*, conceito de B. Goldman nos anos sessenta, continua a ser uma matéria altamente controversa; para uma análise dogmática e história é fundamental Berger ob. cit. nota n.° 36; para uma recompilação de decisões arbitrais nesta matéria cfr. Fernández-Armesto: *"Observation to award rendered in SCC Case 117/1999"*, en Stockholm Arb. Rep. 2002: 1, pág. 71.

Apesar das dúvidas de carácter doutrinal, certo é que nos últimos trinta anos temos vindo a assistir a uma aceitação crescente da arbitragem "transnacional". Esta aceitação tem sido propiciada porque as diferentes legislações nacionais têm vindo a incorporar um conceito de origem francês: o de *"règles de droit"*. O conceito foi introduzido em 1981 no artigo 1496 do *Nouveau Code de Procédure Civile*, ao estabelecer que as partes eram livres de escolher as *règles de droit* aplicáveis à sua controvérsia; e interpretou-se o conceito como englobando não só os ordenamentos jurídicos estaduais, mas também as regras transnacionais e a *lex mercatoria*[63]. A terminologia foi posteriormente, aceite por várias leis nacionais[64], pelo artigo 42º (1) da CW e pelos regulamentos de arbitragem das principais instituições arbitrais[65].

O artigo 34º número 2 da LAE acolheu o conceito de *règles de droit,* para definir as normas aplicáveis ao mérito do litígio numa arbitragem internacional (ao contrário do que permite para as arbitragens domésticas). A LAE traduziu o conceito como *"normas jurídicas"*, clarificando na EdM (VII, I) que engloba não só as normas de um ou vários ordenamentos, mas também as *"regras comuns do comércio internacional"*, isto é, a *lex mercatoria*[66]. O artigo 34º número 2 é um canto ao princípio da autonomia da vontade. As partes têm plena liberdade para definir qual deve ser a fórmula jurídica aplicada pelos árbitros para resolver o mérito da controvérsia. Só subsidiariamente, na ausência de acordo, a faculdade de decisão se translada aos árbitros. Por isso, na exposição da matéria, devem distinguir-se duas grandes situações: que as partes tenham escolhido um sistema de fontes no seu contrato (4.1.) ou caso não o tenham feito, que esta tarefa recaia sobre os árbitros (4.2.). A LAE, finalmente, impõe aos árbitros um dever de decidir com referência às estipulações do contrato, tendo em conta os usos aplicáveis (4.3.).

---

[63] Fouchard/Gaillard/Goldman, ob. cit. nota n.º 26, pág. 802.

[64] Artigo 1054.º Código holandês de Procedimento Civil, artigo 187.º Estatuto suíço de Direito Internacional Privado, § 1051 *ZPO*.

[65] Artigo 17.º número 1 do Regulamento da CCI, artigo 22.º número 3 do Regulamento da LCIA.

[66] É discutível se *"normas jurídicas"* é a melhor tradução para o conceito francês; os ingleses, penso que com melhor acerto, fizeram uma tradução literal e falam de *"rules of law"*, que em castelhano equivaleria a *"reglas de derecho"*; na CW e na Lei-Modelo refere-se a *"normas de direito"*; seja qual for a fórmula de tradução, o conceito em qualquer caso é o mesmo.

4.1. Escolha pelas partes das normas jurídicas aplicáveis ao mérito

Numa arbitragem internacional, as partes podem acordar livremente – no contrato original ou mediante um acordo posterior – quais as normais aplicáveis ao mérito da controvérsia, determinando um ou vários ordenamentos jurídicos (A), escolhendo as regras comuns do comércio internacional ou a *lex mercatoria* (B), ou autorizando os árbitros a que julguem segundo a equidade (C).

A) *Ordenamento jurídico*

As partes podem pactuar que a sua relação jurídica se reja por um determinado ordenadamento jurídico – que pode ser ou o de uma parte, ou o da outra ou mesmo o de um terceiro Estado neutro. Não é necessário que esse ordenamento escolhido tenha uma conexão com o negócio jurídico principal[67]. Neste ponto, o artigo 34° número 2 da LAE é congruente com a regulação geral de direito internacional privado contida no artigo 3° da CR. A LAE acrescenta que a referência ao direito de um determinado Estado, entender-se-á, salvo acordo em contrário, ao direito substantivo desse mesmo Estado e não às suas normas de conflitos de leis[68].

À margem desta referência à exclusão de reenvio, a regulação da LAE é extraordinariamente parca. Por isso deve ser integrada com a normativa geral espanhola em matéria de direito internacional privado, e em especial com a CR. Esta Convenção regulará
– os casos de escolha implícita (artigo 1°),
– e escolha simultânea de vários ordenamentos (artigo 1°),
– o consentimento e a validade do mérito (artigo 8°),
– o âmbito da lei acordada (artigos 10° e 14°),
– a cessão de crédito (artigo 12°).

As partes podem submeter o contrato não só a uma lei, mas a várias, de forma a que cada uma regule diferentes aspectos (*"dépeçage"*). Tal possi-

---

[67] A exigência histórica de uma determinada conexão, ainda presente no artigo 62.° da LAE de 1988, desapareceu.

[68] A LAE, neste ponto, copiou o artigo 28.° (1) da Lei-Modelo; no fundo a norma é redundante, à luz do artigo 15.° da CR.

bilidade induz-se sem dificuldade de uma interpretação conjunta dos artigos 34º número 1 da LAE e 3º (1) da CR (que permite que se pactue a lei aplicável "*a uma parte do contrato*"). Ainda que o "*dépeçage*" legalmente seja possível[69], na realidade formula numerosas dificultades no deslinde e frequentemente produz efeitos imprevistos e indesejados. Por isso, a sua aplicação prática é muito escassa.

As partes, ao submeterem-se a um determinado ordenamento jurídico, submetem-se na sua totalidade – incluindo leis dispositivas, leis imperativas[70] e leis de polícia[71].

Quid as leis de polícia que tenham uma estreita vinculação com a controvérsia, por serem obrigatórias no domicílio de uma das partes, no lugar da sede ou no lugar do *exequatur*? Devem os árbitros tomá-las em conta ainda que as partes se tenham submetido a uma lei diferente? A resposta a esta pergunta constitui uma das questões mais debatidas da arbitragem internacional[72].

Se o Direito espanhol resulta aplicável ao mérito, por ter sido pactuado pelas partes, é possível induzir uma regra do artigo 7 número 2 da CR[73]; o

---

[69] Uma coisa é o "dépeçage" e outra as designações conjuntas múltiplas ("Direito comum a França e Inglaterra"), ou condicionadas ("Direito mexicano, na medida em que seja compatível com os princípio gerais do comércio internacional"); estas fórmulas põem os árbitros perante um problema e devem evitar-se.

[70] Não derrogáveis por contrato – artigo 3.º (3) da CR.

[71] No sentido do artigo 7.º da CR; são leis relativas às quais o legislador estabeleceu que devem ser aplicadas, qualquer que seja a lei que reja o contrato – p.e. defesa da concorrência, branqueamento de capitais e nulidade de actos corruptos.

[72] Um bom exemplo da relevância prática da pregunta oferece a famosa arbitragem Hilmarton c. OTV, CCI nº 5622. OTV, uma sociedade francesa, tinha contratado em virtude de um contrato submetido ao Direto suiço com a Hilmarton, uma sociedad inglesa, a "*coordenação dos aspectos administrativos*" de um contrato público com a Argélia. Surgiu uma disputa sobre o pagamento da comissão. O árbitro chegou à conclusão que o contrato violava uma lei de polícia argelina – a proibição de uso de intermidiários – e consequentemente era nulo por contrariar os *bonos mores,* no sentido do artigo 20.º número 1 do Código Suiço de Obrigações. A decisão foi confirmada pelo Tribunal Federal Suiço a 17.4.1990.

[73] Contra Fouchard/Gaillard/Goldman, ob. cit. nota n.º 26 pág. 848 que são contrários à aplicação do artigo 7.º da CR às arbitragens internacionais; a favor Gonzalo Quiroga: "*Orden público internacional en el marco de la globalización comercial*", (2003), pág. 248.

240   *IV Congresso do Centro de Arbitragem da Câmara de Comércio e Indústria*

árbitro pode (mas não está obrigado) a dar aplicação a uma lei de polícia de um terceiro país se se cumprem três condições:

- que a lei deste terceiro país apresente um *"vínculo estreito"* com a controvérsia (p.e. ser uma das partes nacional desse país, por ser o país do lugar do cumprimento do contrato ou o lugar natural de execução da sentença arbitral, ou por ver-se afectada a concorrência no seu mercado),
- que segundo a lei deste país, a norma de polícia seja aplicável, qualquer que seja o ordenamento convencionado no contrato,
- que a norma de polícia seja expressão de um princípio de ordem pública amplamente aceite pela comunidade internacional (como é a luta contra o narcotráfico, o branqueamento de capitais, a proibição de corrupção, ou a defesa da concorrência), de forma que uma sentença arbitral que não considerasse estas normas, violasse a ordem pública internacional e fosse, em consequência de impossível reconhecimento e execução, em outros países (e não só no Estado que promulga a norma de polícia) por imperativo do artigo 5º (2) (b) da CNI [74].

B) *Regras comuns ao comércio internacional*

As partes em determinadas ocasiões não logram alcançar um acordo sobre o ordenamento jurídico aplicável ao seu contrato, e acordam expressamente submetê-lo a regras comuns ao comércio internacional. A fórmula pode variar *("direito internacional dos contratos"*, *"lei comum ao comércio internacional"*), mas em todos estes casos as partes pactuam a submissão à *lex mercatoria*. A validade deste tipo de acordo não oferece dúvidas, pois estas *"regras comuns ao comércio internacional"* (EdM VII, I *in fine*) constituem *"normas jurídicas escolhidas pelas partes"*, e serão consideradas pelos *"árbitros* [que] *decidirão a controvérsia"* (artigo 34º número 1 da LAE).

---

[74] O artigo 7.º (1) da CR prevê que *"para decidir se se deve dar efeitos a estas disposições imperativas* [de polícia], *ter-se-á em conta a sua natureza e objecto, assim como as consequências que se derivariam da sua inaplicação"*. No caso de uma arbitragem internacional, estes critérios legais devem interpretar-se defendendo a autonomia da vontade das partes, que unicamente cede perante exigências de autêntica ordem pública internacional e o dever dos árbitros de garantir a execução da sua decisão.

O principal problema que formula este tipo de acordo é o da prova das regras precisas que os árbitros terão de aplicar. O princípio *"iura novit curia"* não encontra aplicação e corresponde à parte provar a existência de uma determinada regra. Prova que levanta os mesmos problemas que o costume ou usos do comércio em direito interno: a parte que alegue deverá aportar um conjunto de sentenças judiciais, sentenças arbitrais, opiniões doutrinais e de peritos que corroborem a regra. Esta tarefa, eivada de dificuldades, tem-se visto facilitada por duas codificações: a "Lista de princípios, regras e standards da *lex mercatoria*" preparada por CENTRAL e os Princípios sobre os Contratos Internacionais aprovados por Unidroit [de ora em diante apenas os "Princípios"].

O *Center for Transnational Law* da Universidade de Colónia preparou uma lista de 78 regras, sobre todos os aspectos da *lex mercatoria*, com um enunciado e uma indicação das fontes que justificam a sua existência[75].

A Unidroit é uma organização intergovernamental, re-estabelecida em 1940, resultante de um Tratado multilateral. En 1994 publicou os seus Princípios – a última versão é do ano 2004. O conteúdo, a estrutura e o estilo dos Princípios são similares à parte geral de obrigações e contratos de um Código Civil continental.

A finalidade dos Princípios vem claramente definida no seu preâmbulo: as partes podem acordar a sua aplicação em contratos internacionais, e neste caso tornam-se obrigatórios (*ex lege contratus*). Os tribunais e os árbitros "podem" aplicá-los, quando o acordo das partes é no sentido de que *"os seus contratos se rejam por princípios gerais de direito, pela lex mercatoria ou similares"*, quando *"se torne impossível estabelecer a norma concreta de direito aplicável"* ou quando seja necessário *"interpretar ou suplementar a legislação uniforme internacional"*.

É impossível enquadrar os Princípios – uma codificação privada de Direito Civil, aprovada por uma organização intergovernamental – dentro das fontes tradicionais de Direito. Os Princípios não constituem nem um tratado, nem uma recompilação de usos[76], nem condições gerais de

---

[75] A lista pode ser consultada em www.tldb.de; sobre a sua origem e compilação ver Berger n 89, pág. 213, que, por certo, cita como um dos precedentes do seu empenho o "Libro del Consulado del Mar" de Barcelona; o sistema de listas não está isento de críticas; ver Gaillard: *"The Transnational Law: A Legal System or a Method of Decision Making"* em Arbitration International (2001), pág. 17.

[76] Nem todos os artigos dos Princípios cumprem as exigências tradicionais para a existência de uso: *"repetitio"* e *"opinio iuris"*, ainda que seja possível que alguns

242 *IV Congresso do Centro de Arbitragem da Câmara de Comércio e Indústria*

contratação. São uma fonte de direito transnacional, um exemplo – quiçá o mais amplamente aceite – da crescente tendência a codificar a *lex mercatoria*[77].

C) *Julgamento segundo a equidade*

Finalmente, as partes podem prever na convenção de arbitragem que os árbitros julguem segundo a equidade[78] – para isto é necessário um pacto expresso[79]. Na ausência dele, os árbitros carecem desta prerrogativa.

Que a arbitragem seja de equidade não quer dizer que fique totalmente desligado de um sistema de fontes: o acordo de autorização deve ser unido a um pacto em virtude do qual as partes determinem as normas jurídicas que vão servir de substrato à decisão (seja o ordenamento de um Estado ou a *lex mercatoria*). Na ausência de pacto expresso, serão os próprios árbitros os que determinarão as normas jurídicas aplicáveis ao mérito da controvérsia (artigo 34° número 2 *in fine* LAE).

Que impacto terá que as partes autorizem os árbitros a julgar segundo a equidade? Os limites precisos desta autorização – para a qual não existe equivalente em Direito processual – dista de ser preciso. Por isso é mais fácil responder a esta pergunta ressaltando aqueles aspectos em que os poderes dos árbitros não resultam modificados:

– os árbitros *"em qualquer caso decidirão tendo em conta as estipulações do contrato"* (artigo 34° número 4 da LAE); portanto, é vedado ao árbitro desconhecer o contrato, mitigando os direitos e obrigações criados pelas partes ou substituindo as cláusulas pactuadas por outras[80],

– a sentença arbitral tem que estar devidamente fundamentada[81],

---

cumpram; para uma análise mais detalhada, com jurisprudência, ver Fernández-Armesto ob. cit. nota n.º 62.

[77] A recepção dos Princípios tem sido muito positiva e existe um número importante de sentenças arbitrais internacionais que os invocam.

[78] *"Amigables componedores"*, *"ex aequo et bono"* são termos equivalente usados no artigo 28.º (3) da Lei-Modelo.

[79] Artigo 34.º número 1 da LAE, artigo 42.º (3) da CW.

[80] Desviar-se gratuitamente do princípio *pacta sunt servanda* é tudo menos equitativo.

[81] Artigo 37.º número 4 da LAE: o facto de que a arbitragem seja de equidade não implica uma renúncia implícita à necessidade de motivação.

- o procedimento deve pautar-se pelos mesmos princípios de igualdade, audiência e contraditório aplicáveis também à arbitragem de direito[82],
- os árbitros não podem desatender as leis imperativas que resultem de aplicação,
- o regime de aplicação das leis de polícia é o mesmo descrito *supra* para as arbitragens de direito.

No fundo, o que a arbitragem de equidade permite é que os árbitros dêem às normas uma interpretação flexível e anti-formalista (mais além, ou inclusivamente, em contradição, com decisões da jurisprudência) e que avaliem a prova conforme o seu leal saber e entender, muito especialmente em matéria de danos e prejuízos.

À primeira vista poderia parecer atractivo outorgar este tipo de poderes aos árbitros. Mas acaba por não ser assim. A estrita aplicação da lei dota a arbitragem de um elemento de previsibilidade, que a equidade se encarrega de difuminar. Numa arbitragem de direito, as partes poderão duvidar sobre qual é a interpretação da lei ou qual é a realidade fáctica que resultará provada, mas uma vez determinados estes pontos, os efeitos jurídicos não são discricionários, não dependem do pessoal sentido jurídico do árbitro e, portanto, são economicamente previsíveis. Isto permite que durante a arbitragem as partes continuem a avaliar o resultado económico previsível da arbitragem, e frequentemente mantenham conversações para alcançar uma transacção. Todo este processo apaga-se na arbitragem de equidade, e por isso na prática internacional é uma opção raramente pactuada e pouco recomendável.

4.2. *Escolha pelo árbitros das normas jurídicas aplicáveis ao mérito*

Ocorre com frequência que as partes não incluam no seu contrato referência alguma ao direito aplicável ao mérito – em alguns casos por esquecimento, mais frequentemente por incapacidade de chegar a um acordo.

Históricamente, nestes casos a lei obrigava os árbitros a determinar o ordenamento jurídico mais apropriado às circunstâncias quer fosse

---

[82] O artigo 24.º da LAE não estabelece excepção para a arbitragem de equidade.

244 *IV Congresso do Centro de Arbitragem da Câmara de Comércio e Indústria*

directamente (*"voie directe"*) quer fosse com base nas normas de conflito de leis que considerassem aplicáveis[83].

Neste ponto, a LAE actual volta a ser inovadora ao permitir que, na ausência de pacto, os árbitros apliquem "*as normas jurídicas ... que considerem apropiadas*". Os árbitros terão assim a possibilidade de escolher um ou vários ordenamentos jurídicos, ou, se o consideram mais apropriado, a *lex mercatoria* ou regras comuns do comércio internacional. Se se decantam por um ordenamento, não estarão vinculados por nenhuma norma de conflito (e em especial pela da sede da arbitragem), mas poderão escolher livremente a lei "*apropriada*". Segundo as circunstâncias, esta pode ser a lei que apresente os vínculos mais estreitos com o contrato, mas também uma lei neutra. Nada se opõe, inclusivamente, a que se inclinem por um *dépeçage*. Alternativamente, são livres de escolher a *lex mercatoria*, na sua forma mais tradicional de princípios abertos, ou na mais moderna de codificações privadas (Unidroit, CENTRAL ...).

É inquestionável que a fórmula seguida pelo legislador é de grande flexibilidade e demonstra uma notável confiança em que os árbitros exercerão razoavelmente os amplos poderes conferidos pela lei – em especial porque a decisão dos árbitros não pode ser objecto de revisão pelos tribunais[84].

Ainda que a LAE permita aos árbitros escolher qualquer "*norma jurídica*", como direito substantivo e inclusivamente a *lex mercatoria*, ainda assim as partes omitiram qualquer referência a esta possibilidade, um uso inapropriado ou pouco meditado destes poderes pode pôr em risco a execução do sentença arbitral: em muitos países, com legislação menos avançada que a espanhola, podem surgir dificuldades para lograr o *exequatur* de uma sentença arbitral baseada exclusivamente em Direito transnacional. Um bom exemplo deste risco é o famoso caso *Norsolor*[85], em que os árbitros, na falta de acordo sobre o direito aplicável ao mérito, fundamentaram a sua sentença arbitral exclusivamente na *lex mercatoria*. A decisão foi anulada em primeira instância pelo Tribunal de Apelações de Viena, ainda que posteriormente tenha sido confirmado pelo Supremo Tribunal austriaco. O resultado foi similar noutro caso famoso, *Compañia*

---

[83] Ver o artigo 62.º da LAE (1988), artigo 8.º da CEA, artigo 28.º (2) da Lei-Modelo.

[84] Ver motivos de anulação da sentença arbitral estipuladas no artigo 41.º da LAE.

[85] CCI nº 3131; para um bom resumo, Craig/Park/Paulsson, "*International Chamber of Commerce Arbitration*" (2000) pág. 234.

Valenciana de Cementos Pórtland c. Primary Coal, no qual os árbitros aplicaram a *lex mercatoria*, a sua decisão foi questionada, ainda que tenha sido posteriormente confirmada pelos Tribunais de Apelação e de Cassação franceses[86]. Sem embargo, também há casos em que a aplicação da *lex mercatoria* é a única fórmula verdadeiramente neutra para solucionar a controvérsia[87].

4.3. *As estipulações do contrato e os usos aplicáveis*

O artigo 34º número 3 da LAE termina com a imposição de um dever duplo aos árbitros: seja qual for a *"norma de direito"* que apliquem, estejam ou não autorizados a julgar segundo a equidade, os árbitros deverão em qualquer caso:
– decidir considerando as estipulações do contrato,
– tendo em conta os *"usos aplicáveis"*.

Esta regra resulta de aplicação tanto se a arbitragem é doméstica como se é internacional[88].

A imposição legal, exigindo aos árbitros que decidam com referência às estipulações do contrato, realmente acrescenta pouco: onde, eventualmente, terá mais transcedência é nas arbitragens de equidade, uma vez que preclude que nestes casos os árbitros possam mitigar os efeitos do contrato ou novar o acordado. Quanto ao resto a obrigação de *pacta sunt servanda* constitui o primeiro dos princípios da *lex mercatoria* e do direito contratual espanhol, e todo o árbitro que não o tivesse em consideração estaria a incumprir o seu mandato.

A LAE também obriga os árbitros a que tenham em conta os *"usos aplicáveis"*. A referência aos *"usos aplicáveis"* não remete para as regras

---

[86] Para um resumo: Fouchard/Gaillard/Goldman, ob. cit. nota n.º 26, pág. 880.

[87] Para um exemplo, veja-se a sentença arbitral parcial na arbitragem 117/1999 da Câmara de Comércio de Estocolmo, ob. cit. nota n.º 62; as partes eram chinesa e luxemburguesa, o contrato assinado na China, carecia de prestação característica; o lugar da arbitragem era Estocolmo; o tribunal decidiu aplicar como *"normas de derecho"* os Princípios Unidroit e subsidiariamente o Direito sueco.

[88] O artigo 34.º número 3 da LAE está copiado literalmente do artigo 33.º (3) da Lei-Modelo.

comuns do comércio internacional que formam parte das *"normas jurídicas"*, mas sim para os usos do comércio interno, fonte de direito no ordenamento juridico que resulte de aplicação.

A aplicar-se o ordenamento jurídico espanhol, os usos do comércio *"observados geralmente em cada lugar"* deverão ser tidos em conta *"em lugar"* da lei comercial[89]. A sua natureza é puramente dispositiva e subsidiária. Na prática internacional, a relevância é mínima – umas vezes ao ser excluído por minuciosas estipulações acordadas pelas partes, outras ao ter sido substituidos por regulações legais expressas.

5. O Procedimento

A primeira questão a abordar é a determinação da lei aplicável ao procedimento numa arbitragem internacional (5.1). Caso seja relevante o Direito espanhol, a LAE não contém especificidades significativas, ainda que tenha algumas particularidades em matéria de nomeação de árbitros, de duração do procedimento e de prazos para pedir a correcção, esclarecimentos e complemento da sentença arbitral (5.2).

5.1. *Lei aplicável ao procedimento*

A lei aplicável ao procedimento pode ser, e na prática frequentemente é, diferente das normas jurídicas que os árbitros aplicam ao mérito[90]. Já o artigo 2° do Protocolo de Genebra de 1923 estabeleceu que *"o procedimento de arbitragem, inclusivamente a constituição do Tribunal arbitral, se regerá pela vontade das partes e pela lei do país em cujo território tenha lugar a arbitragem"*. A mesma ideia subjaz ao artigo 5° (1)

---

[89] Artigo 2.º do C.Com, que prevê que subsidiariamente se aplicará o Direito comum; o artigo 50.º do C.Com., no entanto, exclui desta regra os requisitos, modificações, excepções e extinção e capacidade aos contratos comerciais.

[90] Um problema que se coloca com certa frequência é o da delimitação do alcance da lei aplicável ao mérito perante as normas de carácter processual; o tema encontra-se tratado no artigo 10.º da CR, em virtude do qual a lei aplicável ao mérito rege também a interpretação, o cumprimento, a avaliação do dano, a extinção, a prescrição e outros modos de extinção e as consequências da nulidade.

(d) da CNI, que permite negar o reconhecimento e execução de uma sentença arbitral se o procedimento violou o acordo das partes ou a *lex fori*. O artigo 25° da LAE recolhe a mesma ideia, ao estabelecer que *"as partes poderão acordar livremente o procedimento ao que se tenham de ajustar os árbitros nas suas actuações"*.

Nas arbitragens administradas, as partes invariavelmente pactuam submeter-se aos regulamentos da instituição arbitral (cuja validade é reconhecida pelo artigo 15° número 1 da LAE). Estes regulamentos contêm uma regulação pormenorizada do procedimento. Nas arbitragens *ad hoc*, é frequente a submissão a um Regulamento aprovado pela UNCITRAL para estas situações[91]. Em certas ocasiões, as partes, adicionalmente, acordam regras específicas para determinados aspectos do procedimento[92]. Os pactos contidos na cláusula arbitral frequentemente são complementados ou desenvolvidos durante a fase prévia ao início do procedimento, ou durante o mesmo. Nesta fase é habitual que as partes alcancem acordos concretos sobre os trâmites, prazos e formas de realizar as actuações processuais.

O pacto entre as partes é, desta forma, o princípio supremo do procedimento – perante ele devem ceder inclusivamente as potestades dos árbitros, pois de acordo com o artigo 25° número 2 da LAE estes unicamente têm faculdades para *"dirigir a arbitragem do modo que considerem apropriado" "na falta de acordo"*. A grande vantagem da arbitragem é precisamente que as partes sejam os donos do processo, e possam, de mútuo acordo, adaptá-lo às suas necessidades específicas[93]. A conclusão anterior tem uma excepção: os árbitros não estão obrigados a aceitar pactos que constituam violações de normas procedimentais imperativas, porque caso o fizessem, a sentença arbitral poderia ser anulada judicialmente[94] – e a obrigação principal do árbitro é a de garantir a validade da sua sentença arbitral.

---

[91] Regulamento de Arbitragem da UNCITRAL, aprovado pela Resolução n.º 31/98, Assembleia Geral das Nações Unidas de 15 de Dezembro de 1976, revisto no ano de 2010.

[92] P.e. as *"IBA Rules on the taking of evidence in International Commercial Arbitration"*, aprovados pela International Bar Association para regular a apresentação de prova.

[93] Contra, no entanto, Guzmán Fluja en AAVV *"Comentarios a la Ley de Arbitraje"*, pág. 929 que pretende restringir a libertade de acordos depois de começar o processo.

[94] Ver artigo 41.º número 1 (d) que se refere expressamente à violação de *"norma imperativa"* da LAE como causa de anulação.

248   *IV Congresso do Centro de Arbitragem da Câmara de Comércio e Indústria*

Na falta de acordo entre as partes, os árbitros exercitarão o seu poder de *"dirigir a arbitragem do modo que considerem mais apropriado"* (artigo 25° número 2 da LAE); se a sede da arbitragem é em Espanha, aplicarão subsidiariamente os preceitos gerais de natureza processual contidos na LAR[95].

Existe além disso uma área em que a aplicação da *lex fori* não pode ser excluída: trata-se das normas processuais de carácter imperativo, que têm de ser respeitadas pelas partes e pelos árbitros, sob pena de nulidade da sentença arbitral (artigo 41° número 1 (d) da LAE). Ora bem, estas normas processuais são geralmente muito escassas. No ordenamento jurídico espanhol, só se refere a uma: o artigo 25° número 1. da LAE que limita a liberdade das partes para acordar que o procedimento se desenvolva *"conforme ao disposto no artigo anterior"*; e o artigo anterior estabelece que *"os princípios de igualdade, audiência e contraditório"*: *"Deverá tratar-se as partes com igualdade e dar-se a cada uma delas suficiente oportunidade para fazer valer os seus direitos"* (artigo 24° número 1 da LAE)[96].

Existem outras normas processuais de carácter imperativo em Direito espanhol?

Em primeiro lugar, a LAE contém uma série de preceitos, que são concretizações dos princípios de audiência, igualdade e contraditório, e que portanto não podem ser modificados por acordo das partes. Entre eles estão os seguintes:

- a intervenção judicial, em todos aqueles caso em que a Lei a preveja (e em especial, a renúncia a exercer a acção de anulação),
- a criação de novos casos de intervenção judicial, alem dos que já se encontram previstos no artigo 7° da LAE,
- a renúncia tácita às facultades de impugnaçãodo artigo 6° da LAE,

---

[95] Segundo estabelecem o artigo 2.° do Protocolo de Genebra de 1923 e o artigo 5.° (1) (d) da CNI. Note-se que a aplicação subsidirária refere-se à LAE, não à LEC; as regras processuais estabelecidas na LEC, pensadas para processos judiciais internos, não são aplicáveis, nem por analogia, às arbitragens internacionais.

[96] O teor literal do artigo 25.° número 1 exclui da liberdade de acordo todo o artigo 24.°, incluindo o seu parágrafo 2, que regula a confidencionalidade da informação que se obtenha através da arbitragem; a interpretação literalista deve recusar-se, uma vez que não existe inconveniente algum em que as partes acordem limitar o excluir a confidencialidade da arbitragem.

- a igualdade no procedimento de nomeação de árbitros (artigo 15º número 2 da LAE),
- a exigência de que os árbitros sejam e permaneçam independentes e imparciais, e a possibilidade de recusa em caso de dúvidas justificadas (artigo 17º da LAE)[97],
- a potestade dos árbitros para decidir sobre a sua própria competência em virtude do artigo 22º da LAE (uma vez que esta competência está intimamente implicada com os poderes e proibições da intervenção judicial na arbitragem),
- o direito das partes a serem citadas para todas as audiências com suficiente antecedência e a intervir nas mesmas (artigo 30º número 2 da LAE),
- o translado de todas as peças processuais e documentos à contraparte, nos termos do artigo 30º número 3 da LAE.

Em segundo lugar, existem certos requisitos relativos à sentença arbitral, que são imprescindíveis para a sua existência e validade. Trata-se da sua forma escrita, da assinatura dos árbitros, da possibilidade de votos particulares, da indicação do lugar e data, da emissão da sentença arbitral dentro do prazo, assim como da necessidade da sua notificação e da possibilidade das partes de pedir correcções, esclarecimentos e complementos (artigos 37º números 2, 3, 5 e 7 e 39º da LAE). As partes podem definir estes requisitos (p.e. estabelecendo a possibilidade de assinatura electrónica ou ampliando os prazos para pedir correcções), mas não podem excluir por pacto, sob pena de desnaturalizar a sentença arbitral e privá-lo dos seus efeitos jurídicos. Também não podem excluir por pacto que expiração do prazo sem que se tenha sentença arbitral implique o término das actuações – o que sim se pode acordar é a forma e o momento em que se entende expirado o prazo[98].

Fora destas categorias, não existem normas imperativas de carácter processual em Direito arbitral espanhol, que actuem como barreiras às faculdades de livre disposição das partes.

---

[97] As partes podem aceitar que um determinado facto não constitua motivo para duvidar da imparcialidade do árbitro, e podem renunciar a recusá-lo por essa causa; o que não se permite é uma renúncia geral ao requisito da independência ou da imparcialidade, nem à possibilidade de recusação.

[98] As partes poderiam p.e. acordar que para que o prazo se considere expirado deve caber denúncia escrita de uma das partes e ter transcurrido um prazo de graça dentro do qual os árbitros ainda podem proferir a sentença arbitral.

5.2. *Especialidades processuais da arbitragem internacional*

A LAE prevê unicamente ligeiras especificidades processuais aplicáveis às arbitragens internacionais com sede em Espanha. Estas afectam a designação dos árbitros (A), a duração do procedimento (B) e os prazos para pedir a correcção da sentença arbitral (C).

A) *A nomeação dos árbitros*

Um problema específico que se levanta nas arbitragens internacionais, é o da nacionalidade dos árbitros. A sua independência e imparcialidade pode, pelo menos aparentemente, ficar limitada, se o árbitro único ou o presidente compartem a nacionalidade de alguma das partes. Esta é a razão pela qual um bom número de regulamentos arbitrais estabelece o princípio geral de que o árbitro será de uma nacionalidade distinta da das partes[99].

A LAE nesta matéria não seguiu um modelo tão exigente, optando por reproduzir a solução da Lei-Modelo que se concretiza em dois preceitos:

Em primeiro lugar, o artigo 13° da LAE *in fine* estabelece que a nacionalidade de uma pessoa *"não é obstáculo"* para que actue como árbitro. A regra implica que todo o estrangeiro pode actuar como árbitro em Espanha, tanto em arbitragens domésticas como internacionais, sempre que seja pessoa singular e se encontre no pleno exercício dos seus direitos civis (como exige o próprio artigo 13° da LAE). O mesmo critério já tinha sido antecipado pelo artigo 3° da CEA [100] e pelo artigo 27° do CC[101]. Mas o artigo 13° da LAE tem uma segunda implicação: não existe obstáculo em Direito espanhol, a que numa arbitragem internacional o árbitro dirimente seja da mesma nacionalidade que uma das partes (ou que num tribunal arbitral vários árbitros sejam da mesma nacionalidade). As exigências de independência e imparcialidade que impõem o artigo 17° da LAE não se incumprem, pelo simples facto, da haver coincidência de nacionalidades[102].

---

[99] Artigo 9.° (5) do Regulamento da CCI, artigo 6.° (1) do Regulamento da LCIA.

[100] *"Os súbditos estrangeiros poderão ser nomeados árbitros"*.

[101] Ver Martí Mingarro: *"Comentario al art. 13"*, en AAVV *"Comentarios a la Nueva Ley de Arbitraje 60/2003, de 23 de diciembre"* ob. cit. nota n.° 29, pág. 143.

[102] Note-se que o artigo 13.° da LAE limita-se a afirmar que a nacionalidade *"não é obstáculo"* para a actuação como árbitro; a nacionalidade comum, no entanto, pode ser

Em segundo lugar, o artigo 15º número 6 da LAE, também inspirado pela Lei-Modelo, oferece uma recomendação ao juiz espanhol ao designar árbitro. A LAE prevê que seja o juiz quem exerça essa função quando não seja possível fazê-lo através do procedimento pactuado pelas partes (artigo 15º número 3 da LAE). Para isso deverá elaborar-se uma lista com três candidatos por cada lugar a preencher, escolhendo-se dentro da mencionada lista por sorteio. Ao elaborar a lista, o juiz "*tomará as medidas necessárias para garantir a sua independência e imparcialidade*" e "*terá também em conta a conveniência de nomear um árbitro de nacionalidade distinta da das partes, e, em certos casos, da dos árbitros já designados*". É de ressaltar que neste último ponto a lei recomenda, mas não impõe: o juiz pode nomear um árbitro da mesma nacionalidade que as partes ou os co-árbitros, sempre que a independência esteja garantida; no entanto, a lei recorda que, em circunstâncias normais, o "*conveniente*" é que sejam de nacionalidade distinta. A LAE outorga aos juízes uma grande liberdade pelo que é de esperar que os tribunais saibam administrar os poderes conferidos com responsabilidade, e em regra geral se atenham à sábia recomendação do legislador[103].

Ainda que o artigo 14º número 6 da LAE esteja dirigido aos juízes, a sua recomendação deve aplicar-se também, ainda com maior enfasis, a aqueles casos nos quais a designação de árbitro dirimente seja realizada por uma instituição arbitral espanhola, e a cujo regulamento se tenham submetido as partes.

B) *Duração do procedimento*

Uma das especialidades da arbitragem doméstica espanhola tem sido a brevidade dos prazos para proferir sentença arbitral (seis meses desde a contestação, apenas com uma prorrogação pelos próprios árbitros nunca superior a dois meses – artigo 37º número 2 da LAE). Esta preclusão é geralmente considerada como uma virtude da arbitragem doméstica espanhola, uma vez que permite que as partes conheçam de antemão

---

um indício que, em conjunto com outros, dêem lugar a dúvidas justificadas sobre a imparcialidade ou independência de um árbitro.

[103] Seria um fraco favor ao sucesso da arbitragem internacional em Espanha se os tribunais sistematicamente nomeassem a árbitros espanhóis, quando uma das partes também o seja.

252   IV Congresso do Centro de Arbitragem da Câmara de Comércio e Indústria

quanto tempo medeia até à resolução da controvérsia[104]. O sistema, no entanto, não se revela apropriado para a arbitragem internacional, onde a distância entre as partes, a diferença de idiomas e sistemas jurídicos e as complexidades técnicas da maioria das controvérsias, exigem prazos mais dilatados e muito mais fexíveis[105]. Boa prova disto é que a Lei--Modelo não contém regra que limite a duração do procedimento, deixando que este aspecto se acorde entre as partes ou se determine pelos próprios árbitros, e que os regulamentos das principais instituições arbitrais internacionais prevêem regimes de grande flexibilidade. Assim o artigo 24° do Regulamento da CCI prevê um prazo de seis meses para proferir a sentença arbitral, mas permite que a Corte de Arbitragem (não os próprios árbitros) prorrogue o mencionado prazo, após pedido fundamentado do tribunal arbitral ou inclusivamente de ofício. Os Regulamentos da LCIA e da UNCITRAL, ao contrário, não fixam prazos máximos para proferir a sentença arbitral. O artigo 22° (1) (b) do Regulamento LCIA inclusivamente permite que os próprios árbitros prorroguem qualquer período temporal fixado na convenção de arbitragem para a duração do procedimento.

Como é que se deve aferir da validade e eficácia destes regulamentos à luz do artigo 37° número 2 da LAE? O princípio orientador fundamental em toda esta matéria é o da autonomia da vontade das partes. O artigo 37° número 2. começa precisamente por explicar a sua própria aplicação, *"salvo acordo em contrário das partes"*. As partes podem estender ou prorrogar os prazos previstos na lei, ou inclusivamente pactuar uma arbitragem de duração indefinida.

A autorização de extensão ou prorrogação pode ser outorgada pessoalmente pelas partes, mas estas também podem autorizar os árbitros ou a instituição arbitral a que o façam[106] (como ocorre nos artigos 24° do Regulamento da CCI ou 22 (1) (b) do Regulamento da LCIA)[107].

---

[104] Hierro Hernández-Mora/Hinojosa Segovia: en AAVV *"Comentarios a la Nueva Ley de Arbitraje 60/2003, de 23 de diciembre"*, ob. cit. nota n.° 29, pág. 393.

[105] Ver p.e. Redfern/Hunter: *"Law and Practice of internacional Arbitration"*, (1999), pág. 393, que defendem a inexistência de limites temporais fixos.

[106] Assim o permite expressamente o artigo 4 (a) da LAE, ao estabelecer que quando uma disposição da lei *"deixe às partes a faculdade de decidir livremente a ... esta faculdade compreenderá a de autorizar um terceiro, incluída uma instituição arbitral, a que adopte esta decisão"*.

[107] A validade deste tipo de autorizações em Direito espanhol não oferece dúvida; à mesma conclusão chegaram os tribunais franceses – ver Fouchard/Gaillard/Goldman, ob. cit. nota n.° 26, pág.754.

O pacto que estabelece a duração indefinida não tem porquê ser explícito. Na arbitragem internacional de duração indefinida é a regra, e os prazos preclusivos a excepção. Se as partes se submetem a um regulamento arbitral que não estabeleça expressamente um prazo para proferir a sentença arbitral (como p.e. o Regulamento da UNCITRAL, ou o Regulamento da LCIA ou o Regulamento da AAA), por esse facto as partes alcançaram"*acordo em contrário*" para efeitos do artigo 37º número 2 da LAE, e portanto o prazo de seis meses previsto nesse preceito, e o seu sistema de prórrogas, não resultam de aplicação.

C) *Prazos para pedir a correcção da sentença arbitral*

O artigo 39º da LAE prevê um sistema de correcção, esclarecimento, complemento e rectificação de extralimitação inspirado no artigo 33º da Lei-Modelo. O legislador espanhol decidiu encurtar os prazos contidos na Lei-Modelo, reduzindo-os de 30 a 10 dias, e de 60 a 20 dias. Estes prazos tão breves não são apropriados para arbitragens internacionais, nas que o afastamento das partes, a diferença de idiomas e a complexidade das matérias claramente exigem períodos superiores. Por isso, o artigo 39º número 5 da LAE contém uma regra especial, aplicável unicamente às arbitragens internacionais:
- o prazo para solicitar a correcção é de um mês deste a notificação da sentença arbitral,
- o prazo dos árbitros para resolver, será de uma mês para o pedidos de correcção de erros e de esclarecimento e de dois meses para as de complemento e rectificação de extralimitação; este prazo começará a correr desde que finalize o trâmite de audiência, que de acordo com o artigo 39º número 2 da LAE, os árbitros terão de conceder à contraparte[108].

A possibilidade de que as partes solicitem a correcção, esclarecimento, complemento ou rectificação de extralimitação da sentença

---

[108] Esta é a interpretação razoável do preceiro, que neste ponto não é demasiado claro; o prazo dos árbitros para decidir não pode começar a correr até que tenham ouvido os argumentos da contraparte; com outra opinião, Barona Vilar en AAVV *"Comentarios a la Ley de Arbitraje"*, ob. cit. nota n.º 24, pág. 1324.

arbitral é uma questão de direito processual imperativo, que não pode ser excluída por acordo. No entanto, todos os aspectos procedimentais e todos os prazos previstos no artigo 39º da LAE são livremente disponíveis e podem ser modificados por acordo entre as partes – incluindo através do regulamento da instituição arbitral.

DECISÕES ARBITRAIS INTERNACIONAIS
E SUA REVISÃO

António Menezes Cordeiro

> Sumário: 1. Introdução. I. Direito internacional privado e sentenças estrangeiras: 2. Algumas críticas sobre o método tradicional; 3. Linhas de renovação; 4. Reflexos na revisão de sentenças estrangeiras; 5. O controlo material; 6. As arbitragens. II. A Convenção de Nova Iorque de 1958: 7. Generalidades; 8. Conspecto geral; 9. A recusa do reconhecimento. III. A ordem pública internacional: 10. Origem e evolução; 11. O conteúdo; 12. Situações patrimoniais; a proporcionalidade.

1. *Introdução*

I. O Direito português reconhece autonomia às arbitragens internacionais. Fixa, para elas, algumas regras, constantes dos artigos 32º a 35º da Lei nº 31/86, de 29 de Agosto. Quando, no âmbito de uma arbitragem dessa natureza, seja proferida uma decisão final que deva ser executada no País não há, em regra, problemas de maior: as decisões desse tipo tendem a ser espontaneamente acolhidas pelos seus destinatários, não havendo que recorrer aos esquemas sancionatórios do Estado.

II. Em certos casos, porém, há litígio. Exige-se, nessa altura, uma revisão da decisão arbitral, de modo a dotá-la de executoriedade. Assim sucede, designadamente, quando se chegue a uma decisão paradoxal ou demasiado violenta. O problema já ocorreu – em Portugal e no estrangeiro

256 IV Congresso do Centro de Arbitragem da Câmara de Comércio e Indústria

– por força de condenações indemnizatórias muito elevadas, em especial pela aplicação dos *punitive damages*. Suscita-se, então, um tema de reserva de ordem pública internacional. O presente escrito visa esclarecer esses aspectos.

III. Vamos precisar alguns domínios circundantes e, designadamente, os do Direito internacional privado perante as sentenças estrangeiras. O cerne do estudo recairá sobre a ordem pública, enquanto válvula de segurança perante decisões arbitrais internacionais profundamente inadequadas.

I. Direito internacional privado e sentenças estrangeiras

2. Algumas críticas sobre o método tradicional

I. O Direito internacional privado de tipo tradicional era marcado por um grande formalismo. O progresso levado a cabo por Savigny e pelos restantes grandes doutrinadores dos conflitos de normas desembocara em esquemas puramente automáticos de fixação do Direito aplicável. Indiferentemente às saídas que, de facto, ele provocasse, o sistema de conflitos remetia os problemas concretos para os diversos Direitos, de acordo com meras conexões pré-firmadas.

Com o tempo, foram-se gerando tensões: protestava-se contra um esquema de normas totalmente abstracto e formal, que laborava sem consideração pelos valores últimos da justiça e do Direito. As reacções mais sérias processaram-se depois da II Guerra Mundial. Num primeiro tempo, procurou-se elaborar um conjunto de princípios harmoniosos, com conteúdo material, que correspondessem às necessidades da justiça internacional e dos demais valores em presença[1].

---

[1] Cf., em especial, Konrad Zweigert, *Die dritte Schule in internationalen Privatrecht/Zur neueren Wissenschaftsgeschichte des Kollisionsrechts*, FS Raape (1948), 35-52, Günter Beitzke, *Betrachtungen zur Methodik im International privatrecht*, FS Smed (1952), 1-22 e Gerhard Kegel, *Begriffs- und Interessenjurisprudenz im internationalen Privatrecht?*, FS H. Lewald (1953), 259-288.

II. Na busca de vectores materiais que pudessem combater o formalismo irreal em que descambara o clássico Direito internacional privado, houve progressos. Mas eles foram escassos. Para essa escassez contribuíam três práticas, habituais no sistema de normas de conflitos derivado da revolução savignyana, e que só muito lentamente têm sido revistas:

- a prática da desarticulação (*"dépeçage"*, *"Zersplitterung"*), que se traduz na aplicação, a uma única situação da vida, de várias leis diversificadas; por exemplo, a um contrato relativo a imóveis poderia haver que aplicar, à capacidade das partes, a lei pessoal de cada uma delas, à forma do negócio, à lei do local da celebração, à sua substância, a lei escolhida pelas partes, aos seus efeitos reais, a lei de localização dos bens e ao processo, a *lex fori*[2];
- a indiferença pelas soluções proporcionadas: o Direito internacional privado seria um simples "Direito de Direitos"; apenas estes últimos poderiam proporcionar soluções para os litígios, as quais escapariam às normas de conflitos[3];
- o irrealismo da pretensão da correcta aplicação, por um tribunal, da lei estrangeira; num levantamento muito citado, feito por Max Rheinstein, de 40 decisões consideradas modelares e, como tais, inseridas nos manuais norte-americanos sobre conflitos de leis, em que tribunais dos Estados Unidos aplicaram Direito estrangeiro, em 32, a aplicação foi mal feita[4].

III. Este último aspecto tem grande importância. Como pedir, por exemplo, a um tribunal francês que aplique o artigo 437°/1 do nosso Código Civil, quando a jurisprudência de França sempre tem negado a possibilidade de, em nome da alteração superveniente de circunstâncias, bloquear contratos regularmente celebrados e sendo ainda certo que se está na presença de um instituto que apenas os tribunais, num paciente labor de decisões contínuas, podem concretizar? Ou como pretender que um tribunal

---

[2] Cf. Fritz von Schwind, *Von der Zersplitterung des Privatrechts durch das internationales Privatrecht und ihrer Bekämpfung*, RabelsZ 23 (1958), 449-465 (449 ss.).

[3] Por todos, refira-se já o insuspeitamente clássico Konrad Zweigert, no seu sugestivo estudo *Zur Armut des internationalen Privatrechts an sozialen Werten*, RabelsZ 37 (1973), 435-452 (438 ss.).

[4] Konrad Zweigert, *Zur Armut des internationalen Privatrechts an sozialen Werten* cit., 450.

258   IV Congresso do Centro de Arbitragem da Câmara de Comércio e Indústria

alemão aplique o artigo 483°/1 do nosso Código Civil, quando falta, em absoluto, no ordenamento alemão, uma cláusula geral de responsabilidade civil, com uma consequente necessidade de criar múltiplos institutos substitutivos, sem cujo funcionamento um jurista alemão ficará perdido?

IV. Acrescente-se, ainda, que não se joga, apenas, um problema de conhecimento material do Direito estrangeiro a aplicar – conhecimento esse que exige, muitas vezes, uma vida de estudo e de prática e que não se pode improvisar. Há, candente, um problema de legitimidade: como pode um tribunal estrangeiro estatuir perante querelas de jurisprudência e de doutrina, providenciar viragens jurisprudenciais, integrar lacunas ou, até, providenciar a concretização de conceitos indeterminados? Não pode. A aplicação do Direito é viva e exige um compartilhar de valores sociais que apenas cada tribunal, dentro do seu próprio ordenamento, pode pôr em prática[5].

3. Linhas de renovação

I. A consciência crescente dos problemas acima seriados provocou movimentos de reforma do pensamento jurídico internacional privado. Tais movimentos são, hoje, pacíficos, fazendo parte do património universal sobre normas de conflitos.

Assim, uma primeira renovação seria requerida pela influente escola norte-americana sobre conflitos de leis. David Cavers questiona que, perante um conflito de leis, se recorra a um esquema de pura remissão automática: antes haveria que procurar a lei que proporcionasse, em concreto, a solução mais justa[6]. E na mesma linha, Robert Leflar preconiza que, num conflito de leis, se procure a melhor regra, de acordo com critérios pensados[7]. Aliás, sempre segundo Leflar, a manipulação das normas

---

[5] Ou seja: a aplicação de lei estrangeira ou é mecânica – e vai contra as directrizes da actual Ciência do Direito – ou é criativa – e torna-se incontrolável, sendo de duvidosa legitimidade.

[6] David F. Cavers, *A critique of the choice-of-law problem*, Harward Law Review, 47 (1933/34), 173-208 = Picone/Wengler, *Internationales Privatrecht* (1974), 126-172 (149).

[7] Robert A. Leflar, *Choice influencing considerations in conflict law*, New York University Law Review 41 (1966), 300-302; um extracto deste escrito pode ser confrontado na recolha de Picone/Wengler, *Internationales Privatrecht* cit., 173-180.

de conflitos, como modo de conseguir aplicar a lei considerada mais justa, seria sempre prática corrente; melhor se tornaria, pois, reconhecer esse estado de coisas e procurar os vectores a que a escolha se devesse subordinar.

II. Em aberto ficou a determinação dos critérios que pudessem proporcionar novas escolhas, que superassem as fraquezas dos métodos tradicionais. Nessa busca, Brainerd Currie defende a aplicação prioritária da *lex fori*, sempre que estivessem em causa interesses do Estado, tomados em lata acepção[8]. Rematando toda esta evolução, Albert Ehrenzweig proclama a primazia da *lex fori* como a regra fundamental do Direito de conflitos[9].

III. Os esquemas propostos pelos estudiosos norte-americanos foram divulgados e acolhidos em todo o Mundo[10]. Processou-se aí, aliás, um novo desenvolvimento dos temas implicados.

Há consenso quanto à necessidade de abandonar um Direito internacional privado que estatua indiferente às saídas que implique. Basta atentar na necessidade de preservar a ordem pública internacional própria da *lex fori*: de outra forma, aliás, não haveria normas proibitivas: as partes sempre poderiam contornar qualquer proibição legal através da remissão para uma lei em que não houvesse equivalente norma proibitiva.

IV. Também a conveniência em dar um maior peso à *lex fori* tem sido genericamente acolhida. Visa-se combater, em especial, o recurso à discutível técnica da "desarticulação" e o logro consistente na pretensão

---

[8] Brainerd Currie, *Notes on methodes and objectives in the conflicts of laws*, Duke Law Journal 1959, 171-191 = Picone/Wengler, *Internationales Privatrecht* cit., 309-332.

[9] Albert A. Ehrenzweig, *A proper law in a proper forum*, Oklahoma Law Review 18 (1965), 340-352 = Picone/Wengler, *Internationales Privatrecht* cit., 323-342.

[10] Tal o sentido geral da recolha de Picone/Wengler, *Internationales Privatrecht* (1974). Além disso refiram-se Frank Vischer, *Die Kritik an der herkömmlichen Methode des internationalen Privatrechts*, FS German (1969), 287-307 (293 ss.), Eckard Rehbinder, *Zur Politisierung des IPR*, JZ 1973, 151-158 (152 ss.) e Konrad Zweigert, no seu sugestivo estudo *Zur Armut des internationalen Privatrechts an sozialen Werten* cit., 438 ss.. Cf., ainda, Ferrer Correia, *Considerações sobre o método do Direito internacional privado*, em *Estudos vários de Direito* (1982), 309-398 (380 ss. e *passim*) e Rui Moura Ramos, *Direito internacional privado e Constituição* (1980), 37 ss..

260 *IV Congresso do Centro de Arbitragem da Câmara de Comércio e Indústria*

da aplicabilidade, por tribunais nacionais, de leis estrangeiras. Como foi detidamente referido, tal aplicação é puramente aparente, conduzindo a resultados inesperados. A primazia da lei do foro torna as decisões mais previsíveis, com vantagens claras para a justiça e a segurança.

4. *Reflexos na revisão de sentenças estrangeiras*

I. Na sentença estrangeira não haverá, em primeira linha, um problema de determinação de leis aplicáveis. Todavia, mantém-se, clara, uma questão de Direito internacional privado: em que medida poderá uma sentença de um tribunal estrangeiro ganhar, no (por hipótese) nosso espaço jurídico, a força soberana que assumem as sentenças dos próprios tribunais nacionais?

II. A resposta a esta questão teve uma evolução conhecida. Num primeiro momento, a eficácia era nula: tudo dependeria de um acto do Estado onde a sentença se iria aplicar, acto esse que, a surgir, seria puramente político-diplomático, envolvendo o Governo (ou o Soberano) e não os tribunais.

Num segundo tempo, admitiu-se a eficácia das sentenças estrangeiras, mas mediante um processo de revisão e de confirmação substancial: o tribunal nacional examinaria o processo estrangeiro no termo do qual fora proferida a sentença revidenda e, achando-a conforme, confirmá-la-ia, dando-lhe o *exequatur*. Trata-se do sistema de delibação: moroso e que, levado até ao fim, inutilizaria a sentença estrangeira, obrigando à repetição de todo o processo, no foro nacional. Seria uma solução coerente com a essência das diversas soberanias, mas pouco dinamizadora do comércio internacional.

III. A evolução apontou, pois, para um reconhecimento facilitado das sentenças estrangeiras, dependente da mera verificação de determinados pressupostos simples, de ordem formal ou quase formal. De todo o modo, sempre se impõe uma revisão e uma confirmação da decisão estrangeira, por parte do tribunal nacional (1094º, do CPC).

Os requisitos para a confirmação constam do 1096º, do CPC. São eles:
– que não haja dúvidas sobre a autenticidade do documento que contenha a sentença nem sobre a inteligência da decisão;

Decisões Arbitrais Internacionais e Sua Revisão 261

- que tenha transitado, segundo a lei de origem;
- que provenha de tribunal cuja competência não provenha de fraude à lei e não verse sobre matéria exclusiva de tribunais portugueses;
- que não possa invocar-se litispendência ou caso julgado;
- que o réu tenha sido regularmente citado e que, no processo, tenham sido respeitados o contraditório e a igualdade entre as partes;
- que "não contenha decisão cujo reconhecimento conduza a um resultado manifestamente incompatível com os princípios de ordem pública internacional do Estado Português".

IV. Este regime é favorável às sentenças estrangeiras e vai ao encontro das preocupações acima demonstradas, relativamente ao método no Direito internacional privado. Efectivamente, se as partes submeterem o litígio a um tribunal estrangeiro, é de esperar que este tenha aplicado a lei para a qual se considerava mais habilitado. Teremos, assim, uma solução tendencialmente adequada.

Todavia, não podemos seguir essa linha até ao limite de subserviência total perante decisões estrangeiras. A remissão para uma lei estrangeira é, já por si, um "salto no escuro" (*Sprung ins Dunkle*, na conhecida fórmula de Leo Raape): por isso, os diversos Direitos internacionais privados nacionais defendem-se, sempre, com a aposição da cláusula da ordem pública: não pode, da aplicação da lei estrangeira, resultar uma saída contrária a princípios básicos nacionais[11]. Ora, no caso do reconhecimento de uma sentença estrangeira, maior será o "salto".

Daí que, mau grado a prevalência de esquemas essencialmente formais de revisão e confirmação, se mantenha uma necessidade universal de um *minimum* de controlo substantivo.

5. *O controlo material*

I. A nossa lei processual, no tocante à revisão e confirmação de sentenças estrangeiras, coloca, de facto, requisitos formais (1096°, do CPC): (a) autenticidade do documento; (b) inteligibilidade da decisão; (c) trânsito em julgado; (d) ausência de fraude na competência do tribunal estran-

---

[11] Por todos: Dieter Blumenwitz no *Staudinger*/EGBGB/IPR (2003), Art. 6 EGBGB, Nr. 6 (1002).

geiro; (e) respeito pela competência exclusiva dos tribunais portugueses; (f) inexistência de caso julgado ou de litispendência.

Mas insere, ainda, requisitos materiais – 1096°, *e*) e *f*):

– que o réu tenha sido regularmente citado para a acção, nos termos da lei do país do tribunal de origem; que, no processo, hajam sido observados os princípios do contraditório e da igualdade das partes;
– que não contenha decisão contrária, manifestamente, à ordem pública do Estado Português.

II. Não há, propriamente, um exame do mérito da sentença revidenda. Mas o Estado não empresta a força soberana do seu *exequatur*, através dos tribunais, sem, de todo, se preocupar com a decisão a que vai emprestar a sua força. A regularidade (mínima) do processo e o respeito pela ordem pública são dois aspectos irrenunciáveis.

III. De todo o modo, este é o regime geral. O artigo 1094°/1, do CPC, logo no início, ressalva os tratados, as convenções, os regulamentos comunitários e as leis especiais. Quando existam haverá, caso a caso, que lidar com eles, interpretando-os.

6. As arbitragens

I. Os tribunais arbitrais são genericamente reconhecidos pela Constituição: 209°/2. Implicam uma técnica de administração da justiça pela qual a organização do processo e a decisão final são atribuídas a árbitros, ou seja, a decisores que nem são juízes de carreira nem se incluem no quadro hierárquico dos tribunais.

A arbitragem será obrigatória, sempre que imposta pela própria lei. E será voluntária quando resulte de convenção entre as partes: matéria regulada, entre nós, pela Lei n° 31/86, de 29 de Agosto. A arbitragem voluntária deverá recair sobre direitos disponíveis e observar determinados requisitos básicos.

II. A arbitragem voluntária será estrangeira quando ocorra fora do território nacional, sendo conduzida por árbitros estrangeiros. Também em relação às decisões arbitrais estrangeiras que daí resultem se põe o

Decisões Arbitrais Internacionais e Sua Revisão 263

problema da confirmação e da revisão, para que sejam aplicáveis no território nacional. O artigo 1094º/1, do CPC, sujeita-as a um regime paralelo ao das sentenças estrangeiras. A jurisprudência já tem entendido que, para a revisão, é competente o tribunal de 1ª instância para as arbitragens e a Relação, para as sentenças propriamente ditas[12].

Apenas poderemos acrescentar que, tratando-se de uma decisão arbitral estrangeira, haverá, pela natureza das coisas e por maioria de razão, que ser especialmente cuidadoso com a verificação dos pressupostos legais de revisão[13].

III. A Convenção de Nova Iorque de 1958

7. *Generalidades*

I. A arbitragem internacional é especialmente recomendada para certo tipo de questões[14]. Assim:
- questões internacionais que as partes prefiram não remeter para a jurisdição de nenhum dos Estados em presença;
- questões técnicas que exijam conhecimentos especializados de aeronáutica, de engenharia ou de finanças, p. ex., que transcendam a normal preparação dos juízes de carreira;
- questões que requeiram soluções rápidas e eficazes;
- questões que devam obedecer a regras particulares.

Quando as decisões arbitrais assim obtidas devam ser executadas no espaço de um Estado, põe-se o problema da sua revisão.

---

[12] STJ 22-Abr.-2004 (Ferreira Girão), Proc. 04B705.

[13] Sobre essa matéria, cumpre referir: Luís de Lima Pinheiro, *Arbitragem transnacional e determinação do estatuto da arbitragem* (2005), 283 ss.; Julian D. M. Lew/ Loukas A. Mistelis/Stefan M. Krüll, *Comparative International Commercial Arbitration* (2003), 687 ss.; Alain Redfern/Martin Hunter/Nigel Blackaby/Constantine Partasides, *Law and Practice of International Commercial Arbitration*, 4ª ed. (2004), 510 ss.; J. J. Norton, em *Arbitration Foreign Investment Disputer*, ed. Norbert Horn (2004), 102 ss., e o clássico de Peter Schlosser, *Das Recht der internationalen privaten Schiedsgerichtsbarkeit*, 2ª ed. (1989), 555 ss..

[14] Por todos e entre nós: Luís de Lima Pinheiro, *Arbitragem transnacional* cit., 23 ss..

264 IV Congresso do Centro de Arbitragem da Câmara de Comércio e Indústria

II. O especial relevo económico das arbitragens levou a que os Estados procurassem concertar-se, aprovando uma convenção relativa ao seu reconhecimento.

Assim surgiu a Convenção de Nova Iorque para o Reconhecimento e a Execução das Sentenças Arbitrais Estrangeiras, de 10 de Junho de 1958, na base de uma sugestão da Câmara de Comércio Internacional de Paris.

Essa Convenção entrou em vigor no dia 7-Jun.-1959, data em que, segundo o seu artigo XII, passaram noventa dias sobre a data do depósito do terceiro instrumento de ratificação ou de adesão junto do Secretário--Geral das Nações Unidas[15].

III. A Assembleia da República aprovou, para ratificação, a Convenção de Nova Iorque por Resolução nº 37/94, de 10 de Março, tendo a mesma sido ratificada por Decreto do Presidente da República nº 52/94, de 8 de Junho[16]. Portugal fez uma reserva, nos termos do artigo 1º/3 da própria convenção: no âmbito da reciprocidade, só aplicaria a Convenção no caso de as sentenças arbitrais terem sido proferidas no território de Estados a ela vinculados.

O Brasil ratificou a Convenção de Nova Iorque pelo Decreto nº 4.311, de 23 de Julho de 2002[17], pelo que a mesma passa a funcionar entre os dois Estados.

Hoje, a Convenção de Nova Iorque já obteve 130 ratificações, podendo ser considerado como o instrumento internacional mais relevante, no tocante às arbitragens. Ela tem sido correntemente aplicada pelos nossos tribunais[18].

---

[15] Foram eles, como resulta do DR I Série-A, nº 156, de 8-Jul.-1994, 3642/II: Israel, em 5-Jan.-1959; Marrocos, em 12-Fev.-1959; República Árabe Unida, em 9-Mar.-1959.

[16] O texto da Convenção, em francês e em português, consta do DR I Série-A, nº 156, de 8-Jul.-1994, 3642-3647.

[17] *Vide* Eleanora Pitombo/Renato Stetner, *A convenção de Nova Iorque: ratificação pelo Brasil* (2003).

[18] P. ex., STJ 9-Out.-2003 (Pires da Rosa), Proc. 03B1604, STJ 11-Nov.-2003 (Ferreira Girão), Proc. 04B705 e STJ 2-Fev.-2006 (Oliveira Barros), Proc. 05N3766.

8. Conspecto geral

I. A Convenção de Nova Iorque sobre o Reconhecimento e a Execução das Sentenças Arbitrais Estrangeiras, de 10 de Junho de 1958[19], abrange 16 artigos. Destes, os VII a XVI dizem respeito à salvaguarda de outros acordos, à assinatura, à adesão, ao âmbito territorial dentro de cada Estado, aos Estados federais, à entrada em vigor, à denúncia, à reciprocidade, às notificações do Secretário-Geral da ONU e ao depósito. Ficam-nos, como texto substancial útil, os seis primeiros artigos. Podemos, de resto, adiantar que eles são muito semelhantes às diversas leis de arbitragem.

II. Eis o seu conspecto geral:

Artigo I – Âmbito de aplicação, noção de "sentenças arbitrais" e possibilidade de reserva de reciprocidade;

Artigo II – Reconhecimento dos acordos de arbitragem;

Artigo III – Reconhecimento das sentenças arbitrais estrangeiras e equiparação ao reconhecimento das sentenças arbitrais nacionais;

Artigo IV – Elementos a entregar para o reconhecimento: original ou cópia autenticada e, sendo o caso, tradução;

Artigo V – Casos em que, a pedido da parte contra a qual seja invocada, o reconhecimento da sentença arbitral pode ser recusado;

Artigo VI – Possibilidade, quando o pedido de recusa se funde na ainda não obrigatoriedade da sentença no País de origem, de diferimento da decisão de reconhecimento ou de exigir garantias.

9. A recusa do reconhecimento

I. O Artigo V prevê os casos em que o reconhecimento e a execução da sentença arbitral estrangeira podem ser recusados. Para efeitos de análise, vamos recordar o seu preciso teor[20]:

1. O reconhecimento e a execução da sentença só serão recusados, a pedido da Parte contra a qual for invocada, se esta Parte fornecer à

---

[19] Entre nós, *vide* Lima Pinheiro, *Arbitragem transnacional* cit., 289 ss..

[20] Quanto à análise dos diversos pontos deste preceito *vide* Ulrich Haas, *Die Anerkennung und Vollstreckung ausländischer und internationaler Schiedsprüche* (1991), 157 ss..

autoridade competente do país em que o reconhecimento e a execução forem pedidos a prova:

a) Da incapacidade das Partes outorgantes da convenção referida no artigo II, nos termos da lei que lhes é aplicável, ou da invalidade da referida convenção ao abrigo da lei a que as Partes a sujeitaram ou, no caso de omissão quanto à lei aplicável, ao abrigo da lei do país em que for proferida a sentença; ou

b) De que a Parte contra a qual a sentença é invocada não foi devidamente informada quer da designação do árbitro quer do processo de arbitragem, ou de que lhe foi impossível, por outro motivo, deduzir a sua contestação; ou

c) De que a sentença diz respeito a um litígio que não foi objecto nem da convenção escrita nem da cláusula compromissória, ou que contém decisões que extravasam os termos da convenção escrita ou da cláusula compromissória; no entanto, se o conteúdo da sentença referente a questões submetidas à arbitragem puder ser destacado do referente a questões não submetidas à arbitragem, o primeiro poderá ser reconhecido e executado; ou

d) De que a constituição do tribunal arbitral ou o processo de arbitragem não estava em conformidade com a convenção das Partes ou, na falta de tal convenção, de que não estava em conformidade com a lei do país onde teve lugar a arbitragem; ou

e) De que a sentença ainda não se tornou obrigatória para as Partes, foi anulada ou suspensa por uma autoridade competente do país em que, ou segundo a lei do qual, a sentença foi proferida.

2. Poderão igualmente ser recusados o reconhecimento e a execução de uma sentença arbitral se a autoridade competente do país em que o reconhecimento e a execução foram pedidos constatar:

a) Que, de acordo com a lei desse país, o objecto de litígio não é susceptível de ser resolvido por via arbitral; ou

b) Que o reconhecimento ou a execução da sentença são contrários à ordem pública desse país.

II. A incapacidade das partes, aquando da outorga da convenção de arbitragem ou a própria invalidade deste são as primeiras razões justificativas do não-reconhecimento da disponibilidade dos direitos a que respeitem. O momento da conclusão da convenção de arbitragem assume, assim, um especial relevo.

Desta mesma ordem de factores é de aproximar a alínea *c*): a sentença respeita a um litígio que não foi objecto nem de convenção escrita, nem de cláusula compromissória ou contém decisões que as extravasem; de todo o modo, se for destacável a "parte" válida, esta será reconhecida.

Também o fundamento da alínea *d*) anda próximo: a constituição do tribunal arbitral ou o processo de arbitragem não estarem em conformidade com a convenção de arbitragem ou com a lei do País onde decorreu o pleito, na falta de convenção.

III. Constitui fundamento de não reconhecimento qualquer um dos seguintes factos – alínea *b*):
- a parte contra a qual a sentença é invocada não foi devidamente informada da indicação do árbitro;
- *idem*, do processo de arbitragem;
- ou não lhe foi possível, por outro motivo, deduzir a sua contestação.

Temos, aqui, quebras nos princípios do contraditório e da igualdade das partes[21]. Tais princípios são estruturantes do ordenamento e da realização do Direito. Caso a Convenção de Nova Iorque os não tivesse autonomizado: eles sempre fariam parte da ordem pública internacional.

IV. O reconhecimento da sentença arbitral estrangeira não pode, a esta, dar uma força que ela não teria no seu País de origem. Por isso – alínea *e*) – o reconhecimento não é possível:
- se ela ainda não for obrigatória no País de origem;
- se ela tiver sido anulada ou suspensa pela autoridade competente do País em que tiver sido proferida.

---

[21] Quando isso seja invocado, há que ter alguma consistência probatória: STJ 7-Out.-2004 (Neves Ribeiro), Proc. 04B2879; quanto à citação: deve fazer-se segundo o País de origem: STJ 2-Fev.-2006 (Oliveira Barros), Proc. 05B3766.

268   *IV Congresso do Centro de Arbitragem da Câmara de Comércio e Indústria*

V. Finalmente – artigo V, nº 2 – podem ser recusados o reconhecimento e a execução se a autoridade competente do País onde os mesmos sejam pedidos, verificar:
- que, de acordo com a lei desse País, o objecto do litígio não é susceptível de soluções arbitrais;
- que há contrariedade à ordem pública, desse mesmo País.

A primeira hipótese tem a ver, por exemplo, com situações nas quais a lei proclame os tribunais nacionais como exclusivamente competentes, para a resolução de certos assuntos.

Quanto à segunda: pelo seu relevo no presente estudo, dedicar-lhe-emos a rubrica seguinte.

III. A ordem pública internacional

10. *Origem e evolução*

I. A "ordem pública" provém do artigo 6º do Código Civil francês de 1804. Segundo esse preceito:

On ne peut déroger, par des conventions particulières, aux lois qui intéressent l'ordre public et les bonnes moeurs.

Tratava-se de ressalvar as regras que delimitavam a autonomia privada, isto é: as regras imperativas, por oposição às supletivas[22]. O trabalho da jurisprudência permitiu transcender o estádio do mero conjunto de normas, numa tarefa impulsionada pelo próprio substantivo "ordem", que sugeria um "ordenamento" ou sistema coerente.

Chegou-se, assim, a uma ideia de "ordem existente numa sociedade", como resultado de um conjunto de princípios emergentes da lei, da jurisprudência e dos valores constitucionais[23].

---

[22] Cf., como exemplos, Philipe Malaurie/Laurent Aynés/Philippe Stoffel-Munck, *Les obligations*, 2ª ed. (2005) e Alain Bénabent, *Droit civil / Les obligations*, 11ª ed. (2007), nº 158 (122).

[23] *Vide* Konstantin Simitis, *Gute Sitten und ordre public* (1960), 79 ss. e *passim*.

II. O aproveitamento do *ordre public* no Direito internacional privado ficou a dever-se ao próprio Savigny[24]. Segundo este Autor, determinadas leis, pela sua natureza estritamente imperativa ou por razões éticas funcionariam como excepções ao princípio da aplicabilidade do Direito estrangeiro. Essa sua vocação para uma aplicação absoluta dependeria da própria vontade do legislador.

III. A ordem pública, então cognominada "internacional", passou a integrar os instrumentos clássicos do Direito internacional privado. Ela constituiria uma "reserva" (a reserva de ordem pública) que obstaria à aplicação do Direito estrangeiro, sempre que, dela, resultasse ofensa para o núcleo indisponível nacional.

A ordem pública pode, nessas funções, ser tomada num duplo sentido[25]:
– ordem pública negativa: com um alcance puramente defensivo, ela bloqueia a aplicação do Direito estrangeiro que a contrarie;
– ordem pública positiva: equivale a regras que não podem, pura e simplesmente, deixar de se aplicar.

Nesta última acepção fala-se, nos países latinos, em "leis de aplicação imediata", isto é, leis que, por integrarem a ordem pública, têm uma aplicação independente de normas de conflitos[26].

IV. A ordem pública funcionou, na generalidade dos países, como uma reserva de base doutrinária, imposta pelo sistema, na tradição savignyana. O Código Civil de 1966 consagrou-a, de modo expresso, dando-lhe, para além do teor básico negativo, algum conteúdo positivo. Assim, segundo o seu artigo 22º:

1. Não são aplicáveis os preceitos da lei estrangeira indicados pela norma de conflitos, quando essa aplicação envolva ofensa dos

---

[24] Friedrich Carl von Savigny, *System des heutigen römischen Rechts*, vol. 8 (1849, reimp., 1981), § 349 (32 ss.).

[25] Kurt Siehr, *Grundrecht der Eheschliessungsfreiheit und Internationales Privatrecht / Zugleich ein Beitrag zur Lehre von ordre public*, RabelsZ 36 (1972), 93-115 (101 ss.) e Peter Schlosser, *Schiedsgerichtsbarkeit und Rechtsmittel zu den staatlichen Gerichten*, ZZP 92 (1979), 125-152 (139).

[26] Recordamos a obra monumental de António Marques dos Santos, *As normas de aplicação imediata no Direito internacional privado; esboço de uma teoria geral*, 2 volumes, 1991.

270 IV Congresso do Centro de Arbitragem da Câmara de Comércio e Indústria

princípios fundamentais da ordem pública internacional do Estado português.

2. São aplicáveis, neste caso, as normas mais apropriadas da legislação estrangeira competente ou, subsidiariamente, as regras do direito interno português.

A reforma alemã do Direito internacional privado de 1986 inserir, no artigo 6º da Lei de Introdução ao Código Civil alemão (EGBGB), precisamente dedicado à ordem pública. Dispõe[27]:

Uma norma jurídica de um outro Estado não é de aplicar quando a sua aplicação conduza a um resultado manifestamente inconciliável com os princípios essenciais do Direito alemão. Em especial, ela não é de aplicar quando a aplicação seja inconciliável com os Direitos fundamentais.

Este preceito provocou um surto de muitas dezenas de estudos sobre a ordem pública, na já de si densa doutrina alemã. Todavia, os autores são unânimes em afirmar que o novo artigo 6º, acima transcrito, apenas veio dar corpo a um estado de coisas anteriormente conhecido pela doutrina e aplicado pela jurisprudência.

V. Resta acrescentar que a reserva de ordem pública é hoje pacífica, tendo sido acolhida nos diversos instrumentos internacionais que se reportam à aplicação da lei estrangeira ou ao reconhecimento de sentenças estrangeiras. Assim sucedeu na Convenção de Nova Iorque, aqui em estudo. Ela funciona, também, como reserva ao reconhecimento de tais sentenças.

11. *O conteúdo*

I. Quando se pergunta pelo conteúdo da "ordem pública internacional", cumpre esclarecer, desde logo, se esta é diferente da "ordem pública interna". No Código Civil de 1966, a primeira surge no artigo 22º, acima transcrito, enquanto a segunda ocorre no artigo 280º/1.

---

[27] Sob a epígrafe *Öffentliche Ordnung (ordre public)*.

Segundo uma opinião difundida, haveria diferenças. A saber:
– ordem pública interna traduziria princípios injuntivos que não poderiam ser validamente afastados pelos negócios particulares; ela surge no artigo 280º/1, do Código Civil;
– ordem pública internacional seria mais estrita; de facto, certos princípios injuntivos internos (p. ex., regras sobre a maioridade ou sobre a capacidade de associações) poderiam não ter aplicação quando o Direito estrangeiro fosse chamado a reger.

II. A necessidade da distinção provém do transcrito artigo 6º do Código Napoleão. Na verdade, a ordem pública (interna) identifica-se, aí, com todas as normas injuntivas. Ora semelhante ordem pública, a ser operativa contra a aplicabilidade de normas estrangeiras, bloquearia qualquer sistema de Direito internacional privado[28].

No Direito alemão, a matéria é controvertida. Alguns autores defendem que ela está suplantada não fazendo especial sentido[29]. Outros, seja pela inércia seja pela tradição, mantêm a contraposição entre as duas "ordens públicas"[30]. De facto, no Direito alemão, onde a "ordem pública interna" não tem base legal, não se compreende bem a vantagem em duplicar os institutos.

III. Já no Direito português, a distinção entre a ordem pública internacional (22º) e interna (280º/1), deve impor-se, nos termos acima explicitados. A primeira restringe a autonomia privada; a segunda traduz regras cuja aplicação iria contundir com vectores profundos do Direito interno. E é ainda a segunda que pode levar à não-revisão de sentenças estrangeiras, nos termos do artigo 1096º, *f*), do CPC.

IV. A ordem pública internacional manifesta-se em concreto, isto é: perante o resultado a que conduza a aplicação do Direito ou de sentença

---

[28] *Vide* Haas, *Die Anerkennung* cit., 220.

[29] Udo Kornblum, *Das "Gebot überparteilicher Rechtspflage" und der deutsche schiedsrechtliche ordre public*, NJW 1987, 1105/1108 (1105-1106) e George Borges, *Die Anerkennung und Vollstreckung von Schiedsprüchen nach dem neuen Schiedsverfahrensrecht*, ZZP 111 (1998), 487-513 (495), a propósito do § 1059, II da ZPO, justamente sobre o reconhecimento de sentenças estrangeiras.

[30] Por todos, Jens-Peter Lachmann, *Handbuch für die Schiedsgerichtspraxis*, 3ª ed. (2008), 628, a propósito do artigo V/2, *b*), da Convenção de Nova Iorque.

272   *IV Congresso do Centro de Arbitragem da Câmara de Comércio e Indústria*

estrangeiras. Assim sendo, não será, em rigor, possível dizer de antemão que um certo instituto é contrário à ordem pública internacional: antes há que simular a sua aplicação. O artigo 6º do EGBGB alemão di-lo, de resto, de modo expresso. Apenas o resultado releva: não os fundamentos da decisão[31]. Além disso, há que atender ao momento em que o problema se ponha[32].

V. Procurando situações concretas que justifiquem a reserva da ordem pública, logo acodem os direitos fundamentais, também referidos na lei alemã[33]. Daí resulta uma aplicação significativa no domínio do Direito da família, que também se documenta entre nós.

Tomemos alguns exemplos:

– não viola a ordem pública o divórcio decretado no estrangeiro sem tentativa prévia de conciliação[34]; *idem*, sem indicação da causa[35];

– a conversão de separação judicial de pessoas e bens em divórcio também não viola a ordem pública[36];

– a "delegação do poder paternal" não contraria a ordem pública, nos casos concretos (menores residentes em Portugal e confiados a familiares)[37]; *idem* quanto à indicação de um tutor[38];

– o instituto da legítima, a favor dos filhos de portugueses, é de ordem pública[39];

---

[31] RPt 6-Dez.-2001 (Mário Fernandes), Proc. 0031216, STJ 2-Fev.-2006 (Oliveira Barros), Proc. 05B3766, RLx 12-Dez.-2006 (Roque Nogueira), Proc. 5397/2006-7, STJ 19--Fev.-2008 (Paulo Sá), Proc. 07A4790 e STJ 3-Jul.-2008 (Oliveira Rocha), Proc. 08B1733.

[32] RPt 29-Out.-1981 (Oliveira Domingues), Proc. 0016540.

[33] Vg., Walter Zimmermann, *Zivilprozessordnung*, 8ª ed. (2008), § 1059, b) (1335).

[34] STJ 23-Mar.-2000 (Ferreira de Almeida), Proc. 00B089.

[35] RLx 12-Mai.-1993 (Lopes Bento), Proc. 0065561, RLx 14-Nov.-2006 (Rosa Maria Ribeiro Coelho), Proc. 3329/2006-7 e RLx 18-Out.-2007 (Jorge Leal), Proc. 10602/2005-2.

[36] STJ 30-Abr.-2002 (Pinto Ribeiro), Proc. 01A824.

[37] RLx 27-Abr.-2004 (Abrantes Geraldes), Proc. 7793/2003-7, STJ 27-Abr.-2005 (Salvador da Costa), Proc. 05B1067, RLx 12-Out.-2006 (ferreira de Almeida), Proc. 9215/2005-8, RLx 3-Out.-2006 (Arnaldo Silva), Proc. 454/2006-7 e RLx 14-Nov.-2007 (Arnaldo Silva), Proc. 4398/2007-7.

[38] RLx 8-Jun.-2004 (Maria Amélia Ribeiro), Proc. 1136/2004-7, RLx 16-Mar.-2006 (Aguiar Pereira), Proc. 7951/2005-6, RLx 30-Jun.-2006 (Rosa Maria Ribeiro Coelho), Proc. 9160/2004-7.

[39] STJ 23-Out.-2008 (Pires da Rosa), Proc. 07B4545.

Decisões Arbitrais Internacionais e Sua Revisão 273

– a fixação de uma pensão de alimentos a favor de uma filha, com base em rendimentos hipotéticos que o pai obteria trabalhando na Suíça (e não em Portugal) não contraria a ordem pública[40];
– o repúdio da mulher, feito segundo o Direito de Marrocos, contraria os princípios da igualdade e da dignidade humana sendo, como tal, contrário à ordem pública[41].

VI. Fazendo um balanço: parece claro que, num grande número de casos em que se pede, ao Tribunal, que faça valer a reserva de ordem pública internacional, apenas são agitadas questões de ordem formal. Quando os resultados a que se chegue não contundam com valores substanciais do nosso ordenamento, nada há a dizer.

Já perante soluções finais descabidas (despojar da legítima ou repúdio da mulher), o Direito reage: a reserva opera.

Tudo isto deve ser aproximado da ideia de substancialização do Direito internacional privado. Dentro dos limites exigidos pelo (bom) comércio internacional, os tribunais não devem converter-se em autómatos, confirmando e revendo sentenças estrangeiras só porque lhes são apresentadas: há um mínimo de controlo de fundo.

12. *Situações patrimoniais; a proporcionalidade*

I. Não tem havido casos de reserva de ordem pública internacional em relação a questões patrimoniais: muito simplesmente porque, para além de situações marginais[42], tais casos não têm chegado aos nossos tribunais. Donde o especial interesse do presente caso.

II. Antes do mais, devemos recordar que existem, no nosso Direito e como firmes institutos imperativos, duas regras interligadas:
– a proibição de abdicar de bens futuros;
– a proporcionalidade das prestações e das indemnizações.

---

[40] STJ 11-Nov.-2008 (Fonseca Ramos), Proc. 08A3252.
[41] RLx 18-Out.-2007 (Jorge Leal), Proc. L0602/2005-2.
[42] Assim, STJ 11-Jan.-1996 (Almeida e Silva), Proc. 087385, em que não se considerou contrária à ordem pública a condenação do Réu a pagar 10% do decaimento, a título de honorários, ao advogado.

274   *IV Congresso do Centro de Arbitragem da Câmara de Comércio e Indústria*

Quanto a bens futuros: a lei proíbe, por exemplo, a renúncia antecipada à prescrição (302°/1), a renúncia antecipada aos direitos do credor (809°), a doação de bens futuros (942°/1) e os pactos leoninos (994°, todos do Código Civil). O Direito civil, velho conhecedor da natureza humana, bem sabe que, no momento da contratação, reina um ambiente de optimismo que pode (com ou sem má fé) ser aproveitado para soluções desequilibradas e injustas.

No tocante à proporcionalidade: são inválidos os negócios usurários, que envolvam "benefícios excessivos ou injustificados" (282°/1), os contratos podem ser resolvidos ou modificados quando, por alteração das circunstâncias, a exigência do seu cumprimento afecte gravemente os princípios da boa fé (437°/1), a indemnização deve abranger danos emergentes e lucros cessantes (564°/1), sendo em dinheiro quando surja excessivamente onerosa (566°/1), a resolução do negócio por um incumprimento de escassa importância não pode ter lugar (802°/2) e a cláusula penal manifestamente excessiva pode ser reduzida pelo Tribunal, sendo nula qualquer cláusula em contrário (812°/1, todos do Código Civil). De resto, tudo isto se imporia mercê do princípio do não enriquecimento sem causa, tomado materialmente, sendo ainda uma manifestação da coerência científica do Direito: tratar o igual de modo igual e o diferente de modo diferente, de acordo com a medida da diferença.

III. No tocante à revisão de sentenças estrangeiras, há duas clássicas situações que, nos diversos países, têm levado à aposição da reserva de ordem pública internacional:
– as expropriações ou nacionalizações sem indemnização;
– as indemnizações desproporcionadas aos danos a ressarcir.

A primeira hipótese é especialmente encarada no Direito suíço, tendo consagração jurisprudencial ampla[43]. Pelo Direito português, e dada a consagração, como direito económico fundamental, da propriedade privada (62°/1, da Constituição), não levantaria dúvidas a operacionalidade, perante a sua ocorrência, da ordem pública internacional. A segunda

---

[43] *Vide* a obra muito relevante para o presente caso: Stephan Lüke, *Punitive damages in der Schiedsgerichtbarkeit / Erlass und Wirkungen von Punitive Damages- Schiedsprüchen nach US-amerikanischen, schweizerischen und deutschem Recht* (2003), 225. Cf. Blumenwitz, no *Staudingers Kommentar* Art. 6 EGBGB cit., Nr. 69 (1026).

hipótese (que tem a ver com a primeira), manifesta-se, em especial, perante os *punitive damages* norte-americanos. Vamos ver.

IV. À partida, *punitive damages* é o instituto que permite ao lesado obter, para além da compensação equivalente ao dano sofrido, uma soma suplementar, em regra considerável, com a intenção de o punir pelo ocorrido[44]. Trata-se de uma criação norte-americana que defronta a generalidade dos Direitos continentais. Por isso, quando pedida a revisão e confirmação de sentenças norte-americanas que condenem em *punitive damages*, pode ser usada a reserva de ordem pública. Tal sucedeu no caso liderante decidido pelo BGH (o Tribunal Federal Alemão Supremo), em 1992.

O Tribunal Federal Alemão, em acórdão de 4-Jun.-1992, decidiu em síntese, sobre os factos seguintes[45].

O Réu tinha dupla nacionalidade alemã e americana, vivendo na Califórnia. Em determinada altura, foi condenado a pena de prisão por abuso de jovens. Passou, depois de cumprida a pena, a viver na Alemanha. Posto o que o Tribunal Superior da Califórnia o condenou a uma indemnização de 750.260 dólares, sendo 260 por assistência médica, 100.000 para futuro acompanhamento clínico, 50.000 para integração das vítimas, 200.000 por danos morais e 400.000 por *exemplary and punitive damages*. Pretendia o Autor o reconhecimento e a execução desta decisão a Alemanha.

O BGH entendeu que os *punitive damages* norte-americanos violam a ordem pública alemã. Entre outros aspectos: o Estado tem o monopólio do *ius puniendi*; não pode haver duas condenações pelo mesmo facto; foi ultrapassada a ideia de proporcionalidade; os *punitive damages* integram--se numa lógica do sistema próprio dos Estados Unidos mas desconhecida na Europa[46].

A confirmação foi dada, mas apenas até ao montante de 350.260 dólares: os danos que o Tribunal Superior da Califórnia entendeu existirem e sobre os quais não há sindicância.

---

[44] *Black's Law Dictionary*, 7ª ed. (1999), 396/I. No Direito inglês, p. ex., Markesinis and Deakin's, *Tort Law*, 6ª ed. (2008), 944 ss..

[45] BGH 4-Jun.-1992, BGHZ 118 (1993), 312-351 (313-314), também confrontável, p. ex., em ZIP 1992, 1256-1271 (1257) e em NJW 1992, 3096-3106.

[46] *Idem*, 340-344.

276   *IV Congresso do Centro de Arbitragem da Câmara de Comércio e Indústria*

Esta decisão foi acolhida e muito comentada, como decisão liderante, sublinhando-se a falta de justificação intrínseca da condenação exorbitante[47].

Stephan Lüke submeteu a decisão do BGH de 4-Jun.-1992 a uma análise muito cuidada[48]. Afastou vários dos argumentos aí usados, designadamente os que se prendem com a dimensão penal do problema. Mas fixou-se na proporcionalidade: não é o instituto dos *punitive damages* que, em si, é contrário a ordem pública; sê-lo-ão, sim, alguns resultados a que ele possa chegar e, designadamente, o facto de permitir chegar a montantes exorbitantes que nada tenham a ver com os danos a ressarcir.

V. A orientação do BGH alemão corresponde a um vector que o legislador alemão validou[49]. O Artigo 40º do EGBGB, com respeito à responsabilidade civil, dispõe, no seu nº 3[50]:

Não podem ser feitas valer pretensões derivadas do Direito de outros Estados, quando:

1. Vão essencialmente para além do que seria necessário para uma indemnização proporcionada;

2. Prossigam manifestamente outros escopos do que uma indemnização adequada do dano do lesado;

3. Contrariem regras sobre responsabilidade de tratados vinculativos para a República Federal Alemã.

VI. Ainda a mesma orientação foi acolhida na jurisprudência de outros países europeus, com relevo para a Itália: CssIt 19-Jan.-2007[51].

O Tribunal de Cassação Italiano, em 19-Jan.-2007, recusou o reconhecimento de uma sentença de um Tribunal do Alabama que condenara uma empresa italiana no pagamento de 1.000.000 dólares,

---

[47] Cf. Hartwein Bungert, *Vollstreckbarkeit US- amerikanischer Schadensersatzurteile in exorbitanter Höhe in der Bundesrepublik*, ZIP 1992, 1707-1725 (1725) e *Inlandsbezug und Vollstreckbarkeit US- amerikanischer Produkthaftungsurteile*, ZIP 1993, 815-824 (824/I).

[48] Stephan Lüke, *Punitive damages in der Schiedsgerichtbarkeit* cit, 226 ss. e 235 ss.. Cf. Jens-Peter Lachmann, *Handbuch für die Schiedsgerichtspraxis*, 3ª ed. cit., 642 ss..

[49] *Vide* Blumenwitz, no *Staudingers Kommentar* Art. 6 EGBGB cit., Nr. 131 (1050).

[50] Andreas Heldrich, no *Palandt Kommentar*, 67ª ed. (2008), 2568 ss..

[51] *Giurisprudenza italiana*, 2007, Dezembro, 2724.

a título de *punitive damages*. Entendeu que uma função punitiva de tal amplitude estava fora da lógica básica da responsabilidade civil[52].

VII. Finalmente: a Convenção de Haia sobre os Acordos de Eleição do Foro Competente, concluída em 2005 e objecto de uma proposta de decisão do Conselho Europeu de 5-Set.-2008, previu que o reconhecimento de uma sentença estrangeira possa ser recusada (artigo 11º/2)[53]:

(…) se e na medida em que tal sentença conceda indemnizações, mesmo de carácter exemplar ou punitivo, que não compensem uma parte pela perda ou prejuízo reais sofridos.

VIII. A lição do Direito comparado e do próprio Direito internacional é, por maioria de razão, oportuna, perante o Direito português.

Na verdade, o Direito norte-americano, mercê do especial espírito aí reinante e em função de uma estrutura complexa e cabal de seguros, admite pagamentos exorbitantes, que não se coadunam com as regras continentais da responsabilidade civil. Perante os países de tipo Continental, entre os quais se inclui o nosso, o Direito não admite jogos ou apostas como fontes lícitas de obrigações civis e, muito menos, sob o manto da responsabilidade civil.

Quando surjam decisões revidendas que facultem *punitive damages* ou similares, opera a reserva de ordem pública: seja de base legal, seja de base jurisprudencial.

---

[52] *Vide* a anot. de Valentina Tomarchio, *Anche la Cassazione esclude il ressarcimento dei dani punitivi*, *idem* 2724-2779.

[53] COM (2008), 538 final.

ÍNDICE

NOTA INTRODUTÓRIA 11

Critérios de arbitrabilidade dos litígios. Revisitando o tema
ANTÓNIO SAMPAIO CARAMELO 13

Arbitrabilidade de litígios em sede de direito da concorrência
MÁRIO MARQUES MENDES 45

A arbitrabilidade dos conflitos laborais
INÊS PINHEIRO 77

Poderes do tribunal arbitral na apreciação da própria competência
LINO DIAMVUTU 89

Os poderes do tribunal arbitral para decretar medidas cautelares
MARINA MENDES COSTA 127

A prova no processo arbitral
MANUEL PEREIRA BARROCAS 147

A prolação da decisão: Seus efeitos na instância arbitral
MIGUEL ESPERANÇA PINA 175

A evolução da arbitragem internacional no Brasil
ARNOLDO WALD 187

A arbitragem internacional na lei de arbitragem espanhola após a reforma
de 2011
JUAN FERNÁNDEZ-ARMESTO 211

Decisões arbitrais internacionais e sua revisão
ANTÓNIO MENEZES CORDEIRO 255